〈新装版〉

禅と戦争

禅仏教の戦争協力

ブライアン・アンドレー・ヴィクトリア 著
エイミー・ルイーズ・ツジモト 訳

えにし書房

ZEN AT WAR
by
Brian Victoria

First published 2001 in Japan by
Kojinsha, Inc.

本書は2001年に光人社より出版された、ZEN AT WAR
の日本語版『禅と戦争』の新装版である。

序　新装版出版にあたって

ブライアン・ヴィクトリア

二〇〇一年春に出版された日本語版『禅と戦争』は、一九九七年にアメリカで出版された原書以上に反響が大きかったと聞く。その一部を紹介、解説し新装版の序に代えたい。

日本語版の出版と同年の九月十一日、我が国アメリカで起きた同時多発テロ事件は、米国資本主義のシンボルともいうべき世界貿易センタービルの破壊と防衛の核である国防省の襲撃等をもたらした。これは米国民が想像したこともない光景であり、米国内が戦場と化すパールハーバーの再現など、万に一つも起こる筈もないと思っていた彼らに、その光景を目の当たりにさせ、震撼させたのであった。

まさにこの直後（九月二十七日）、臨済禅宗妙心寺派は第百次宗議会でこのテロ事件に触れた「宗議会宣言文」を発表し、その経緯を「非戦と平和の宣言文」で説明している。これを簡単に紹介し『禅と戦争』が仏教界へ与えた衝撃と、その反響を理解するための参考にしてもらいたい。

「今度、第百次宗議会に於いて別記の如く宣言が採択されました。この件についてそこに到った経緯を説明させて頂きます。（中略）最近、オーストラリア・アデレード大学教授、ブライアン・ヴィクトリア氏著『禅と戦争』が、米、英、仏、伊国等で出版されました。これは太平洋戦争中の日本禅宗教団の指導的立場にあった禅僧の戦争責任を実名を挙げて、厳しく糾弾するもので、ショッキングな話題になりました。（中略）そんな折、戦時、日本軍の強制収容による後遺症の夫を介護しつつ、禅門（三宝教団）に帰依して参禅弁道している女性が、『禅と戦争』によって尊敬する教団の老師方が、戦時、戦争に協力すべく積極的発言をされたことにショックを受けたとして、管長様宛に書簡が届きました。それはこの事実に対して深い悲しみを述べると同時に、戦争責任を懺悔した日本の伝統仏教はわずか四教団にすぎず、臨済各派はいずれも沈黙を守ったままである、と指摘。「過去の過ちを直視することなく、傷つけられた人々の苦しみを認識する事なしに、恒久的な平和は達成できない」として、「臨済宗からの公式な表明の可能性」を検討するよう求める内容でした。（以下略）」（「非戦と平和の宣言文」）(http://www.myoshinji.or.jp/about/heiwa_back_01.html)

このような形で禅門に帰依し参禅弁道しているオランダ人婦人の管長宛書簡を引用し、本書『禅と戦争』に言及して、臨済禅宗妙心寺派がこのような重大な意思決定を表明していることに、私は驚きを禁じ得なかった。

今改めて顧みれば、これは臨済禅宗妙心寺派の謝罪文であると受け止めたい。これ以後、天龍寺派も謝罪し、三宝教団も続いた。三宝教団は謝罪とともに教団としての弁明も含んでいた。また、この三宝教団の発表は英文に限っていたが、その背景にはキリスト教の指導者たちが多く参禅していることもあるのだろう。三宝教団の発表を簡訳すれば、次のようになる。

「『禅と戦争』におけるヴィクトリア氏の視点は正しい……わたくしどもは、安谷白雲老師の極右的な思想は把握していた。それを知りながらも、ヴィクトリア氏の著書の中で指摘されるまでは、あえてそのことについて公表しないでいた。なぜなら、我々は安谷老師の政治姿勢を求めたのではなく、老師の仏法を求めたからである」（窪田慈雲）

これは、あの時代における仏教者を肯定する象徴的な弁明ではないだろうか。その政治思想・行動ではなく、その正しい仏法を求めたというのである。ならば仏教者さらにはその指導的立場にある者が、相矛盾する価値観を内包している場合、その教団総体の「倫理観」は一体どこにあるのか、ということになる。この問題は過去の問題ではなく、それこそ今後の大きな課題となるであろう。

三宝教団は、老師安谷白雲が著書『道元と修証義』（昭和十八年、富士書房）の中で「亜細亜は一つである。米英の野望を粉砕して、大東亜の共栄圏を確立することは、東洋十億の人民を救済して各々その途に安んぜしめる唯一の道である。」（同書1頁）と述べ、更に「法とは秩序を保つことであり、差別の道を正しく全うすることである。仏法は平等主義であるなどと云うて、差別の道を軽んずるやうな見方をするものがあるが、それは誤りである。平等は吾人の本質論であり、内容論であって、それはただ内在の仏徳についていふのである。……現象界に平等といふものは絶対にないと説くのが仏の正法であり、それが世界の事実である。これに反して現象界に於いて平等を説き、以って国家の秩序を乱し、統制を破らんとするが如きはユダヤの魔説であることを知らなければならない。……」（同書19頁）と述べて、ユダヤ人蔑視や米英粉砕を是認し、皇国の一大使命との言辞を書き残し、そして、同書が出ると次々に上がった批判に対して「大乗界は精神本位の戒であります。その精神とは佛性より自然自然に流れ出るところの慈悲心と孝順心を殺さないのが大乗の不殺生戒であります。」（同書245頁）と安谷師が仏教者として避けて通れない「不殺生戒」を述べていると、核心から外れた説明をし、この点を前面に出すことで「安谷白雲老師の極右的な思想は把握していた。」という重大な一面を背後に追いやり、「我々は安谷老師の政治姿勢を求めたのではなく、老師の仏法を求めたからである」と公平性に欠ける主張を続けてきたと言えよう。

また、本書の鈴木大拙への批判に対しても意見が多く寄せられた。こちらは、現在もなおインターネット上で賛否が繰り広げられていて、海外の禅者たちの関心が高まる一方となっている。なぜなら、大拙は「禅」を西洋に初めて英文で紹介した人物であり、さらにアメリカとの戦争に批判的であったことで知られていて、戦争協力者としては知られていないからである。

大拙擁護の代表的な発言者に、ロンドン仏教協会理事の佐藤平師がいる。佐藤師は大拙には「愛国心」があった、という。しかし、私が本書で述べたのは「愛国心」の問題ではなく、大拙の仏教あるいは、仏法が「人間蔑視」を内包しているということである。もっと言えば、仏教そのものの功の部分と罪の部分を述べたのである。そして大拙の思想は「愛国心」とは似て非なるものである。確かに、大拙はアメリカとの戦争に批判的であった。だが、それは戦争が仏教に反するからではない。長年のアメリカ生活によって、国力の差を見抜いていたからにすぎない。では、佐藤師が言う大拙の「愛国心」はどのようなものか。大拙は、一九四一年六月、日本が真珠湾を攻撃する年に、偕行社発行の機関紙「偕行社記事」（昭和十六年）の中で文学博士鈴木大拙として、「驀直向前」と題し次のように書いている。

「日本人の性格には不思議に禅と一致したところのものがある。（中略）葉隠れには、武士は死ぬることであると言っている。そうしてとにかく仕事をするに至っては「まず死ね」という。そこには所詮犬死ということがあるかもしれぬ。死なんでもよい時に死ぬような場合もあるかもしれぬ。しかし「葉隠れ」の言うには、犬死でも構わないのである。とにかく死ぬと覚悟して、そうして仕事にかかれ。こういう風に書いてあるが、これはまことに心理学的に見てそうあるべきだと思う……」

当時の青年将校たちはこれを読み、「死」以外何も考えず無心で敵に突っ込んでいったのだ。

私は、改めて訴えたい。大拙らの目的が、「日本人の性格と禅との一致」と「葉隠れ」の言う「死」とを語ることで、青年たちにそれが「愛国心」であると思わせようとしたことは明白である。そればかりか、これぞまさに日本人の気質であるという。日本人とは、つまり自分の命もいとわず差し出す民族であるというのだ。恐るべき暴言ではないか。

　さらに、ここに一八九七年に二十七歳で渡米し一九〇九年に帰国する鈴木大拙が、その在米中に日露戦争が起こると直ちに一九〇四年の「米国佛教」（第五年第六号）誌へ英文で寄稿した「戦争に対する佛徒の見解」がある。その中に以下の記述が残る。

「……寧ろ此寸断分裂せられたる活動なき死骸よりこそ、非物質的なものの光栄ある登昇は起こりて、永久人道を其終局の標的に移進せしむべきなり。此確信に基きて、仏徒は既死・瀕死の人類の上に法幟高く翻へしつつ、最後の勝利を得るまで敢て止まざるべきなり。」と、また「吾人は肉體的生物としては何程の価値をも有せず……一化合物の爆発にも耐へ能はざるなり、而して是れ、其自體罪無き一種の薬品に過ぎざるに非ずや。（原英文）」

　これこそ、彼の思想を象徴する言説である。人間を化学物質からなる一化合物と見るだけで、その精神性や価値を認めようとはしない大拙に、「人間蔑視」の思想がなかったなどとは到底言えまい。私は、このような思想を持ち、それを公言して憚らず、多くの人びとに影響を与えた大拙は仏教者である以前に人としての疑問が残ると言っても過言ではないと思うのである。

　そして最後に、大乗仏教において「菩薩」の理想として存在する「四弘誓願《しぐせいがん》」を歪曲し、「仏道」を「皇道」と変節させることで、「朝敵」とした中国やアメリカを叩きのめすことが可能になると仏教徒たちに説き、敵地へと出陣させていった曹洞禅師沢木興道について触れておきたい。

「衆生無辺誓願度
『朝敵』無尽誓願断
法門無量誓願学
『皇道』無上誓願成」

（『皇道仏教と大陸布教』社会評論社、新野和暢、95頁）

驚くなかれ、沢木師は「四弘誓願」にある「煩悩」を「朝敵」に書き換え、また「仏道」を「皇道」に書き換えたのだ。これは一般庶民が行う単なる面白半分の替え歌ではない。いやしくも仏教者による作為なのである。これぞまさしく仏法の歪曲でなくて何であろうか。

老師はさらに「まことにこの度の戦争は皇道を世界中に拡げることである。この日本の皇道、即ち仏道をアジアはおろか、全世界に遠慮なく弘めねばならぬ。我々はこの道によって三民主義を破り、民主主義を破り自由主義を破らねばならぬ。これが我々日本国民なのである」（同書96頁）と続けて説いていたのである。

私は、折にふれ「禅者たちの戦争協力」と題して講演をしてきた。ありがたいことに講聴者の方々から絶版になった「『禅と戦争』の再版予定はあるのでしょうか」さらには「続編の予定は」と訊かれること多くあった。そうした声が高まりつつあるなか戦後七〇年という節目に「新装版」として再び世に出る運びとなったことはまことにありがたく、えにし書房の勇気に心より感謝したい。そして、これまであたたかい眼差しで、力強く励まし、応援して下さった友人たちや読者の方々に感謝の意を表したい。

〈新装版〉禅と戦争　目次

プロローグ

私が東京永平寺別院の監院であった丹羽廉芳《れんぽう》（一九〇五―一九九三）の部屋に通されたのは、一九七〇年春のことであったと記憶する。正座する私の前で、監院は、「あなたは曹洞宗の僧、さらに駒沢大学で仏教学を専攻する大学院生でありながら、日本でベトナム反戦運動に加わるとはなにごとか！」と叱咤した。

私自身の言い分を少しは聞き、この運動が合法的、かつ非暴力的であることを認めはしたものの、「禅僧たるものは一切、政治運動に関わるべからず」と警告された。さらに、「この警告を無視するようなことがあらば、僧籍剥奪ということもやむをえまい」と重ねて言った。

その後、反戦運動はつづけたものの、幸い僧籍を剥奪されるようなことはなかった。だが、それには当時の駒沢大学教授、横井覚道師や、後に私が世話になった埼玉県浄空院住職の浅田大泉師の後ろ楯があってのことにほかならない。

後にこの丹羽廉芳師は、曹洞宗両大本山の一つである永平寺で七十七番目の禅師となったが、以後、一度も会うことはなかった。

だが、彼からの警告は、その後の私自身の人生に大きな影響をもたらす結果となり、一つの重要な意義を生み出していった。なぜなら、その後、「禅僧と国家の関わり」に始まって、政治、社会、ひいては禅と戦争の関連へと、次第にその姿、実体を追求する方向へと私の視点が広がっていったからである。

ちょうどこの頃、当時花園大学学僧・臨済宗の市川白弦の著書に出会い、そこに日本の軍国主義の力強い支持者から批判する側へと転換していった彼の苦悩を知って以来、私はまるで「ふしぎの国のアリス」と二人で冒険に出かけるような気持ちになってしまった記憶が今も鮮明によみがえる。

そして私が迷いこんだ穴倉の地下室とは、その世界が、地上のさまとはあまりに違って、まったくの正反対であった。人間模様もまったくもってさかさまの思想でから回りし合っていた。この穴倉の世界から垣間見た仏教とは、戦争や殺戮が、驚くことに「慈悲のあらわれ」であるとされていた。この穴倉での禅の無我とは、天皇の意志、勅令に問答無用、絶対服従という強い意味を含むとされ、ここでの宗教の目的とは、国家を保護するのみならず、領土拡大を妨《さまた》げようとするいかなるものや他の国々をも処罰することにあった。

こうした考えに、私は大変な驚きと同時に、心の痛みを感じ、私の視点は一体、誰がこのような流れへと追いやっていったのかという点に次第に絞られていった。たとえば、市川白弦は戦争に関する鈴木大拙の思想をとり上げていた。西洋世界で多くの人々は、彼こそが「真の禅者」と尊敬の念を抱く。たしかに晩年の彼の肖像画を見れば、温厚な賢者の姿を映し出す。だが、若き日の鈴木大拙は、「宗教とは、まず国家の存在を維持せんことを計り……」という言葉を残している。また、さらに日本の勢力拡大を妨げる者（民族）は「邪魔外道《げどう》である」と言い、その相手、彼らの国を「暴国」と呼んだ。そして「宗教の名に由りて……正義の為に不正を代表せる国民を懲《こら》さんとするのみ」とまで書いた。

また、欧米での禅宗布教に多大な影響を及ぼした原田祖岳にいたっては、フィリップ・カプロ（米国での代表的な禅僧）やロサンゼルス禅センターの故前角博雄、そして他の宗教者から、絶賛されているようだが、祖岳の論文には、「進め、トツトツトツ、撃て、パチパチ。是は之れ、無上菩提の露堂々。戦禅一体と云うも、聖戦を去ること百千万里、喝、稽首《けいしゅ》礼無上尊」と記している。

市川白弦は、このような文章を戦時中あるいは戦前に何度もくり返し禅の指導的立場にある者たちが述べていたことを暴露した。かつて丹羽廉芳が若き日の私に、「禅僧たる者、政治に関わるべからず」と警告したが、これはまったく矛盾した視点にほかならない。戦時中に犠牲になった何千何百万の日本人、そして外国人の死を、だれが政治に関わりなしといえよう。大拙や祖岳、そして他の禅の指導者たちの好戦的な発言に、どこが「非政治的」といえるのか？

本書は、このような複雑きわまりない問題に対する一つの試みとして書き出したものである。その焦点は一八六八年から一九四五年の日本における既成仏教教団、特に禅宗の歴史を中心にあてている。また、この時期に限定した背景については、禅仏教と戦争との関係が代表的であったのではなく、逆に極端な状況であったゆえに、この時期を選んだものである。そしてそれは私自身、アメリカを代表する宗教学者、ウイリアム・ジェームズ（一八四二―一九一〇）の古典的著『宗教的経験の諸相』から深い影響を受けたことに発することも伝えておきたい。

ジェームズいわく、「我々は何かについて学び始める時には、あたかも顕微鏡を使ってみたかのように、すなわち最も誇張した形で見る時、最も学びとれるものである」[注1]と。このことは他のことと同様、宗教現象でもいえることで、人々の関心に十分報いるには、宗教心が明確であらねばならないし、極端であることも必要とされる。

本書で私が焦点をあてた時期は、「禅仏教と戦争」あるいは「禅仏教と国家の関係」が紛れもなく極端なほど深かったことである。同時にその宗教的精神が、善悪は別にして、これまた明確かつ極端なものであったこと。これらの理由づけは、私の関心により広い問題点を提供するきっかけともなり、この研究課題に没頭するには、この時期が有意義なテーマになると確信した次第である。我々が生きていく上での問題点は随所にあるものの、極端に追いつめられた状況においては、さらに本質が見えてくるものである。

私が一八六八年から一九四五年を中心に書き上げたことによる一つの危険性をあえて述べるとすれば、禅仏教が関わりつづけた日本軍国主義の肯定が明治このかた百年、日清、日露に始まり、昭和の十五年戦争に至るまでにのみあったと人は解釈しがちなことである。これは禅仏教の長い歴史をふり返らざるして理解できるものではなく、事実、今日、幾人かの専門家たちは、「一時期の誤ち」として、戦争を肯定した仏教者がいたことを認めてはいる。

だが、誰よりも深いまなざしでこの点を追求しつづけた市川白弦をはじめとする幾人かの専門家たちは、「禅と剣」の統一、つまり「剣禅一如」たるものが、禅仏教における歴史と教理の裏側に深くひそんでいたことを明らかにした。だが、残念ながら本書では、ページ数の関係でこの長い歴史の一部分に触れたにすぎないことを断わっておきたい。

禅仏教者と日本の軍事行動がいかに複雑に関わったかを示すために、戦争肯定派と反対派双方を紹介することをあえて試みた。だが、いずれの側に立ったところで、彼らの動機はあまりに複雑で一冊の本に収まるものではない。まして彼らを評価するにあたり、「禅と戦争」の関わりについてのみに評価すべきではないことはいうまでもないということを重ねてお断わりしておきたい。また、一方で、本書がこの時代の指導者たちの全面にわたる評価をテーマにしたものではないこと、そしてまた禅仏教に焦点をあてながらも歴史の流れの中で他宗派についても若干ふれざるをえなかったことも同時につけ加えておきたい。

本書では、原則として敬称を省略させていただいた。引用文においては原文を使ったが、現代文に書き代えたこと、ただ場合によって日本人が英語での発言のみを残した文には㊟をそのつど、記入することとした。僧籍にある方々には、最初に氏名および僧名を用いたが、次からは僧名だけで通し、たとえば沢木興道氏は次から興道とした。また、在家の方々には、最初に氏名、次よりは姓のみを用いている。そしてまた、原書を出版ののち新資料の入手により第七章をつけ加えたことも報告したい。

最後に、この本を完成するにあたり、各方面の方々に助力をいただいたことに深く感謝の意を表したい。なにより花園大学名誉教授故市川白弦氏の社会的見識の深さ、その学僧たる人格は、私にとって今も模範的な存在でありつづける。一貫して本書のテーマとなった「日本仏教者の戦争責任」におけるテーマの先駆者たる研究と業績は、私自身の長年の研究生活に計り知れない貢献を果たしてくれたこともつけ加えずにはおれない。

本書の出版を待たずして突然逝ってしまった善友、今は亡き駒沢大学石川力山教授、花園大学小林円照教授、アメリカテンプル大学トーマス・ディーン教授、花園大学ジェフリー・ショア教授。以上の四人には特におしまぬ助力をいただいた。本書の完成に向け一九九六年から一九九七年、花園大学国際禅学研究所に客員研究員として在籍できたことは何より貴重な時期であった。この機会を与えてくれた当時所長、西村恵信教授、並びに前所長柳田聖山京都大学名誉教授にあらためて感謝の意を表したい。ここで出会った膨大な書物の数々は、私の研究をいっそう深める貴重な富となった。

そして著者の要請に応じて資料調査に協力してくれた同研究所司書、宇佐美幸子氏に対して深く感謝する。また、ウルス・アップ博士（当時当研究所専任所員）には、本書での写真掲載にあたって助力をいただいたことも付け加えておきたい。

かさねて本書は「仏教と禅、そして国家と戦争」というものの関連性を示す研究のまさに第一歩であることを強調したい。とはいえ「千里の道も一歩から」と中国の諺にあるように、今後も命ある限りこのテーマに取り組んでいく次第である決意のほどをお知らせしておきたい。

第一章――廃仏毀《き》釈《しゃく》運動

日本での仏教の歴史はいまをさかのぼること約千五百年、六世紀の半ばに朝鮮半島よりもたらされたものである。そして徳川時代（一六〇三―一八六八）までに、表面上は、事実上もっとも力があり、国家宗教の役割を果たしていたかのように見えていた。鎌倉時代（一一九二―一三三三）には、なんと一万三千三十七戸もの寺院が建ち、徳川時代には各家族は近隣の寺に属する檀家制度が生まれ、その結果、四十六万九千九百三十四戸までにふくれ上がった[注1]。

だが、仏教が国家宗教になった時点で、隠された負の遺産を生み出す結果となる。半ば強制的に寺に所属することで、多くの僧侶たちは政府の役人と化す。あるいは、一つの宗派に属することが、一人一人の信念ある信仰心によって決定されるのならまだしも、政治的義務から宗派を決める結果となっていった。

仏教に大きな権利や高い地位を与えることになった背景には、これまた、西洋からの植民地化の恐れを抱くゆえに、外国での信仰の対象をローマ法王といえども一切認めない徳川幕府が、なんとかキリスト教を追放しようと必死になる様子がここに見られる。同時に日本国の一切の宗教の仕組みが一般社会のそれと同様、明確に支配されていたことである。

幕府が既成仏教教団の勢いを押さえこもうとして、一向一揆の中心となった浄土真宗を二つの派に分け、西本願寺、東本願寺を設立させた。また、日本中の各寺院を、より格式の高い寺の配下におき、ピラミッド型の寺社会を形成、そしてその頂点に立ったのが大本山といわれるものだった。各宗派での仏教に対する見解の相違は認められはするものの、それぞれの大本山たるものは、自分たちの支配する末寺の僧侶の行動や言動に関して、一切の責任を幕府から託されていた。二度とふたたび一向一揆のような運動が起きないためにである。

既成仏教教団が幕府の支持を得るべく支払ったより高い代償に、米国の宗教学者ロバート・ベラーの言う、「徳川時代における非創造性と怠慢さ」[注2]があげられる。仏教学者姉崎正治は、この現象を強く批判し、「仏教僧の多くが、政府の従順な召使いとなり、長年にわたっての平和な時代を通して、怠慢になるか、陰湿な陰謀を企てるかのようなことになっていった」[注3]と言う。

だが、収入源のある寺では学問に専念する僧もいた。[注4]白隠禅師が臨済禅宗の改革を進めたように、それぞれの宗派で革進をめざす僧侶たちも実際にはいた。だが、多くの僧侶はまるで幕府の役人のように権力をふるい、自分たちの檀家を押さえ、財政を搾取したりもした。アメリカの日系学者ジョゼフ北川（シカゴ大学）は、次のように言う。

「このように道徳的に見ようが精神的に見ようが、皮算用状態にあった既成仏教教団は、当然ながら教団の内外からの批判の的となった」[注5]

だからこそ、既成仏教教団は総決算のときがきていたのだった。

仏教に向けられた明治政府の対策

一八六七年十二月九日、若き日の明治天皇は王政復古を発表する。だが、事実上の権力の場は限られていた。それにもかかわらずその三ヵ月後、一八六八年三月十四日、天皇は「五ヶ条の御誓文」を発布。ここで新政府の非封建的な立場が明確となった。

一、広ク会議ヲ興《おこ》シ　万機公論ニ決スベシ
一、上下心ヲ一ニシテ　盛ニ経綸《けいりん》ヲ行フベシ
一、官武一途庶民ニ至ルマデ　各《おのおの》ソノ志ヲ遂ゲ　人心ヲシテ倦《う》マザラシメンコトヲ要ス
一、旧来ノ陋習《ろうしゅう》ヲ破リ　天地ノ公道ニ基《もとづ》クベシ
一、知識ヲ世界ニ求メ　大イニ皇基《こうき》ヲ振起《しんき》スベシ[注6]

　この五ヶ条からなる誓文とは、一見、無害のようではあるが、第四条の中に、その後の仏教が直面していく嵐を暗にほのめかすような点があったことに気づく。つまり、「旧来の陋習を破り……」というこの陋習とは、一体何をさすのか？　その答えは長くかかろうはずもなく、数日後に仏教と神道を切り離す手段として「神仏判然令」が新政府によって発布されている。

　この初めての法令たるものの目的は、日本各地の神社から仏教僧を引き離すことにあった。その結果、神主のみが神道の管理をすることを許されたのだ。これに続く法例が二週間をまたずして発布される。これによって神道の神々において仏教用語の使用は禁止。神道において神々をあらわす手段に仏像の配置も禁止。境内にも仏像の建立は禁止される。

　判然令を作成した関係者の本来の意図はともかく、ある地方においては仏教の一切を破壊するこ

とに何の問題はなしとまでに解釈する羽目になってしまったのである。これについてアメリカの歴史学者ジェームズ・キャタロイは、彼の名著『明治の異端者と順応者』の中で「神仏判然令たるもの、その内容は必然的に仏教に対する直撃を含んだものである」[注7]と指摘する。

まず、「神祇省」での役人の大半が積極的に国学を支持したこと。神道の中心をなす国学の思想体系が、日本国と天皇制の由来が聖なるものであるとしつつ、神州かつ皇国であると主張し、天皇たるもの、天照大神《あまてらすおおみかみ》の子孫ゆえ現人神《あらひとがみ》であることとした。

特に中国から受けた影響や付加が、日本古来の聖なる伝統を隠させてしまったのである。国学派の人々の新政府でのもっとも重要な役割は特に仏教をはじめとする、諸外国からの要請を排除することにあった。この「排除」たるものは、結果的に大変な効果をもたらしている。次の数字が表わすように、全国の四万戸の寺院が封鎖、数えきれぬほど仏教関係物が破壊され、何千人もの僧侶に還俗《げんぞく》を強制した。[注8]

だが、ふたたびここで「神仏判然令」なるものの解釈、施行は、各地での機関に託され一任したために、国学そのものを強く支持する地方の役人ほど仏教に対する破壊力は強烈であったといわれる。

たとえば、旧薩摩藩の指導者たち、明治維新の立役者たちは、一八六九年までにこの地方一帯の仏教色をすっかり消滅させてしまったのである。[注9]四千五百もの寺院が消えさり、僧侶は還俗させられたばかりか、十八歳から四十五歳までの者は、即刻、新たに編成された国軍への編入を強いられることとなり、四十五歳以上の者に至っては、この地方の教師となるものが多く、十八歳未満の者は家族のもとへと帰されていった。

既成仏教教団の反応

自分たちの存在に対するこれまでの弾圧に対し、既成仏教教団の中からは、早い時期に対応策が生じ、中でも最も早かったのに、真宗の東西両本願寺の対策があったといわれる。表向きには、驚くことにこの両本山は、金策に苦しむ新政府に対して相当額の貸付けを申し出たことである。これによって、つまりこの俗にいう一種の賄賂によって政府側は、自ら打ち出した宗教政策に柔和な態度を示したのだ。

この両本山は、一八六八年の夏、諸宗同徳会盟を結成すべく指導的役割を果たしている。徳川時代には超宗派的ないかなる組織も禁じられていたために、これはかつてない試みであったといえる。この新しい組織はまず王法《おうぼう》、仏法の統一をはかることを誓い、第二にはキリスト教を攻撃するのみならず、日本から排除することを呼びかけた。

仏教の指導者は自らの信仰を復活させる方法は、当時強さをきわめつつあった国家主義的な動きと一体になるのが最良であると考えた。日本の新しい国家主義的なリーダーたちに仏教の有益性を示すため、当時の破邪顕正という反キリスト教的な運動を支持することにあるとも考えた。

一八六八年九月十七日、太政官《だじょうかん》はこうした前向きな行動を評価した手紙を、東西両本願寺に送っている。この中で、政府の意向を代弁していると称する役人たちが仏教を攻撃することがあるが、これは大きな誤りであると強くたしなめた一節がある。さらに「こうした口汚い、罵詈《ばり》雑言を述べる反逆者たちは一般に大衆を怒らせていた[注10]」。

では、大衆をいかほどに怒らせたかといえば、地方の役人たちの反仏教的な処置に対する、強い抗議活動がこれを明らかにする。一八七〇年の暮れ、富山において抗議活動がはじまり、翌年（一八七一）、三河や伊勢などでも同様の暴動が生じた。

一八七三年には、越前の三ヵ所で農民たちが立ち上がり、鎮圧するために兵士まで送り出したのであった。仏教徒の立場を考えるきっかけとなったのが、このような一般大衆の蜂起に対する恐怖心から生じたといえなくもない。新政府が仏教に反する全面弾圧は不可能で、また安全なものでないことに次第に気づいていった。だからこそ、新たな解決策を見い出さなければならなかったのである。

解決の改善策、最初の試み

明治政府の政策において、仏教に対する最初の大きな変化は一八七二年の初めに行なわれた。そのとき、「神祇省」から「教部省《きょうぶしょう》」へと変わっていた。この新しい省は、神社、寺院の建設と廃止、またはその関係者の位や権利における管理責任を与えられた。だが、ここで最も大切な役どころは、前年作成された「大教」の宣伝をすることにあった。その基礎は三条教則にあるといわれる（明治五年四月二十八日）。

一、敬神愛国ノ旨ヲ体スベキ事
一、天理人道ヲ明ニスベキ事
一、皇上ヲ奉戴シ朝旨ヲ尊守スベキ事[注11]

これを普及させるべく教部省は、教導職を設ける。ここでの指導者は教院（神社、寺院）という名にかえて全国的に布教活動を施行した。仏教にとって、この活動は、僧侶たちが、神主や国学者と共に国家に支えられた組織に仲間入りすることを許されたのである。

このような教導職を設置することによって、国は事実上、国家聖職を設けることとなった。国に認可された者だけが人々の面前で布教や儀式を行ない、神社や寺院の居住を許された。それにもかかわらず仏教僧たちは迫害から逃れるために積極的に教導職に就《つ》こうとした。僧侶たちが、どれだけこの制度を利用したかといえば、認可された教導職の中、十万三千人中、なんと八万一千人に及んでいる。このうち真宗関係者は二万五千人、一つの宗派としては最大であった[注12]。

だが、仏教者たちは、この新しい国家宗教に加入すべく重い代償を払っている。この組織が精神的な意味で神道に支えられていた面があり、かつ管理されていたからでもある。すべての教導職員は、神主の法衣をつけ、祝詞《のりと》をあげ、神道の儀式を司《つかさど》っていた。教部省は、東京芝の有名な寺で、しかも徳川家の菩提《ぼだい》寺であった増上寺（浄土宗）に本部をおいて「大教院」と名づけた。増上寺を大教院として活躍させるにあたって改造させている。ここでの改善策はまず、仏壇の中央に置かれた阿彌陀仏を排除し、かわりに神道の四柱の神々を配置、八月には鳥居を建てたのである。

増上寺での関係者たちは、この制度を支援すべく、自分たちの小寺院（末寺）にその改善費捻出を命じている。だが、表面上、協力的な出だしであるかのように見えたが、実際には、やがて仏教側と神道側の衝突は避けられないものとなっていた。

反廃仏毀釈運動が下火になるにつれ、仏教者側は神道の支配から次第に遠ざかっていこうとした。ちょうどこのとき十月、太政官は、一八七二年四月二十五日、新たなる争いとなる条例を発布した。これは太政官布告第百三十三号と称するもので、僧侶たちは、好みに応じ肉食妻帯、髪を伸ばすことも、洋服の着用も許されるといった内容であった。この条例は何を禁ずるのでもなく、命令するのでもなかったが、多くの仏教指導者は、ふたたびこれが仏教に対する新たな攻撃と受けとめていた。彼らにすればこの条件は、かつての神仏判然令の延長線上にあったとした。仏教が国家から完全に引き離されてしまったからである。

この条例に強く反発した仏教側に、いくつかの宗門レベルでの抗議集会や、嘆願書が作成され、それには二百人をこす僧侶たちが署名している。怒りにもえた僧侶たちは、太政官に直訴もした。皮肉なことに、この布告は、曹洞宗の有力な僧、鴻雪爪《おおとりせっそう》（一八一四—一九〇四）によって作成されていた。

彼は、自分の主義主張、考えを実行するにあたって非常にユニークな立場に立っていた人である。教部省が設置された時、彼は僧侶の代表として入省することを頼まれていたのである。教部省に勤務中に還俗するという条件つきのものであった。彼の最終目的は、政府側の反仏教政策の取り消しを要求することであり、同時代を生きる仏教者と同様に仏教たるもの、まず、「大教」の教えを広め、仏教がいかに国家の役に立っているかを示すことであった。

また、彼は、すでにこの時点で、結婚を禁じた法令が、徳川時代より存在したにもかかわらず、相当数の僧侶がすでに妻帯していたことを認識していた。少なくとも、法的に見て、彼らは法を破っていたことにかわりなく、犯罪者といってもいいうえに、彼らは教導職につけたり、要領よくキリスト教と対峙する立場にはなかった。鴻から見れば、肉食妻帯制度を廃止することにより、僧侶側はより国に尽くすことができるであろうとも考えた。抗議活動があったにもかかわらず彼は、この改善策に成功、この条例は存続されていた。

この敗北により、仏教の指導者たちは、神道からの監視から逃れる必要ばかりか、政府からの監視からも逃れる必要性に目覚めていた。そしてここで真宗側がふたたび大きな役割を果たすことになる。ここでの指導者たちの中で、島地黙雷《しまじもくらい》（一八三八—一九一一）が、最も適した人物であった。なぜなら、かつて明治維新の際、自ら兵士をひきいて陣頭指揮に立っていた僧であった。

早くも一八七二年には、黙雷は「大教」のうちで「三条教則」に対し、批判的な論文を発表。彼の基本姿勢たるは、政教（政府と宗教）には根本的な違いがあり、政教を引き離すべきとする、政教分離政策を主張した。教部省の命によって賛同者の主張を聞き入れるにはかなりの時間を要したが、一八七五年の初頭、政府が東西両本願寺に「大教院」の運動からの脱会を許可し、後には「大教院」は廃止されている。そこで新しい解決策をふたたび検討しなければならないということになった。

国家と宗教のあり方における第二の試み

政策の変化によって仏教者たちだけが利を得たわけではない。一八七一年に時の右大臣岩倉具視《ともみ》（一八二五―一八八三）は西洋の視察団の団長として視察旅行に出かけた結果、かねてから西洋列強との不平等条約（治外法権等々）を改善するには、国内での宗教の自由を認めるべきであると主張した。

西洋列強は、日本でのキリスト教に対する徳川時代よりつづく禁教令の廃止に大きな関心を寄せていた。結果、一八七三年になると明治政府は、はからずも禁止令を撤回するようになる。その後、宣教師たちが、急速に増えていった。これに対し仏教指導者たちは、一方で政府管理下からの分離運動を広げ、同時にかつてのキリスト教に対する反対運動に力を入れはじめた。それにより仏教側は初めて、神道、儒教、国学の関係者や他の民族主義者たちと足並みを揃えるようになっていったのである。

神道側もまた、この時期、さまざまな変化が生じ、強い支持者、つまり国学者たちは明治政府に自分たちは「政治を司るには宗教色が強すぎた」[注13]との意を示している。つまり、せまく排他的な主張は、多くの国民を怒らせる原因となっていたことを指摘したのだった。その結果、神道並びに国学者たちの力がいくらか衰え、一八七二年以後、新政府はいくらか仏教側に配慮を示すようになっていたことがうかがえる。

だが、政府の要人たちは、なんとか、古来に根づいた国家が支えた現人神《あらひとがみ》とする天皇制を、新政府を正当化するために利用しなければならないことを主張しつづけた。ここでの問題点は、かつての宗教政策に対する失敗、つまり、国学者に命じての「廃仏毀釈」、あるいは「大教」の運動の撤回などを踏まえて、一体、どのように現人神としての天皇を国民の頭にたたきこめばよいものか？

その答えの一部が一八八二年に出されてきた。政府は神社を「宗教」と「国家の祭祀」に分離、一方は天皇にかかわる祭式、もう一方は国民の宗教一般を司ることになった。宗教としての神道、つまり教派神道は、政府から何ら支援はなく、天皇への祭祀を司る側は、国家神道という型でさまざまな財政の支援や、政治的諸権利、特権が与えられていた。

政府は、このような政策を正当化させるべく天皇に関する一切の祭司を愛国的であっても、宗教的ではないと主張する。今日において、日本では一部の学者は、このことを是認する。曹洞宗系駒沢大学教授、柴田道賢は、『廃仏毀釈』という本の中で、次のように言う。

「同一民族によって構成されている日本のごとき国家においては、その慣習、習俗が共通しているので、ある程度まではそれも許されたであろう[注14]」

だが、他の学者たちは異なった見解を示し、シカゴ大学教授ジョゼフ北川などは、「国家神道とは基本的に見て、新たにつくり上げられたせまい民族主義的な信仰にすぎなかった[注15]」という。

さらに日本宗教学者へレン・ハーディカ教授は、よりくわしい見解を述べている。

「国家神道とは、組織化されたものであり、その中には神社に対する政府からの経済的支援や管理、天皇の祭祀、国家によって作られ、維持されてきた神道の儀式、あるいは内外地に建設された神社や子供たちに神話を教育した上で神道の儀式に強制的に参加させ、他の宗教が自分たちのいう神話に対し、敬意を払わないようなことがあれば国の力を使って弾圧さえもした[注16]」

国家神道の誕生は、国が日本の社会において、何らかの形で宗教の自由を個人に託すことができるようにはなった。表向きには非宗教的な強力な基盤（国家神道）によって正当化されていた明治政府は、黙雷や他の仏教者たちが求めた政教分離の要求を、宗教の自由という形において認めるようになっていたのである。

宗教問題の形式的かつ最終的な結論は、一八八九年、政府が発布した明治憲法の中、第二章第二十八条に、次のように書かれている。

「日本臣民ハ安全秩序ヲ妨ケズ及臣民タルノ義務ニ背カサル限ニ於テ信教ノ自由ヲ有ス[注17]」

こうしてみる限り、条件付きとはいえ、仏教もキリスト教も他の宗教も、政府からの干渉、弾圧から自由になったかのように見えはじめた。だが、それは実際にはみせかけだけの条例であったことが次第に明らかとなっていく。

第二章——初期に見られる仏教側の社会的目覚め

実際、明治政府は日本の国民に形だけ宗教の自由を与えた。なぜなら国家神道とは、政府の国家に対する愛国心及び国家的道徳観念を目的とする人工的な組織であり、いかなる宗教を信仰しようが国家神道に従うよう義務づけられていた。

「明治政府のこのような政策は、実際、宗教の自由を憲法において保障されながらも、狡猾および危険——つまり、〝内在する神政国家〟を重ねあわせるということに他ならなかった」[注1]

ところが、有力者の中にはいかなる宗教に対しても疑心暗鬼に感じる者が多くいた。その代表が東京大学教授井上哲次郎（一八五五—一九四四）。彼の意見は宗教とは必然的に社会の平和や秩序を乱すものであり、宗教を営む者は公民としての義務を妨げるものとする。さらに彼は、一八九〇年に政府から出された教育勅語に哲学的基盤を与えた人物ゆえに、彼の視点を無視することはできない。教育勅語においてもっとも重要なところは、皇国民は天皇に対し絶対的忠孝の精神でなければばならなかった。

このような状況のもと、制限されはしたものの新たに宗教の自由を得た日本の仏教者たちは、一八八〇年代の終わり頃になると、「新仏教運動」なるものを生み出そうと動きはじめていった。新仏教とは、明治の初期から中期において出現した反仏教的な批判にこたえるべく誕生していったものである。第一の目的は、僧侶と寺院が国家の社会、経済に大きな貢献ができるということであった。第二は、仏教は外国で誕生した宗教とはいえ、天皇に対する忠誠、愛国心、国家の統一に大いに発揮させることができるものであること。第三には新仏教たるその基本的教理は、当時急速に広まった西洋科学や技術に十分相容《あいい》れるものであったことである。

ノルウェーの宗教学者、ノット・セルは、「新仏教運動とは十六世紀におこったヨーロッパでの宗教改革に匹敵するものである」[注2]という。しかし、この比較論には一理《いちり》はあるものの、この新仏教運動の活動家の多くは自分たちの宗派に忠誠であり、比較的穏健な改革者たちであったことを忘れてはならない。だが、たしかに一部には、急進的な改革案を持つゆえに、やがて伝統的な既成仏教教団と手を切る者もいたことは事実であった[注3]。

西洋に対する仏教者側の反応

明治初期から後期に至るまでのキリスト教に対する批判は、既成仏教教団の西洋に対する反応としてあげられるといってもよい。ところが、その反応は決してそれに限ったものではない。たとえば前章で紹介した島地黙雷は一八七二年、キリスト教の聖地エルサレムと他の西洋諸国を訪れた。その帰途、インドに立ち寄り、仏教の聖地も訪ねている。これは日本の仏教徒が自分たちの宗教の由来を訪問した初めての日本人ともいえよう[注4]。

ではなぜ黙雷のような僧が、西洋へ出かけていったのか。それは当時、明治社会が最も重要とした目的、つまり文明開化をより理解しようとするところにあった。同時に、パイオニアとしての月並みな目的もあったことは否《いな》めない。つまり、日本でのキリスト教を批判するための材料を見つけることであった。注5

同年の秋、競争相手の東本願寺は西本願寺に取り残されないために幾人かの僧侶をヨーロッパへ派遣している。その一人が南条文雄《ぶんゆう》（一八四九—一九二七）であり、彼は西洋学の理論を用い、仏教を研究した先駆者であった。一八七六年、オックスフォード大学へ行き、有名な東洋学者マックス・ミューラ（一八二三—一九〇〇）のもとで梵語《ぼんご》仏典を研究する。その後いくつかの仏教書を発行、この中で有名なのが、一八八三年に出版された『大明三蔵聖教目録』である。

ところが、日本の仏教者たちが西洋での仏教を研究するにあたり、ある種の宗教的差別に出会うことになる。それは初期のヨーロッパでの東洋学者たちがいうように、原始仏教だけが仏教の本来の姿を保っていたというのである。したがって、南アジア及び東南アジアの国々に存在するパリー語仏典のみが純粋なものと主張する。この観点から見れば、梵語に基づいた東アジアに存在する大乗仏教はのちに発展したものであったことから堕落して、諸宗教的なものをとり入れたゆえに腐敗したといえよう。注6

この状況に直面し、日本の仏教学者たちは、西洋での大乗仏教に対するとらえ方を改めようとしたことは当然のことといえるであろう。注7 その例が鈴木大拙（一八七〇—一九六六）である。のちに彼は、禅に関する書物を書くことで知られるようになったが、初期の頃、一九〇八年に英語で書かれた『大乗仏教概論』を出版している。アメリカの仏教学者ロバート・シャーフいわく、この書は、「大乗仏教を紹介するが、散漫に美化したものである——妙な学術性と自己弁護の混じった書であるといえる……。鈴木の主張によれば、仏教とは独断的な宗教ではなく、人間の心の底深くに潜む熱望に対する『神秘主義』的なものでありながらも現代科学の発見にかなったものがある[注8]」と。

　大拙の初期段階での多くの学術書は英語、日本語の区別なく大乗仏教を讃《たた》えるために書き上げられたものである。事実、彼の最初の学術的成果は一八九三年、シカゴの万国博覧会の一環として開かれた世界宗教会議において、彼の師、釈宗演（一八五九―一九一九）の演説文を英訳したことである。宗演とは臨済宗の僧で、円覚寺の住職であると同時に円覚寺派の管長でもあった人である。彼は最も代表的な新仏教者ともいわれ、伝統的な禅の修行を終えた時点で福沢諭吉のもとで西洋的な教育をうけている。

　宗演は日本仏教界を代表する八人の代表者の一人として、この万国宗教世界会議に参加する。八人中三人は彼と同様に、それぞれの宗派の代表者であり、残る五人は在家人であり通訳官でもあった。宗演の演説題名は「釈尊による因果の法則」。この会議の会長をつとめたジョン・H・ボローズ牧師は、代行者としてこの会議で彼の演説文を読み上げている。

　会議は大きな反響を呼び、西洋での宗教意識を大きく変化させる起爆剤となっていた[注9]。これは各々の演説の内容から起こったものというよりも、会議そのものが存在したことに発していた。前述のセルにいわせれば、「この会議とはいくつかの異宗教が生み出す力と調和のもっともすばらしい代表であった。人類の歴史上、世界の宗教者たちが同時に平和的に同じ屋根の下で会議を開いたからである[注10]」

　表面上、この会議は、相互の尊敬と協力の模範のように見えたが、実際はキリスト教を中心とする西洋側と仏教並びにヒンズー教を代表とする東洋側との深い対立が潜んでいた[注11]。九州熊本から出席した真宗の代表八淵蟠龍（一八四八—一九二六）は、その対立を認識した上で、仏教者の代表たちが平和的戦争《いくさ》に参加してきたとさえいっていた。この戦いにおいて、少なくとも彼の目から見ればもっとも大きな勝利と名誉を勝ちとった戦さであったという。注12

会議全体の強いキリスト教の影響を考えれば、八淵の主張はいくらか大袈裟で、自己本位であったといえる。だが、日本の代表者たち八人は、大乗仏教こそが、ちょうどここで西洋が必要するものであったことは確信した。彼らの目から見れば、西洋人たるもの物質の豊かさに恵まれてはいても、あいにく心の豊さには欠ける。ゆえに日本にある「無形の型」である大乗仏教こそがもっとも適した解毒剤であると思っていた。

彼らは日本での大乗仏教を真の世界宗教の一つとして、または唯一、真の世界宗教としてすりかえようとした。この自分たちのもつ信仰を再生することで、日本の仏教徒たちは国内のみならず外国においても一つの使命を与えられ、彼らは一種、日本的精神の責任を背負わなければならなかったのである。この責任において世界中の立ち遅れていると思われる「哀れな未開の異教徒たち」にも、積極的に自分たちの信仰をわかち合う義務があると思ったのである。

一八九九年、姉崎正治（一八七三—一九四九）というこの時代を代表する仏教学者がいうに、日本は世界の国々において唯一の真の仏教国である。ゆえにこの国の責任として東洋と西洋の思想統一と同時に東洋はひきつづき前進する責任があることを述べている。注13

国内での批判的勢力に対する仏教側の対応

世界宗教会議に参加した日本の仏教代表者たちは勝利者として帰国した。それからは全国で講演会に呼ばれ、西洋での物質文明に対する見聞と、西洋人への仏法の広め方の躍進ぶりも合わせて話した[注14]。大原嘉吉という当時の批評家の一人が、彼ら代表者の努力を讃え、極東での日本での仏教が極西にあるアメリカにおいて仏法の法輪を転じたといえようと評価した[注15]。

当時の嘉吉をはじめとする批評家たちを感心させたこの代表者たちは、より多くのキリスト教の参加者に対し、自分たち仏教者としての主義主張を堅持するのみならず、日本国民の国家的希望も表現してきたことであった。在家の仏教者として代表者の中で唯一英語を話した平井金三（一九一六年死亡）は、この方面において何ができるかというすばらしい例を大会で披露した。

平井の発表は、「日本でのキリスト教に対する真の立場」と題された。彼が言うに、徳川幕府が十七世紀の初めにキリスト教を排斥したのは、キリスト教の名において西洋諸国が日本を植民地化しようとしたことに対する正当性にあった。明治時代においても、キリスト教国は治外法権をはじめとする一方的な不平等条約を押しつけることで、自国日本をおびやかそうとした、と主張。最後に国家の間における真の平等を主張するべく、アメリカ建国の立て役者の言葉や憲法の序文をとり入れていた。

彼はアメリカ人よりもよりアメリカ人的に、キリスト者よりもよりキリスト者的[注16]な表現方法を用いたために、諸外国の代表者が受け入れた数少ない成功者の一人であった。確かに彼の演説が終わると、多くのアメリカ人で占められた観衆は立ち上がって拍手喝采した。これを証《あか》しに日本からの代表者たちは、のちにどれだけ仏教者たちが外国において国益を躍進させることができるのかを示したことを主張した。

アメリカでの成功を基盤にして八淵蟠龍をはじめとする日本代表団は、全国を回り、布教活動の拡大を積極的に呼びかけていった。八淵は、特に布教者をめざす者に、外国語の修得並びに高等教育の必要性を強調すると同時に、伝統的な修行も忘れないことを主張した。

彼の考えとは、布教者が外国に住む日本からの移民者たちにまず働きかけるべきことのみならず、ほかにも役目があることもつけくわえることを忘れなかった。一つには将来を予告した上で、日本の軍隊に対し精神教育に従事すべきこと。花のように刃《やいば》をきらめかせ、帝国陸軍および海軍は、幾多の苦難や試練を自信と力で対処できるようになるものである。かつてプリミア地方において信仰厚いイスラム教徒たちがロシアの軍隊を征服したように、あるいは本願寺の兵が織田信長の勢力に忍耐づよく抵抗したように注17。

八淵と彼の仲間たちは、仏教の普及活動を呼びかけた最初の人々であったのではない。明治初期の廃仏毀釈の暗い時代においてさえ、真宗は、名ばかりが日本であった北海道での、明治政府の多数の開拓団を支援すべく積極的に活動したことがあった。

東本願寺はまず百人以上の僧侶を送りこみ、三万三千両を投じて道路を切り開いている。真宗の責任者から見れば、北海道において仏教は国家のために重要な貢献ができることを立証する機会であると捉えていた。たとえば、仏教者たちまでが国家の手兵となろうとも辞さなかった。

さらに国内での布教活動の成功は、東本願寺は小栗栖香頂を団長に、一八七六年六月、上海に別院を設立すべく派遣。奥村円心を中心とする団体は、翌年九月、同じ目的で朝鮮へも派遣する。北海道と同様、この布教活動は、政府と密に協力しあってきた。なぜなら明治時代でさえ、アジア大陸に進出する決意ができていたゆえんである。事実、一八九四年から一八九五年にかけた日清戦争のあとになると、この布教活動は日本政府の大陸政策と深く結びついたため、日本が戦ったそれぞれの戦争を終結するたびに布教活動が拡大していくのであった注18。

小栗栖は、単に外国での布教に関心を抱いたのではない注19。一八七七年、彼は、「東本願寺の僧たるものは貧民への手助けを布教活動の手段とするべし」と主張。彼の多くの仲間と同様、新仏教運動の慈善事業に積極的に参加することを望んだのである。こうした考えの一つのきっかけは、プロテスタントの慈善事業からくる脅威を知ってのことだった。仏教の指導者たちは、いつもながらキリスト教の教理を軽薄なものであると攻撃しつづけたが、彼らの慈善事業は改宗させるためにもっとも効果的であることを認めざるをえなかったのである。[注20]

釈宗演はこの論争に加わり、貧民のための学校や病院、更生施設を設立している。また、兵士や犯罪者の中で布教することも怠らなかった。社会の腐敗を正し、人が生きるうえでのすべての分野にわたり積極的に参加、このようにすることで現実的にキリスト教の優越性を克服しようと仏教者たちを励ました。[注21]この立場を主張したもう一人の人物に、真宗の学僧井上円了（一八五八―一九一九）がいた。彼は学僧であるばかりか、仏教の改革者でもあった。宗演同様、キリスト者の教育施設、病院、更生施設の建立をまねることで、キリスト教を乗りこえることを望んだのである。[注22]

だが、キリスト教の社会事業をまねようとも新仏教者たちは、キリスト教に対する彼らの基本的な拒絶反応を改めることはなかった。特に円了は、反キリスト教的仏教徒の中で、最も雄弁な反対者の一人であった。たとえば、円了は仏教の理にかなった教えに対してキリスト教の非道理性を批判。彼の論理はキリスト教の有神論に対し、仏教の非有神論の単純な比較に基づいて論評を下した。また、仏教の立場こそが西洋哲学と科学に最もかなった立場であることを主張した。さらに反キリスト教の理由の一つに、キリスト教は西洋列強の宗教であり、列強の政治体制と野望から引き離すことはできないということがあった。[注23]

一八八九年一月、円了は島地黙雷や大内青巒（一八四五―一九一八）といった指導者たちと共に、新しい大衆向きの仏教組織、尊皇奉仏大同団を設立。「本団の目的は、皇室の尊崇を保護し、仏教の勢力を拡張して、以て大日本帝国の元気を充実せしむるに在り。其我大日本帝国古来の精神たる

政教の本基即《すなわ》ち我皇室と我仏教とに対して毫髪ばかりも毀損を防禦せざるべけんや」と主張する。[注24]

この新組織の設立者たちは政治をはじめ、キリスト教徒を、社会の一切の権威ある地位から排斥することを望んだ。ゆえに全国でのおよそ十三万人の僧侶を政治的に動員し、仏教の候補者たちが当選できるよう働きかけたのである。ある団員は、特に真宗の強い地方において地域のキリスト教会での礼拝を妨害しようとした。[注25]

尊皇奉仏大同団の設立は、排他的かつ、強い反キリスト教的な性格を持つ仏教的愛国心の組織の誕生を意味するものである。ところが、当時の新聞はその地方にいる団員たちの妨害行為をきびしく批判、警察までも動員したため、団員たちはこのような行為は政治的負担であることに目覚め、それからはこのような行動は静まっていった。ところが、そのような行動から遠ざかろうとした時期に、別の新しい形での暴力が生まれている。つまり、日本の指導者たちが戦争への突入を決定したことである。

日本の外国への進出

一八九四年八月、日清戦争に突入。日本歴史学者家永三郎は、「政府当局はもとより、……日本の海外進出による強国への道を歩むことを熱烈に望み、まず朝鮮において中国と覇権を争そおうとした。朝鮮支配はその後、日本の一貫した国策となった[注26]」と言う。

とかくこの国策に、日本の仏教指導者たちが順応してきたことはいうまでもないことだ。なぜなら、当時の社会にはびこった狭い民族主義と一致したことである。たとえば、先に述べた井上円了は皇道を主張、一八九三年発行の『忠孝活論』の中で、日本並びに天皇、皇室、国民はすべてが神聖なものであることを述べている。[注27]

円了はひきつづき、西洋や中国とはちがって、日本は君主に対する忠誠と孝行は一体であることを主張した。この理由として、すべての日本人は天皇家から生まれる子孫であるとした。ゆえに天皇家こそがすべての日本人の本家であり、天皇と公民は「君臣一家」[注28]であるとした。結論として彼は、次のように述べた。

「古来我国民は君の為、国の為に其身を棄《すつ》るは弊履を脱するが如し。……此気風に富めるは実に我が国民の特性となす。国体之れか為に光華を発し国俗之れか為に精美を現し三千年来未《いま》た嘗《かつ》て他人種の凌辱を受けす卓然独立して永く皇威を東海日出の處に保つ於戯豈《あに》盛ならすや」[注29]

翌年の一八九四年、円了は「戦争の哲学」という論文を発表、以前から述べている見解を交えながら、激しく好戦的な論評をつけくわえていった。[注30]

日清戦争それ自体に対する仏教側からの論評は、一八九四年七月三十一日に、西本願寺の本部から出された「訓告」第三号で、「朝鮮ノ事変起リシ以来我法主猊下ニ於テハ深ク事態ヲ恐察シ玉ヒ王法為本ノ宗義ニ基ヅキ尽忠報国ノ誠ヲ致サント……夫我真宗ハ二諦相資ケテ以テ二世ノ幸福ヲ完全ナラシム。其真諦トハ弘願他力ヲ深信シテ報土得生ヲ決定シ何等ノ事変ニ遭遇スルモ泰然トシテ恐ルル事ナシ。基俗諦トハ忠孝ヲ重ンジ職業ヲ勉メ緩急ニ臨ミ国家ト体戚ヲ同フスルニアリ」[注31]と述べている。

一八九五年、浄土宗は報国議会を設立する。その目的は、宗教の力を用いて、軍人および軍属に恩恵を与え、国家のために犠牲となった愛国者の供養を営み、残された遺族を援助することにあった。[注32]

仏教者の中で平和運動のような形はほとんどなかったが、日清戦争を正当化しようとする指導者たちはかなりの数にのぼった。その裏づけの一つに、アジアの仏教における日本仏教の優越性が説かれた。一八九四年八月八日の、「能仁新報」の社説の中に、「戦時中の仏教徒」という題がある。それは、日本の仏教徒は中国人並びに韓国の仏教徒の戦争に対する無関心に目を醒《さ》まさせる役目を果たしている。彼らの無関心さがどこからきたのかといえば、両国にはびこる消極的な仏教の性質からであった。

数日後の八月十六日から十八日にかけての発刊紙で、森直樹は中国と朝鮮での危機に対する日本仏教徒の関係という題で記事が連続掲載された。彼は、インドやタイの仏教者たちは、やはり自分たちの消極的な仏教の性質からか、国の発展には無関心であると述べる。さらに、これに対し日本の仏教者たちは、戦場を布教活動の場とみなし、忠孝と慈悲を旗じるしにすべしという。

これとよく似た見方に、一八九四年七月二十五日付「密厳教報」の中で、「仏教と戦争」という社説があった。この中に、一切の戦争の武器を廃止すべきことは仏教の理想ではある、だが、もしある戦争が正義ある戦いとするなら、仏教者たちは支援するのが当然と主張した。

真言宗の僧で明治時代の慈善事業の開拓者であった釈雲照（一八二七―一九〇七）も、このような視点を持っていた。一八九五年一月二十五日付の同誌に、「仏教の不殺生戒についての談話」という題の中で、戦争は正義戦と暴戦の二つに分けられることを指摘した。仏教徒はいうまでもなく暴戦に反対すべきものの、正義戦とあらば支持せねばならぬものだ。なぜなら、正義戦は人類を悲惨な状況に陥《おちい》らないよう防ぐことにあったとした。

短文ではあるが、禅と戦争に対し、予言的な文章も残されている。一八九五年、雑誌「太陽」に当時の仏教改革者であった加藤咄堂（一八七〇―一九四九）は、次のように書いている。

「哲学者詩人に親みたる禅宗はまた軍人に親み来り、生死超絶の理、仏教各宗其源、異なるなしと雖《いえど》も、殊に一種の活気を有する禅宗にて、軍人には最も喜ばるる質あればなり[注33]」と。

その一つの具体的かつ代表的な存在として相国寺での維摩《ゆいま》会がある。これは一八八〇年、陸軍中将鳥尾得庵居士（一八四七―一九〇五）によって創設された。円覚寺の管長今北洪川に禅を学んだ者でもある。彼は反欧主義者であり、貴族院議員、日清戦争の四年前、一八九〇年、日本の英字新聞、ディリーメイルの中で、次のように述べている。

「西洋の自由と平等の思想を、もしも日本にとり入れたなら、我国の良好で平和的な習慣の価値を下げることになる。結果、国民の性格はきつく、不人情になり、大衆を破滅の道へ導く原因になってしまう。……ひとめで見て西洋文明は人間の煩悩を満たすために出来上がっているゆえ、魅力を感じるが、その基本たるもの人間の欲望は自然法則に基づくものと仮定するところから、最終的には失望と堕落に終わる。……西洋の国々はさまざまに激しい対立と試練をへて今日に至り、……絶えることなき動乱の運命にある。ゆえにこの西洋の国々は破滅の残骸、その破滅した西洋人の灰に基づいていない限り、平和的平等は得ることが出来ない[注34]」

これは、鳥尾の長年にわたる坐禅修行によって得た境地であった。

仏教者側の戦争支持にかかわらず現実的な戦争における慈善活動、たとえば負傷兵の手当、戦死者が残した遺族の貧困を手助けして指導的な活動を始めたのは、日本のキリスト者たちであった。このような形でキリスト者がみせつけた愛国心は当然、世論には好意的に映ったものである。仏教者たちでさえ、いやいやながらも彼らの努力を評価。だが、仏教の指導者たちの立ち遅れた鈍い反応ゆえ愛国心の欠乏は批判の的ともなった[注35]。

日本のキリスト者たちの熱烈な愛国心は、国家との新しく、かつ建設的な関係をもたらしたのみならず、既成仏教教団にとっても同様であった。具体的に見て、キリスト者の愛国心とは、仏教とキリスト教の協力をもたらす新しい環境を生み出し、キリスト教の東洋との精神的統一をも重視した。結果として、両宗教は程度の差こそあれ、民族主義の同じ本拠地に葬られたのである。[注36]

キリスト教の愛、それに対して仏教の慈悲を照らしあわせてみれば、皮肉にもこの戦争（日清戦争）がもたらした死と破壊から生じた愛国心が、長い年月にわたって対立の運命にあった両宗教の和解のきっかけとなったことは疑いもない。

日露戦争（一九〇四―一九〇五）

日本の中国に対する勝利は、単に朝鮮半島における力の拡大を意味したのみならず、台湾を中国から引き離し、日本の海外での初めての植民地とした。ところが、日本のすべての土地拡大の願望は満たされたわけではなく、一八九五年、三国干渉によって阻まれていた。三国干渉はロシアを初めとするフランス、ドイツの支援であり、彼らは遼東半島が日本のアジア大陸での初めての植民地になるのを阻ませたのである。

日本はこの干渉を国辱と受けとめ、軍事力を送り拡大しようとした。たとえば一八九六年、陸軍に六つの師団をつけ加えることで前線の兵力を倍にしている。さらに一八九八年になると、騎兵と歩兵を独立した隊とした。同時に、国内では近代兵器を作る工場も設立。一九〇三年には日本は近代的な七十六隻の大きな軍艦をつくり、その中には四隻の戦艦、十六隻の巡洋艦、二十三隻の駆逐艦が含まれていた。このように三国干渉たるものは、一般国民に多大な税負担を強いながら、軍事力の拡大における言いわけとして通用させた。

このような雰囲気の中で、既成仏教教団の指導者たちは軍に対する支援がひきつづき必要であると認識する。そこで一八九八年、千河岸《ひがし》貫一は「軍人布教」を編集。この著作の目的は、戦場での兵士に度胸をつけるため、いかに仏教の教えは役立つことかと主張した。

既成仏教教団の指導者たちが、この軍への支援をいかに重要視してきたかという点は本願寺派管長・大谷光瑞（一八七六―一九四八）にあらわれている。彼は日露戦争の際、軍の士気を高めようと努力した結果、明治天皇から賛辞されている。ところが、日露戦争をくわしく考える前に一八九六年から一九〇三年の間、この平和な時期に仏教学者たちは、仏教と国家と戦争との論理的側面に目を向けていたことがあったのを注目してみたい。

ここで興味深いことに、当時二十六歳の仏教学者かつ禅の居士、若き鈴木大拙が、この運動に大きく貢献していたことである。というのが彼が最初の悟り、つまり見性《けんしょう》を開く一ヵ月ばかり前、一八九六年十一月、「新宗教論」を発行。この書で彼は、幅広いテーマを論じた。たとえば宗教心の意味、宗教と科学の関係などである。さらに一章中を使って、宗教と国家の関係を論じた。大拙の国家観とはあまり知られてないゆえに、――特に西洋において――ここでくわしく見ておきたい。

より重要な点は、大拙のこうした視点が、太平洋戦争終結までの既成仏教教団の指導者たちの戦争支援における論理に共通したものがあることである。これだけの理由であったとしても、我々は十分に注目すべき価値はあるといえよう。大拙は宗教と国家の関係を、次の文章から論じはじめようとした。

「国家と宗教とは、一見甚《はなは》だ衝突するが如くに思はるるものなり。何となれば、国家は差別の上に建つものにして、而《しか》して宗教は一切平等主義を取るものなればなり。宗教は宇宙的理想を実行するを以《もっ》て最後の目的となし、国家は自国の存在を保持するを以て終局の目的となす」[注37]

この冒頭から、大拙はひきつづき国家と宗教たるもの、相対立するように見えるものの、それはみせかけにすぎないことがよくわかるとする。たとえば、「平等のみありて差別なきは悪平等なり」という。これ以外にも例をあげた上で結論として、「宗教と国とは必ず相俟《ま》ちて始めて全きを得るものとなすべし」という。あるいは、「宗教は先《ま》ず国家の存在を維持せんことを許り、又其歴史、人情に従順せんを要するなり[注38]」。

ある学者は、このような大拙の発言に対し、彼の代表的な思想を代弁したものではないと指摘する。その代表に桐田清秀がいる。彼は臨済宗系花園大学の教授である。彼は一九九五年発行「ルード・アウェイク」という英誌の中で、次の論文を発表している。

一方で桐田は大拙の先述の引用文を芳《かんば》しく思っていないことを認めつつ、なぜかそのような思想は、「国家の優位性を認めるようにと指導せんばかり[注39]」のことという。桐田は同誌で大拙の他の文章も引用し、批判。これらの文章について桐田は、「大拙の禅らしい宗教に対する対処の仕方と彼の国家の運営に対する抽象的な概念は、あまりにも非現実的なものにうつる[注40]」と。桐田が論文に引用した文章とは次の通り。

「由是観之、但、宗教と国家とは決して衝突するものにあらず……[注41]」

このような大拙の思想に対する限られた批判にもかかわらず桐田は結論として、「大拙は青年時代から彼の一生を通し国家を絶対化したこともなければ、国家を個人の上に重ね合わせたこともなく[注42]」大拙は民族主義者でも国家万能主義者でもなかったと書いている[注43]。

桐田の結論が正しいものかどうかはしばらく棚上げにし、問題になるのが桐田は、なぜ前の引用文にひきつづく、三つの節について一切、触れていないかという点である。なぜなら大拙の国家観を理解するに、このひきつづく三つの節がきわめて重要なポイントであると言わざるをえないからである。

「先づ之を国際の道義に見れば、兵を養ひ武を諫るは、他国を侵略して其権利・自由を奪却せんとするにあらず、但々自国の存在をして邪魔外道の侵す所とならしめざるに在るのみ。巨艦を造り大砲を鋳《い》るは、徒らに私利を拡張して他の権益を蹂躙せんとするにあらず、但々自家の歴史をして不義無道の乱す所とならしめざるに在るのみ。商業を営み殖産を務むるは、物質的財力を積蓄して他国を圧伏せんとするにあらず、但々此に由りて益々人智を発育せしめ道徳を円満せんとするに在るのみ。故に暴国あり、来りて吾商業を妨害し、吾権利を蹂躙せば、是れ直に人類全体の進歩を中絶せしめんとするもの、我国は宗教の名に由りて之に服従すること能はず。是においてか已むを得ずして干戈を動かす、敢へて数人を屠らんとするにあらず、敢へて城地を掠めんとするにあらず、敢へて財宝を奪はんとするにあらず、但々正義の為めに不正を代表せる国民を懲さんとするのみ。吾豈《あ》に何の求むる所あらんや。是之を宗教的挙動と曰ふ。国家にして常に此道念を失ふことなくんば、人類の進歩、宇宙的理想の実行は一歩一歩に期せらるると謂《い》はざるべからず。

個人の国家に対する道徳も亦然り。平時に在りては、或は農業に、或は工業に、或は商業に、或は学術に、或は技術に、汲汲乎として日に月に其発達を計る、而して皆悉《ことごと》く人間全体の進歩を以て目的となすことを忘れず。是之を平時の宗教と云ふ。而して其一たび外国と釁《きん》を開くに当りて、海兵は水に戦ひ、陸兵は野に闘ふ、剣花閃き砲煙漲るの間に在りて、縦横馳騁《ちてい》、命を鴻毛の軽きに比して義を泰山の重きに見る、只斃れて已むを期せんのみ[注44]。是之を有事の時の宗教と謂ふ。必ずしも神と云ひ仏と云ふを以て宗教となさず。其職に在りて其責に任じなば、天下何ものか能く之より宗教的なるあらんや[注45]」

日清戦争を背景に書いたこの文の中で、大拙は、一九四五年、日本の敗戦に至るまで仏教指導者たちが総じてとった基本的立場を明白にしているものがある。(1)日本は自国の商業及び貿易の拡大に集中すべし。(2)万一、他国の「邪魔外道」がそれを妨害するようなことあらば、彼らは全人類の進歩を妨《さまた》げるものとして戦わざるをえない。(3)その戦いとは日本の宗教界より全面、かつ無条件の支援をうけるであろう。なぜならその戦さたるもの、正義が成り立つように存在するゆえである。(4)兵士たるもの、その宗教によって認められた戦さたるものは少しもためらうことなく、後悔せず、自らの命を国家に捧げざるをえない。(5)有事の際、国家に対する義務を戦場において果たすことが宗教的行為であること。

このような考え方は、かならずしも大拙がはじめてだったとはいいがたい。なぜなら大拙の師、釈宗演の書き残した中にも見られるからである。この宗演こそ、大拙の論理をいかに実践しうるものかとみせつけている。そのために一九〇四年二月に勃発した日露戦争において宗演は、陸軍第一師団の従軍布教師として参加。その参加の理由を次のように述べている。

「人生のもっとも残酷な行為を通して自分の信仰を試したかったこと。同時に我々の勇気ある兵士たちに仏《ほとけ》の崇高なる思想を通して、生気をとり戻してやりたかった。それによって兵士たちに彼らの任務が偉大かつ崇高であることの自信をうえつけることで、戦場での死を迎えさせてやりたいと思ったのである。この戦いは両軍の虐殺ではなく、悪との戦いであること。たとえ戦場で倒れようとも、魂は天国で生まれかわるものでもなく、地上の我々の中で生まれかわるもの」[注46]（英文より）

戦場での宗演は、詩を書く時間を見つけ、次のようにうたっている。

ここ南山への行進は
いただきへの突進なり

幾千の勇み人《びと》
あたかも竜のはげしさなり
敵人を前に我はおちつき
心はしずまる
大砲はうたごえたかく
ひびくなり
死にゆく兵にも安らかなり注47

宗演は仏教と戦争の身近な関係を、次の文章でもって奨励している。

「仏教において二つの入門法が在り。完全なる真実の世界に到着が出来るとされる。その一つは『慈悲』（Karuna）、二つには『知恵』（Prajna）である。前者は千差万別の世界へと我々を導き、後者はそれを越えたところの絶対への世界へと導くという。この『知恵』にあって、我々は悟りの頂上へと到着することができ、慈悲によって人々を苦悩と犯罪からすくうことができるという。

この生命の変動を統一と永遠の宗教的観点、すなわち一実性界《いちじつしょうかい》Aから見た時、一切が一つであり、同次元（Dharmadhâtu）である。そして、この観点から友人や敵、悲劇や喜劇、戦争と平和、輪廻《りんね》と涅槃《ねはん》の世界、煩悩《ぼんのう》（Kleśa）と悟り（bodhi）の区別を無視するように学ぶようになっていく。その結果、私の魂は哲学的なおちつきが広がり、涅槃からの満足度を感じるようになっていく。なぜなら、私が見る限り、仏の栄光がうつらない者はひとりたりともない……。

この千差万別の世界においては、我々のもっとも崇高なる、かつ大いなる出来ごとは悪と戦い、完全に征服することにある。この道徳観念は十二年の準備期間と四十八年の布教活動を導いたのみならず、釈尊の教えがいかほどに幅広くあっても、実際的になったとき、悪を征服する以外の何ものでもないことである……。

戦争は悪である。大きな悪である。だが、悪との戦いは最終目的を達成するまで徹底的に遂行せねばならないもの。日本は不本意ながらも突入した現在の敵対行為において、何ら身勝手な目的を持つこともなく、単に文明、平和、悟りに敵対する諸悪を征服することにある。この事業は、どれだけ重要かつ大きいものかという認識から、日本は武器をとり上げるまでは、長年、考慮してきたのである。だが、自分は正義の側にあるという強い決意に基づいて不屈の勇気を与えられ、この戦いを苦々しくも最後までもっていく決意である。

我々の理想を勝ちえるには、次のような代償を払う決意がある。その代償とは血の川、そして何千の生きた屍《しかばね》の犠牲にある。このむごい状況を前にしたとき、我々は悪を全滅させる決意があろうとも、心が動揺してくるもの。こうした犠牲の上にもたらされた慰めとは、自己中心的な目的ではなく、最終的な悟りの世界への必然的な段階であるからこそ、私のようなみじめな者が地上の地獄の中で耐えられようか[注48]」

この時点から、仏教者の戦争に関する発言において「地上における地獄」での一人一人の兵士の意味が話題になっていった。これについて宗演は、次のようにいう。

「世の中には一つの偉大な精神しかなく、我々個人はその一次的な現象にすぎない。この偉大な精神の意志を実行するとき、永遠である。だが、もし自分たちの我儘《わがまま》や無知のままに逆らうようなことあらば、破滅するものなり。服従すれば生きることができるものなり。逆らえば無限の地獄に落ちるものなり。肉体の存在はたけのこの皮のようなもの。大きくなるには外皮をつぎつぎに剝がねばならぬから。

人間にたとえれば、肉体とは無意味ではなくとも、その精神がより基本をなし、完全なる成長のためにもっとも重要である。ゆえに、肉体の存在に絶対に縛られるようにはならず、必要に応じ、より意義のあることのためにそれを犠牲にすべきこと。こうして我々の存在の精神面がおのずから明らかになっていくもの。

それゆえに戦争とは、正義あるもの、あるいは名誉あるもののために戦われ、また気高い理想を保持せんがため、あるいは現実化するために戦われ、さらに人類と文明を支援せんがために戦われるのであれば、かならずしも残酷だとはいえないもの。たしかに多くの人間の肉体が破壊され、精神までも冒されるが、より広い観点からみたとき、このような犠牲は不死鳥が聖なる精神の灯に全焼し、その燻《くすぶ》りから生じるものこそ、より活発で崇高で気高く、光栄なものとなっていく……。

我々仏教徒は、作りごとや迷信や神話を信じない。我々は真実と真実にのみ信奉する。我々が実際に周囲で目にするのは、死者の魂は我々のすぐ近くで蘇《よみが》えっているもの。なぜなら、我々のもとも深い意識の中でこれを実感するからこそ、裏切られることはない。死者の魂は我々の中に存在し、彼らの勇気や実直さ、自己犠牲、そして愛国心によって我々は支えられているのではなかろうか？　だからこそ我々は超自然の力によって正気づけられ、彼らがめでたくも開始した仕事を完成すべく、我々の決意により強硬になっていくものではなかろうか？

私は戦争の残酷さと諸悪を無視してはいない。戦争とはたしかに地獄道である。できる限りは避けたいもの。国々の紛争は文明にかなった形で解決したいもの。だが、万一、回避できないときには、全身全霊で戦う以外はない。このとき、我々が成し遂げなくとも、我々の精神的後継者が果たしてくれるであろう決意を持つことにしよう。嘆きだけでは何も実らず、単なる我儘の産物にすぎないもの。だからこそ、目覚めた心の持ち主ならば、嘆きは禁物であるとしよう[注49]」

こうして宗演の言葉を読めば、少なくとも臨済宗の伝統にのっとって解するなら、彼は完全に悟りの境地に入っている人物であることは認識しなければならない。なぜなら宗演は、この言葉を書いた時点ですでに公案を中心にした修行生活を終了、このとき宗演は二十四歳の若さであった。そして彼の師、今北洪川（一八一六―一八九二）からは完全なる悟りを開いたことを意味する印可証明を拝受している。[注50]

ついでながら、前述での鈴木大拙の考え方のように、大拙は単に宗演の弟子であるばかりでなく、前述の彼の言葉を英訳した人物でもあったことを知らせておきたい。

ところが、宗演の書いた中で大拙が訳していない驚くべき事実がここにある。その文章とはロシアの文豪トルストイとの文通に触れたもの。トルストイは徹底した平和主義者、非暴力主義者であったゆえに、この日本の著名な仏教指導者の支援をうけ両国間の戦いを批判できないものかと、彼は宗演にこのことを打診する手紙を送っている。その返答は次の通りであった。

「釈尊はまちがいなく不殺生を説いた。一切衆生は大慈悲心で統一されぬ限り、平和は決して訪れない。それゆえに互いに矛盾する物事を調和させるには、殺戮と戦争が必要となってくる」[注51]と答えたのである。

いうまでもなく宗演は、僧侶として戦場に赴いているが、それは彼一人ではない。各宗派が日清戦争の頃から従軍布教師と名づけ、多くの僧侶を戦地へ送り出している。一九三〇年代には各連隊に従軍していたと思われる。他に外地に派兵された者では従軍看護兵としても仏教教団より派遣されていた。また宗演は、仏教の観点から戦争を正当化した唯一の仏教者であったわけではない。たとえば明治期において著名な学僧、井上円了はその例であり、日露戦争の勃発直前、彼は次のように述べている。

「若し果して彼より我を視て神敵と云ふならば、我より彼を視て仏教と云はざるべからず。彼れの軍が神軍ならば、我の軍は仏軍なるべし。是に於て露国は我国敵なると同時に仏敵なり。之に反して支那朝鮮は同じく是れ東洋人種にして、且つ同じく『モンゴリヤン』人種なり。黄色人種なれば、我が兄弟一族なる上に宗教上に於ては、もとより同宗同門の関係あり。故に此を救ひ彼を誅するは、独り国民として尽くすべき義務なるのみならず、教徒として竭《つく》すべき本分なり。……

仏教は慈悲教なり、活人教なり。故に活人の為に戦ふは、其慈悲の本旨に適《かな》ふものなり。今若し日露の間に干戈を見ることあらば、仏者は進んで之と戦うべきは、当然にして、仏恩に報ずる所以も此外にあるべからず。何者其戦は国家を護し同胞を養活するものなるは勿論にして、其上に広く支那朝鮮等幾億の生霊を死地より救助する菩薩行なればなり。之に加ふるに露国は独り我国敵なるのみならず、仏敵なり。其国たるや政教一致にして、奉教の自由を許さず。且つ其人民を固結するや、宗教の連鎖を以てし、其東洋人を視《み》るや、宗教の仇敵なりと云ふを以てす。故に其戦は一面に於ては政治上の戦にして、他面に於ては宗教上の戦なり、……今日仏教の依然として我邦に存するは、聖徳太子以来歴代の皇室の保護、皇族の帰依に基かざるは莫《な》し。此点より視るも仏者は仏恩の為、皇恩の為に死を決して戦うは当然の事なり[注52]」と。

日露戦争は一九〇五年九月に終結。だが、この時すでに既成仏教教団では、日本の軍事行動に関する基本的な姿勢は完成していた。先に鈴木大拙が述べた五つの原則に加え、宗演や円了の言葉を通してみればそれらはさらに三つの原則が生じているのが判明する。

(1)日本の戦争は正義の戦争であるばかりでなく、仏教の慈悲の表われでもある。(2)戦争において死ぬまで戦うことは釈尊と天皇に対する報恩の機会でもあった。(3)日本の軍隊は常時、命を投げ出す用意のある何万人もの菩薩でなされている。彼らの目的は自国を防衛するのみならず、同じモンゴロイドの同胞たちを、西洋での白人のキリスト教者たちの帝国主義から救い出すことにあると説いている。

次の章では、このような原則はさらに感情的になり、かつ愛国主義的な形でより声高にくり返されていく過程を分析した。だが、このような思想を述べてきた仏教学者や僧侶たちが、再び宗教と政治、すなわち政教一致の政策へと実現させるべく道を切りひらこうとしたことで彼らは政府の手先となり、神道の神主と共に政府を美化し、賛美し、政府の目的が達するべく努力を惜しまなかったのである。[注53]

戦場での信仰

日露戦争において実際の戦《いく》さが、兵士、一人一人の仏教信仰と戦場での戦いぶりの重要な基盤を終結に至るまでなしていった。林銑十郎（一八七六―一九四三）は、このとき隊の要職にあり、回想録で次のように語っている。

「金沢の第九師団におりました。金沢はご承知の通り非常に宗教の盛んな土地で、ことに真宗が盛んである。……しかし、私ども第九師団の将校として居る時は、其の仏教の効果と云うものについてそう深くは感じなかった。

それが日露戦争の時、御承知の通り、第九師団は旅順の一番真中に向かって乃木軍の中央でありましたが、第一回の総攻撃で第九師団はほとんど全滅とまでいわれた。ことに私の旅団は一番先に堡塁にぶつかった。第一日のうちにほとんど旅団の半分ぐらいになってしまった。

六千ばかりの兵が四千ぐらいは役に立たなくなったと思います。ちょうどそういう状況が七日ほどつづいて、敵の堡塁の一角を占領して、そこで半死半生の有様におる者が数百人、しかしその中にはどうすることも出来ない。……そう云う状況が四日も五日もつづいた。……敵の真下にいる状態だから、傷兵を収容することが出来ない。傷ついたものはそのままで二日でも三日でも投げすてておかねばならぬ有様で、まず見殺しである。……

自分は傷ついて苦しんでいるのに、もう安心立命と云った気持ちになって『南無阿弥陀仏』を説えているうちに死んでゆく。……なるほど平素の仏教の信仰はここに現われたのだ。……宗教人というものは死生の境に立った場合に実に偉大である」[注54]

大須賀秀道（一八七六―一九六二）という真宗の有名な学僧は、林が戦場において見てきた仏教信仰が、なぜそれほどまでに大きな力を発揮しているかを、一九〇五年四月二十日に出た『戦時伝道大観』の中で、次のように述べている。

「念仏を唱えるから、戦場に出られるのである。死ねば極楽と思へばこそ、死ぬ覚悟も定まって、奮闘することが出来るのである。ああ義の為に戦い、慈悲の仏心で戦い、世に忠臣となり死んでは浄土へ迎えられることは、実に何よりの幸福ではないか」[注55]

ところが、真宗だけが戦場での兵士たちの、戦さぶりをより強硬にしたのではなく、もちろん禅宗もその役目を十二分に果たすべく行動し、早い時期で、今なお名声が讃えられる禅僧沢木興道の行動に顕著に見られる。

西洋において彼は、京都で在家人のために設けた修行道場を安泰寺に開いた僧として名高い。特にヨーロッパにおいて、彼はフランスでの弟子丸泰仙（一九一四―一九八二）の布教活動を通してその名を広く知られるようになっていった。

興道は曹洞宗僧侶になったのが十八歳の時。三年後、修行の身でありながら陸軍に召集され六年間（一九〇〇―一九〇六）のうちにやがて下士官に昇格となり、分隊長にも命じられるようになる。一九〇四年、日露戦争が勃発するやただちに前線へと送られて、そこでの出来事が「沢木興道聞き書き」の中で、次のように語られている。

「日露戦争を通じて、わしなども腹一ぱい人殺しをしてきた。なかでも、この得利寺の戦いでは、敵を落し穴に追い込んで、ねらいうちにして能率を上げたもので、中隊長はとくに、わしのために個人感状を申請したが、感状はおりなかった[注56]」

興道は、戦友たちとの会話も収録し、彼の戦いぶりについては次のようにいう。

「みんなが、『ありゃいったい何者だい』『うん禅宗の坊さんだげな』『なるほど、さすが禅宗の坊さんはちがったものだ、肚《はら》がでけとる』[注57]」

この単純な会話の中で、禅の修行が戦場においてどれほどに役立つものかを示す言及である。彼自身、戦場での体験を通し、自分が何を学んできたかを、次のようにいっている。

「戦さがすんで、それから静かに自分というものをかえりみてみると、これは昔の俠客《きょうかく》とか、あるいはならず者とか、つまり国定忠治とか、これくらいの連中の命がけのところまでは行っておったかも知れんが、道元禅師のお弟子としてはちょっと物足りないと云うことに気がついた。……

命だけ捨てる奴には、命を捨てる代わりになんぞ欲しいものがある。……死んでも出世したい。死んでも勲功が立てたいと云う。これは何か。生死解脱ではない。それは替《かえ》っこしたんである。肩の荷を替えたんである。命を捨てる代わりに名をあげたいとか、名誉をほしいとか、これならば物と物の替っこである。もしこの替っこでやるならば、それはどこまで行ったら果たして満足するか。それを仏教では流転輪廻という。

だから要するに生死解脱ということは、命を捨てることではなく、欲を捨てることである。欲にも色々ある。名誉欲もあり、財欲もあるが、この総ての欲を捨てる。一切の欲を捨てる。一切投げ出すのである。ここに宗教が要る。ここに悟りが要る。ここに道が要る。……これを我が日本の軍隊にすれば、軍旗の下に水火もいとわん。軍旗の下に命も物の数ではないと云う、その境地である。わしはそれで、念彼《ねんぴ》軍旗力と云う。この軍旗の下に身を捨てる。これは実に無我である。またこれが職域では、どの職でも職域奉公となる」[注58]と。

興道自身、再び戦場に赴くことはなかったものの、禅と戦争との一体性は一貫して主張しつづけてきた。これを証《あか》すに一九三九年には「内閣武道振興会委員会」の委員の一人となり、子供たちを戦場へと送り出す下準備を奨励している。一九四一年から一九四二年にかけては日本の傀儡《かいらい》国満州へも出かけ、法話と称し、軍人、民間人の前で戦争を奨励した。

このような彼の行為は、やがて政府の認めるところとなり、一九四三年十一月三日、賞勲局より銀盃を授かることとなった。満州での彼の記録はもはや存在しないが、一九四二年出版の大法輪において十分にその時代の彼を推測させる記事が残されている。

「法華経の〝三界は皆是れ我が有なり、其中の衆生は皆是れ吾が子なり〟。ここから出発すれば、一切のものは、敵も味方も吾が子、上官も我が有、部下も我が有、日本も我が有、世界も我が有の中で、秩序を乱すものを征伐するのが、即ち正義の戦さである。ここに殺しても、殺さんでも、不殺生。この不殺生戒は剣を揮《ふる》う。この不殺生戒は爆弾を投げる。だからこの不殺生戒というものを参究しなければならん。この不殺生戒と云うものを翻訳して、達磨はこれを自性霊妙と云った」[注59]

ここで述べてきた興道の考え方とは、鈴木大拙をはじめとする禅の信奉者たちの幅広い考えの一つである。つまり、「無我の境地」、つまり「絶対の境地」に入ったとき人は、人を殺そうが、爆弾を投げつけようが、その行為は本人の意志の外側に存在するもの。ゆえに本人の意志とは無関係な型で行為そのものが実行されたのであれば、当然本人の決断や責任はまったくないというものである。

　この時点での禅とは、真に「理性を越えた」といわねばならない。さらに彼は戦後になると、曹洞宗の開祖、道元禅師までもが皇軍にしかるべき精神構造を導びいたと主張。

「道元禅師はそれだから、吾我をすてろ。吾我を忘れて潜かに修すと云われた。それを正法眼蔵の生死の巻にはこう云われた。『ただわが身をも心をも、はなち忘れて、仏のいえになげいれて、仏のかたよりおこなわれて、これにしたがいもてゆくとき、ちからをいれず、こころをもつひやさすじて、生死をはなれ仏となる』と。これを言葉をかえていうと、ただ我が身をも心をもその事のいかんをとわず、上長の命令に服従し、これに従ひもて行く時、直ちに陛下の股肱《ここう》として完全なる兵隊になる[注60]」と書いている。

　日露戦争の戦場で禅の力をより発揮した代表に乃木希典（一八四九―一九一二）がいる。彼は戦前、有名な臨済宗の南天棒（一八三九―一九二五）の指導で禅の修行を重ねていた。南天棒は、自分自身その役目について、次のように、

「目下日本に仏祖の正伝を得た者がおれよりほかにあるか。ないからないというのだ。相似の禅はどしどしぶち砕かねば……[注61]」とはげしく語る。

　南天棒は「確固たる国家主義者と皇軍の信奉者[注62]」として描かれた。彼は回想の中で、一八八七年十月、はじめて乃木に会った時の様子を、次のようにふりかえる。

　乃木はたずねて「生死事大無常迅速いかんが覚悟せん」。それに答える南天棒「忠義の上に生死なし[注63]」と。

　これに感服した乃木は、以後十年ものあいだ彼の下で修行を積んでいった。乃木を南天棒に紹介

したのが日露戦争でのもう一人の立役者、児玉源太郎（一八五二―一九〇六）であった。この二人の関係は、次の話でその深さがうかがわれる。

「軍人たるものの禅はどうじゃと問うた。おれは即、今無相三千の兵を使うて看よ。しからば戦うて勝たざるなけんと。彼いわく、目前兵なし何をもって使うことを得ん。われいわく、いと易きことなり。それが使えぬようでは戦さはできぬぞ。彼少しく色を起こして、しからば老師やって看よ。よくあさ馬になれと、いきなり彼の背にまたがり、大声に呼んで尻を打っていわく大隊進めと。……」[注64]

こうしたエピソードが語るように、南天棒の修行法は荒くれだった触れ合いと問答にあり、のちに集中した坐禅が組みこまれていた。南天棒によると、乃木大将は彼の修行をうけている間はいかほどに厳しく扱われようが、決して怠けることも消耗することもなくつづけられたという。

結果、南天棒がいうように、乃木は最終的には「ついに大いに得るところ」があった（つまり悟りを開いたということか）と評している[注65]。南天棒の門下生であった曹洞宗の飯田欓隠《とういん》（一八六三―一九三七）は、乃木将軍に対し「大悟徹底」という言葉、つまりこれは禅宗においての最高の栄誉ある表現で彼を賛美した[注66]。

南天棒いわく、乃木があれだけの実績を上げることができたゆえんは、禅の修行に他ならないという。

「日清・日露に彼の偉功を奏せしゆえん、職として苦修の名によるを疑わぬ。古人いわく、刻苦光明必ず盛大なりと。将軍において見るべきなり。……禅者の行履《あんり》はまさに将軍のようにあるべきじゃ。……彼は真面目の好個の軍人じゃ。……」[注67]と讃えている。

乃木がいかにすばらしい軍人であったかを彼自身、仏法上の後継者の一人として認めていた。乃木にはじめて禅の本質は何であるかと教えた時、すべてが「直《じき》にあり」と教えたという。その「直」とは、一つの言葉でありながらも三つの要素が含まれる。それは、

㈠　とまどいなく前進すること

㈡　直指人心、すなわち仏法を心から心へ……

㈢　大和魂[注68]

そして最後に「菩薩」なるものは、「慈悲の殺生は菩薩の万行に勝る万々じゃ[注69]」と説明を加えたという。

禅を武士道から生まれた大和魂と結びつけようとしたのは南天棒が初めての人というわけではなく、古来からこの時代に至るまで数多くの禅者たちが同様であった。武士道、大和魂、それぞれにまつわる禅の関係については語るべき面が多くあるが、次にすべての明治時代の仏教者たちが、日本の新宗教的国家主義を支持したわけではなかったことは注目すべき重要な点であることを見ていきたい。

第三章――内山愚童―革新的曹洞禅僧

日露戦争の時代に、日本の既成仏教教団の僧侶や学者たちの中で指導的役割を果たした者は、政府の政策、特に戦争策を強く支持したといえよう。だが、政府に対し仏教側からの批判がまったくなかったわけではない。じつのところ、数名の僧侶が政府の強まる国内の弾圧や帝国主義的政策に反対したのみならず、自らの命を投げ出した僧も出てきていた。

この章では、急進的といわれた仏教僧の一グループにスポットをあててみることにする。このグループは少人数ゆえ、彼らに焦点をあてることは大きな意義があるとはいえないかもしれぬが、少なくとも当時の仏教指導者に対する影響力は相当のものがあった。なぜならこの指導者たちは、ひきつづき自分自身あるいは教団としての日本の外国での軍および自国での政治弾圧に対する立場を明確にしていったためである。

革新的仏教僧と大逆事件

一九一〇年におきた大逆事件によって初めて政治的な急進的僧侶の存在が明るみに出た。明治天皇の殺害の企てに加わったという疑いで、二十六名が逮捕されている。その中に三人の僧侶が含まれていた。真宗関係の高木顕明（一八六四―一九一四）、臨済宗関係の峯尾節堂（一八八五―一九一九）、曹洞宗関係の内山愚童であった。

すべての被告人が有罪となり、二十四名は死刑。ただちに恩赦によって十二名は終身刑。内山は死刑、このとき唯一の僧であった。残る二人の僧は終身刑となり獄死。死因については高木は自死、峯尾は病死。

愚童の死刑に見られるように、政府関係者は彼を極悪とみなしたふしがある。三人の僧の中で無政府共産運動にもっとも活発であったゆえんであろう。愚童は自らの主義を立証せんばかりに多くの文章を残している。とはいえ、彼の書いた文章で仏教と彼自身の社会運動との直接関わり合ったものはきわめて少ない。

驚くまでもなく、三人は、自分たちは仏教学者でもなければ、仏教教理や社会、政治経済の専門家であるなどとは一切主張してはいない。彼らを描くならば、自らの仏教信仰に基づいた社会活動家であり、周囲の、特に田舎での貧困から生じた精神的、物質的な苦悩を根絶するところにあった。政府は全員の有罪が確定する以前に、彼らの痕跡を消そうとしていた。裁判自体非公開で進められ、新聞記者も入廷は許されなかった。なぜなら、政府の主張は、取材は社会の平和と安定と公衆道徳の維持を乱すとの一点に絞られていたからである[注1]。

愚童が住職をつとめた林泉寺は、家宅捜索され、彼の書いたものと通信は証拠として没収。以後不明。残ったのは檀家のために刻った「釈迦牟尼仏」の仏像が数体のみ。だが彼の死を引き替えにしても、まだ政府はおさまりがつかなかった。ゆえに林泉寺に埋葬した墓に彼の名を刻むことさえ許さなかった。事実、一人の檀家がその墓に花をたむけたとき、警察は神奈川箱根の大平台の林中、その本人を見つけ出すべく徹底した捜査を実施したといわれる。

内山の生涯

〈幼年期〉＝生いたち

一八七四年五月七日、新潟県の小千谷村に生まれた。幼名は「慶吉」。四人兄弟の長男。父の名を直吉と言い、木彫をなりわいとして、仏像や仏壇などを作り家を支えた。子供のころより、この父からこうした技術をおぼえ、前にも述べたが、後には自ら仏像を彫り、林泉寺の檀家に配ることもあったという。今日でも彼の作品の一つに、九インチサイズの釈迦牟尼仏を型どった崇高な像が、村の人々によって大切にされている。

学校での成績は抜群で、県知事より賞をもらっている。また若くして、佐倉宗五郎という徳川時代の社会改革家の思想に出会っている。ゆえに彼の幼時期、田舎での貧困を防ぐために土地改革や女性の投票権などについて、しばしば話していた。

父を十六歳の時に亡くす。稲垣真実著の『変革を求めた仏教者』の中で、愚童がのちに、出家する動機は、この父の死であったと書いている。[注2] 一八九七年四月十二日のこと、曹洞宗宝増寺の住職、坂詰孝重の弟子となる。

七年間にわたり、仏教を学問として学びいくつかの曹洞宗の寺で修行。最も長くいたのが神奈川県の海蔵寺であった。一九〇一年十月十日、林泉寺の住職、宮城実苗の法をつぎ、三年後の一九〇四年二月九日には住職に任命され、修行時代に終止符を打った。

ところが、彼の引き継いだ寺はきわめて質素のうえに、貧農の四十世帯の檀家によって支えられていた。瓦葺《ぶ》きの小さな本堂以外、財産らしきものはなく、境内には柿の木と栗の木があるだけであった。村の言い伝えによれば、秋には村人を集め、この樹の実りを平等にわけていたという。

村の若者たちとの会話では貧困問題に力をこめた。彼がいうに、基本的な問題は不公平な経済体制にあるゆえ、少数の地主たちがより広い土地を所有し、一方で大半の農民が小作人と化した。そこで彼は積極的に土地改革を奨励するようになる。それはやがて実現されたものの、日本が戦争に敗北して後のことであった。

愚童の改革案について、特に注目すべきことといえば、彼の仏教に対する理解から生じたことであるのがわかる。なぜなら、後の裁判での予審において、次のように述べている。

「明治三十七年（一九〇四）頃になりました。如何なる所からそんな事に成ったかと申しますと、私共の宗門で以前、支那に於て僧侶の修業する所を見ますと、一時に二百人も三百人も、一つの所に在て同一の衣服、同一の飲食に依って共同生活を為して居るのは如何にも美なる有様である。是を一村一郡の国の上に其の制度を施《ほどこ》したならば、余《よ》程《ほど》良い制度が出来るだろうと云う理想を抱いておりました[注3]」

伝統的な仏教の組織、サンガ（僧伽）は、彼にとっての社会改革をめざす理想態であった。なぜならそこにいる人々は、私有財産ももたず、共同で働いていた。

同じく一九〇四年、愚童は初めて、より幅の広い社会改革運動の「無政府共産主義」に出会っている。おそらく、新設の「平民新聞」を通して接触がはじまったと思われる。この年の初め、この新聞は東京での社会主義運動の最有力者となっていた。後に彼は、この新聞の自分への影響を次のように述べている。

「然る所、其の当時、平民新聞を読んで見ましたならば、私の抱いて居る主義と同一でありましたから、私は其所で社会主義中の無政府主義者と成った次第です[注4]」

愚童はこの新聞の一読者として満足できずに、一九〇四年一月十七日に次のように書いている。

「余は仏教の伝道者にして曰く、一切衆生悉有仏性曰く此法平等無高下、曰く一切衆生的是吾子。之れ余が信仰の立脚地とする金言なるが、余は、社会主義の言う所の金言と全然一致するを発見して遂に社会主義の信者となりしものなり[注5]」

後の文中での「一切衆生悉有仏性」とは法華経の最も重要なところであり「此法平等無（有）高下」は「金剛般若経」からきたものである。残念にも短文ではあるが、彼の理解する仏法における社会的意義の現存する唯一の言葉である。

この短文は、島地黙雷のような明治の仏教指導者たちとは真正面から対立する羽目となっていった。

一八七九年、「差別平等」という論文の中で、黙雷は社会身分や富の区別たるものが、年齢や性別、言語と同じほどに変えることのできないものだと書いている。黙雷がいうように、社会主義とは、社会的、経済的平等に重点を置くゆえにまちがいが生じるという。つまり、社会主義者とは、差別即平等といった、もっとも基本的な仏教の業たる教えを無視したものであるという。

いうならば人間の業を考えてみると、前世での行ないが現世の身分や地位をもたらすものであり、社会体制とは何ら関係なしとするもの。より哲学的に言えば、現在の有形の世と無形の世の基本的なる一体性を、認識せずに混合させてしまっているというのである。こうした黙雷の立場は、既成仏教教団での基本的姿勢となっていたのであった。

〈村の僧侶と社会運動家〉

「平民新聞」に八十二名が自分たちはいかに社会主義者になっていったかという短文をのせている。その中で幸徳秋水と愚童だけが直接、大逆事件に巻き込まれていった。この点だけを見れば、愚童は幸徳と同様、初期社会主義運動での指導的立場であるかのように見受けられがちであったが、実際は違っていた。彼は箱根の山に隔離されていたため、その活躍ぶりは制限されていた。あえて描写するなら、彼の仏教信仰から生じた思想と行動であったといわねばならない。

だが皮肉にも、このように世からかけ離れた様相こそが歴史に残る人物として登場させることになった。政府や警察は、平和主義を基盤にした社会主義運動をつぎつぎに弾圧した。その一つが彼らの意に添わない「平民新聞」を発行停止させ、編集人を逮捕、罰金はまだしも入獄へと追いこみ、会合や大会も武力で防止した。

ついに一九〇五年一月二十五日には、幸徳秋水を含む二人の編集員を出版法を破ったかどで逮捕する。「平民新聞」は発刊中止。この新聞が廃刊となったことで、社会主義者が中心となって進められた反戦運動は事実上、ピリオドを打ったことになる。ゆえに政府は、ロシアとの戦争を、国内での反対もなく進めるようになっていったのである。

一九〇五年九月、日本勝利で日露戦争終結。ところが、この勝ち戦さたるもの、政府の軍備に対する支出を見ても、また多くの死傷の数を見ても、大変な代償であった。平和条約において日本は、ロシアから何ら戦争賠償金を得ることがないことを公にしたとき、東京では暴動が起き、戒厳令を布くほどの騒ぎとなった。

こうした社会不満の中で政府は、社会主義の弾圧にいっそう力を入れた。一九〇七年二月二十二日、社会党は禁止され、社会主義者たちは嫌がらせや暴力的弾圧を受け、あるいは投獄となった。

一九〇八年になると、新聞や雑誌の発行のみならず、いっさいの会合が禁止。残された道は地下潜伏のみであった。いっさいの活動を禁じられたため、一部の活動家は皇室に対する「直接行動」をとる以外方法はないとの結論となった。

このような状況の下、一九〇八年九月、愚童は上京する。幸徳に会ったのみならず、自分の寺でこっそり出版できるための印刷機を買いこんでいる。それを本堂の仏壇の裏にある倉庫にしまいこみ、社会主義のチラシやパンフレットを発行するのに使い、「入獄記念無政府共産――革命」という自筆のものまで発行した。

このような出版物はいくつかの点で興味を魅《ひ》くものがある。その一つに、当時広く理解されていた仏教の業論に対する批判である。それは小作人の貧困に対する悲しみを指摘したもの。

「之（貧困）は、仏者の云ふ前世からの悪法であろうか、併《しか》し諸君、二十世紀という世界的の今日では、そんな迷信にだまされておっては、末には牛や馬のようにならねばならぬ。諸君はそれをうれしいと思うか[注6]」

愚童は仏教での業の論理が社会的、経済的に見て、不公平さを正当化すべく利用されたことがはっきりとわかった。小作人たちが貧しければ、自分自身あるいは過去の行ないを責める以外はなかった。黙雷も宗演も、こうした解釈を主張した代表格である。

「我々は千差万別の世界に生まれてきた。ある者は貧しく不幸だが、ある者は富に満ちた幸福者。このようにくり返されるのが来世である。だが、この不公平さを誰に文句がいえようか？　それは我々自身にのみ責任がある、つまり我々の過去から行ないがある[注7]」

愚童は当時の寺の習慣に対しても批判的であったという。一九〇四年五月三十日のこと、常泉寺の住職、折橋大光に抗議の文を送っている。その中で曹洞宗の、住職の籍を最も高い値段で他の僧に売りつける習慣、つまり「売寺制度」を批判し、即、止めるべしと求めた。

むろん大光はこの抗議を受けつけなかったが、それでも彼は一人でこの改革に力を注いでいった。

先の「入獄記念無政府共産――革命」にもどるが、この真の意義とは、仏教論理を単に批判するのではなく、明治体制の最たる中心となる天皇制に対する真っ向うからの反対であった。事実、彼のこうした天皇制批判こそ、後の逮捕劇に、ひいては絞首刑につながっていったのである。

「天子、金もち、大地主。人の血を吸うダニがおる。……今の天子の先祖は、九州のスミから出て、人殺しやごう盗をして、同じ泥坊なかまの、ナガスネヒコなどを亡ぼした、いはゞ熊ざか長範や大え山の酒呑童子の、成功したのである。神様でも何でもないことは、スコシ考へて見れば、スグしれる。二千五百年ツゞキもうしたといへばサモ神様でゞも、あるかのやうに思はれるが、代々外はバンエイ（蛮夷か?）に苦しめられ内は、ケライの者にオモチャにせられて来たのである。……

明治になっても其如く、内政に外交に、天子は苦しみ通しであらうがな、天子の苦しむのは、自業自得だから勝手であるが、それが為に、正直に働いておる小作人諸君が、一日は一日と、食ふことにすら、くるしんでおるのだもの。日本は神国だなど、云ふても諸君は少しも、アリガタクないであらう。

コンナニ、わかりきった事を大学のハカセの学士だのと云ふヨワムシ共は、言ふこともかくことも出来ないで、ウソ八百で人をダマシ自らを欺いておる[注8]」

〈入獄〉

愚童は、この小冊子を、およそ千部から二千部ばかり印刷したという。村に配布したのち、元

「平民新聞」の読者たちにも送る。この時はその内容が外部に知れないように、慎重に封をしている。受取人はこの過激な内容を読み、恐れをなし、すぐさま焼いたものもおれば、感激し、外へ出て余分のコピーを配る者もいた。当然、警察の手に入るのは時間の問題であった。その内容を知った警察側は、著者や発行所、印刷機に関して全国手配した。

一九〇九年五月二十四日、愚童は永平寺での一ヵ月間にわたった禅の修行を終えて林泉寺への帰途、逮捕される。彼は最初、出版法違反で起訴され、罰金支払いののち釈放されるものと思いこむが、すでに林泉寺を家宅捜索した際、活字のほかにダイナマイト二本、ゼラチン四個、導火線二条、雷管十六個が発見されていた。

なにより、憤慨させたのが、寺のトイレの戸に雑誌の口絵を切り取った皇太子幼少の時の写真が貼ってあったことである。

このダイナマイトの由来については、いろいろな説がある。柏木隆法が書いた「殉教者内山愚童」という論文の中で、発見されたダイナマイトは当時、建設中の箱根鉄道に使用するため貯蔵をたのまれていたにすぎなかったとある。[注9]だが、森長英三郎著の『内山愚童』においては、この当時（明治四十一年頃）、足尾銅山の坑夫が一晩の宿賃がわりにおいていったものとの調書を残した。[注10]真相は今もってわからずじまいであるが、爆発物所有及び出版法違反によって有罪となり、横浜地方裁判所において十二年の判決を受け、控訴して懲役七年の刑が確定する。

一九〇九年七月六日、彼はこの判決が下る前に、隠居という名目で林泉寺の住職の場を奪われている。判決が下ってのちは、よりきびしい処罰をうけ、一九一〇年六月二十一日、僧侶懲戒法によって、宗門擯斥《ひんせき》の処分とされた。にもかかわらず、彼自身は死にのぞんでも僧侶の自覚はすてていなかった。

〈第二の裁判に向かって〉

一九一〇年五月二十五日、宮下太吉と新村忠雄の社会主義者が長野県で家宅捜索の際、爆発物製造の火薬所持のかどで逮捕される。警察側は、この二人の逮捕をきっかけに、皇室に対する反逆者はかなりの数にのぼると推定し、一週間後、幸徳秋水の逮捕につづき、何百人もの男女が取り調べをうけた。当初七名の逮捕者のはずがつぎつぎに拡大し、獄中の愚童にまで及び、計二十六名が反逆者のかどで逮捕され、これが世にいう「大逆事件」のはじまりである。

これは検察側が「不逞の共産主義者を徹底して検挙」しようとしたところにあった。すでに一年間獄中にあった愚童が、ふたたびこの時点で他の反逆者と同様に再逮捕されるところに、この逮捕劇の不明瞭さが露見されている。

調査の結果、逮捕者二十六名は全員起訴、これには愚童、そして唯一の女性菅野スガも含まれている。刑法第七十三条――大逆罪――は新しく設けられた刑法であって、二十四名は死刑、この刑法のもと、検察側は単に被告人側が具体的に皇室に対し被害を加えたのではなく、単にその意志があったと推測しただけで有罪とした。つまるところ、事実が裁かれたわけでもなく、単なる意志の有無を問題とした。

裁判そのものは一九一〇年十二月十日に東京で始まり、菅野スガは法廷でその事件に関与したことを認め、それに関わった者の名も自白。証言がすむや鶴丈一郎（裁判長）は、彼女に何か言いたいことがあればと問いかけたところ、スガいわく、

「初めから我々の計画を成功させるには多くの人々に言うべきではないと考えた。我々四人だけで進められていた。ところがこの法廷で、また、予審の時も同様、我々の計画に多勢が参加したもの

とうけとめられたようである。それはこの事件においてまったくの誤りである。このような誤った見解で多くの者が苦しまねばならない。

裁判長は、このことをよくご存じのはず……。もし無関係な者にとって、自分たちのあずかり知らないことで死刑となるなら、本人のみならず、親族友人は政府を恨むであろう。我々がこの計画をたてたために、多くの罪ない人々を道づれにしようとしているのです[注11]」

一九一一年一月二十一日付の彼女の日記には、計画に参加した他の者は、幸徳、宮下、新村、古川（力作）と書いてある[注12]。

スガの嘆願は、まったく響かなかった。愚童に関しては主任検察人平沼騏一郎は、以前に愚童の出した「入獄記念無政府共産――革命」たるもの「日本歴史始まって以来の大逆の書」と称し、別の小冊子「帝国軍人座右之銘」までもとり上げ批判。なぜなら、ここで愚童は兵隊たちに、軍隊からの脱出をすすめ、一個の殺人器と化すなかれと書いた[注13]。

後年、愚童と「大逆事件」の関与について、新たな見方が生まれてきた。驚くことに曹洞宗は一九九三年七月に出された「曹洞宗報」という機関誌で、一九九三年四月十三日付で愚童の僧籍復活を発表する。その理由に、「処分は政府の弾圧政策を鵜のみにしたもので誤りだった[注14]。……」との反省文を宗報に掲載した。

また、曹洞宗はいかに彼に対するとらえ方を変えたかの理由について、つづく一九九三年九月の同宗報で説明されている。簡略化されてはいるものの、新しく設立された「曹洞宗人権擁護推進本部」は、次のように述べている。

「内山愚童師の著作は、かえって今日の人権尊重の立場から見ると先見の明があったというべき内容を含んでおり、おおいに学ぶべき点があるとさえ思われ、今日、マスコミを初めとして各界から評価されております。

宗門において、無実の罪によって死刑にされた内山愚童師の名誉回復を行なうことは、師の慰霊のためでもあるとともに、宗門の人権問題への取り組み姿勢の確立に資するものであります。……今日の人権思想の立場や宗門の教えから考えると、内山愚童師は、当時の国策の犠牲者なのであります。……

このダイナマイトは、箱根登山鉄道の工事用のものを寺で預かっていたもので、愚童師にはまったく責任のないものであった。……

このような、宗門の一連の処置は、当時の天皇制支配の国家権力に対し、仏教思想の独自性に生きた宗門僧侶を守ることより、むしろ強力に体制側に立った措置であった。……

今後、宗門は、愚童師の名誉回復を契機に、その時々の政治権力や天皇主権国家に迎合してきた時代を反省し、道元禅師や内山愚童師にみる思想的研究などを踏まえ、今日おかれている教団の社会的立場をしっかりと捉えなくてはならない[注15]」

曹洞宗からの文章から見れば、愚童はまぎれもなく政府からの弾圧の犠牲者であったことが明らかである。だが、このことを立証するのに、新たな事実証拠があったわけではなく、単に柏木が以前書いたように、寺で見つかったダイナマイトは鉄道建設のための預かりものであったことを繰り返したにすぎない。

ならば、曹洞宗の主張は、真実として受け止めるわけにはいかなくなるが、それでも今日における宗門の国家に対する絶対服従の態度に、反省心が生まれてきたと受け止めることもできよう。

明確な証拠がないゆえ、大逆事件での有罪あるいは無罪は今なお不明である。前にも述べたが、政府自身、被告人を姿なきものとしたために、足跡さえも残させず、一切の証拠を消している。一九七五年になると、生存する元被告と残された遺族から、再審を申し出たことがあるが、法務省は、このとき、はじめて当時の裁判記録が一切存在しないことを認めている。だが、たとえ裁判記録があったところで、当時の関係者がなくなってしまった現在、確定的な証拠が見出せるとは思えない。

アメリカの歴史学者フレッド・ノートヘルハーの長年の研究結果、「大逆事件」の裁判は、一種のミステリーがついてやまないという結論を出している。[注16] これはおそらく永遠のミステリーであろう。だが、当時においてすべての被告が有罪となった事実だけは明確であった。

不可解だったことは、彼らの処罰はどれほどの罪となるかという点であった。一九一一年一月十八日、裁判が開かれて一ヵ月で判決。全員有罪。愚童と二人の僧を含む二十四名は死刑。翌日十九日、特赦で二十四名中十二名は終身刑に減刑。愚童を除く峯尾節堂と高木顕明は死刑をまぬがれはしたものの獄死する。

〈死刑執行〉

日系二世のハネ・ミキソは、政府が全員有罪としたことの理由を次のように分析する。

「時の元老山県有朋は、桂首相に、左派分子の取り締まりを命令。それによって警察側は秋水や彼にわずかにでも関係したと思われるものまでが事件に関与したと主張」[注17]

山県がもっとも心配したのが、法廷での被告側の証言にあったように、もはや天皇の神聖さが認められなかったこと。その彼にとってこの神聖さこそが国家の中核をなすはずが、逆に衰退することによって、国の将来に過大な影響を及ぼしてしまうことを憂いた。ゆえにこのような考えを有する者どもは、いかなる手段をとっても抹殺する以外はなかったのである。

政府は驚くべき早さで、一九一一年一月二十四日、判決後一週間で、愚童をはじめ十二名の絞首刑を執行。スガは翌日のことであった。愚童の執行は五人目、吉田久一の記録では、愚童が絞首台に向かう階段をのぼっていたとき、少しも精神的な乱れはみせず、落ち着いて、何ごとも動じず、ほがらかな様子であった。ゆえに立ち寄った懲戒師までが彼に頭をたれたという。[注18]

翌日、愚童の弟の政治が遺体をひきとりに行ったが、身元確認の際、棺《ひつぎ》をあけるよう要求された。その際、平安な死顔を見て、政治は「ああ兄だ、苦しまずに往生しています。……立派な死に顔だ」といい終わるや、棺車に乗せている。[注19]

第四章――既成仏教教団による革新的社会活動の拒絶

大逆事件においては、三人の僧侶が関係したにすぎないが、伝統ある仏教教団への影響は、その指導者に対し向けられていた。この事件が彼らに及ぼした影響を考えたとき、既成仏教教団と国家のつながりが見られるものがある。

曹洞宗側からの反応

愚童は曹洞宗から僧籍を剥奪されたにもかかわらず、刑が執行される前日、森田悟由（一八三四―一九一五）は、宮内大臣や東宮主事に会い、愚童のような者を十分に取り締まれなかったことに深く謝罪している。

彼は、その心情を、次のように表明した。

「今般兇徒幸徳伝次郎ノ企画ハ実ニ千古ノ恨事ニシテ上ハ至尊陛下ノ宸襟ヲ煩シ奉リ下ハ臣民ノ驚

愕ヲ招カシムルニ至リタルハ平素布教伝道ノ責ニ任ズル本職等ノ誠ニ恐懼ニ勝ヘザル所ナルニ況《いわん》ヤ内山愚童ノ如キ曾《かつ》テ宗門ノ身ヲ容ル、ノ地ナク深ク慚謝シ奉ル。就《つい》テハ今後一層宗門僧侶ヲ指導啓発シ切ニ其ノ本分ニ尽瘁セシメ以テ報効ノ実蹟ヲ挙ゲシメンコトヲ期ス」[注1]

この謝罪文以外にも、曹洞宗の幹部は、宗門の寺や教育部門にいくつかの指令を出している。その典型が一九一一年二月十五日に出されたもので、愚童をふたたび非難、宗門関係者に、「七百年来、いまだかつて一日も尊皇護国家訓を運行せざることなし」[注2]と警告している。

臨済宗側からの反応

ほとんど内容は変わることなく、臨済宗派の各管長は、謝罪文ならびに「諭達」を出した。妙心寺派では、管長豊田毒湛（一八四〇―一九一七）が、次のように述べている。

「我国に於ける臨済宗立教開宗の要旨は興禅護国に在り是の故に本宗一般寺院の本尊前には今上天皇陛下聖寿万歳の尊牌を奉安し国家鎮護の道場たることを表示し三時の勤行旦望の祝聖には陛下聖寿の万歳国家の安康を懇禱し以て本宗の教徒信徒をして依準する所を知らしむ而して布教伝道の目的も亦衆庶をして転迷開悟安心立命の要路を知らしめ以て国法を遵守し倫常を保維して愛国尽忠の志念を体認せしむるに在り今上陛下曩《さき》に教育勅語并《ならび》に戊申詔書を煥発し給ひ帝国臣民の依るべき大道を宣示し給へり叡旨炳乎として日星の如し我国民たるもの誰か感奮せざらんや然るに近来一種不穏の思想を鼓吹し国家の秩序を紊乱せんと企つる者あり惟《おも》ふに是等危険なる思想は我宗立教開宗の精神に戻るのみならず仏陀所説の因果の理法を無視し悪平等の邪見に堕在するより生ぜしものに外ならず夫れ国法を遵守し彝倫《いりん》を保持するは生民遂生の要務たり況《いわん》や本宗立教の主旨は興禅護国の精神に基けるに於てをや故に本宗の教徒信徒たるものは社会の邪見僻説に蠱惑《こわく》せらるる事なく須《すべか》らく

陛下の聖旨に基き仏祖の勧誡に従ひて因果の理法を尊信し尽忠報国の志念を体認すべし至嘱」[注3]

毒湛の「悪平等」に対する批判の中で、島地黙雷の前述したような社会主義者に対する批判、つまり、差別と平等の一体性、あるいは有形と無形の世の混同に対する、痛烈な批判が聞こえてくる。有形と無形の世の分岐点は、当時の社会において、仏教の思想的基盤をなし、仏教者の戦争加入を正当化すべく導入、同時にアジアでの西洋列強の拡大政策をも攻撃する材料を与えてしまったといえよう。加えて既成仏教教団は日本そのものの拡大政策までも正当化しようとした。[注4]

真宗側からの反応

真宗の指導者たちは、宗門の元僧侶、高木顕明に関し、他の宗派同様、怒りをあらわにした。東本願寺の監正部長大谷瑩亮、庶務部長桑門志道の両名は、一九一一年一月二十日、門末に「諭告」を発した。

「客歳極端なる社会主義を執り非常の陰謀を企てたるもの有之候処、右は本宗二諦相依の宗義に背き仏教因果の通則を無にするものに付一派の僧侶心得違あるべからざる旨昨四十三年（十一月）諭達第五号を以て寺務総長より警告する所有之候。然るに此回右首唱を始め夫々刑律に処せられ候処何ぞ図らん連累の者派内に存し御門跡にも至尊に対し奉り恐惶に任（マヽ）へさせられず既に上表謀（謹）慎の意を表し併せて益王法為本仁義為先の宗風により末徒の提撕を忽にせざる旨上奏遊ばされ候条、門末一同尊慮を体認し二諦相依の定義により天恩国恩の重深なることを諭示すべきは勿論、特に組長視察等の職に在る者は組内各寺住職より衆徒家族に至るまで特別の注意を払はしめ仮令《たと》ひ本宗門徒稀疎の為め従来の教導不行届の地方と雖《いえど》も此際末末まで誤認無からしめ候様注意を怠らざるべし」[注5]

西本願寺においては、直接事件そのものに関与はなかったものの、指導者側は執行長大谷尊由の

名で、門末一航に次のような「訓告第四号」を発した。これによると、当時の社会は「危険なる思想に感染し……」のみならず、

「国運ノ発展ニ伴ヒ社会ノ状態滋〻複雑ニ赴クニ当リ近来稍モスレバ欧米各地ニ於ケル危険ナル思想ニ感染シ社会ノ風教ヲ壊乱スルノ言行ヲ為ス者アルヲ聞ク洵《まこと》ニ痛歎ニ堪ヘザル処ナリ苟《いやしく》モ我宗真俗ニ諦ノ教旨ヲ遵奉スル門末ニ於テハ内ニハ他力ノ大信ヲ蓄ヘ外ニハ人倫ノ常道ヲ守リ以テ金甌無欠ノ国家ニ対シテ奉公ノ誠意ヲ表彰スベキハ言ヲ俟《ま》タズ若シ誤リテ斯ル非違ノ言行ニ出デンカ啻《あ》ニ邦家ノ罪人タルノミナラズ又実ニ祖門ノ罪人タリ特ニ教門ノ光輝ヲ発揚センコトヲ期スベシ特ニ訓告ス」[注6]

ここでいう危険思想とは、もちろん無政府社会主義をいう。尊由も他の指導者も真俗二諦論での国家と仏法とが万に一つぶつかるようなことあらば、あるいはそのような事態とならば、自分たちはいかに処すべきかとは考えたことはあるはずもなきことであった。

学者側からの反応

一九一二年三月、『尊皇愛国論』が出版された。十九章からなる論文は、十五名が学者、一名は政府関係者、新仏教者の大内青巒を含む三人の知識人によって書かれている。仏教側の学者として、名を馳せた井上円了、仏教史家村上専精（一八五一―一九二九）も含まれている。

この著と大逆事件の関わりについては、序文の中で明確にされる。

この事件は「明治史上の一大汚点」[注7]と印された。編集者秋山悟庵は、この事件のために社会秩序が乱れ、当時の著名な思想家に対し、尊皇愛国の恩義を明確にすべく「獅蟲撲滅、蟻穴塡塞の資に供せんとす」[注8]。

この諸論文の題名からは内容を読みとることができる。東京大学教授井上哲次郎は、「日本立国の大義」を書き、村上専精は「仏教の忠孝」を書いた。大内青巒は「尊皇奉仏について」であった。その中でキリスト教に対する批判を、ここでふたたび持ち出している。

「ヤソ教は因果の道理を撥無して、仏教の正義に背《そむ》くばかりではない。我が皇室の成立を破り、日本の土台を崩す邪教で有るから、四恩報謝の教を奉ずる仏教徒は基奉仏のためにも尊皇のためにも、各宗各派道俗男女手を引連れて箇様な邪教が我国に弘まる（マヽ）のを防がねば成らん[注9]……」

円了は「国体及び忠孝論」と題し、次のような三段論法を述べている。

「我国家はこの神聖なる国土の上に発達したものであるから、斯の国家はこれ神聖なる国家であると謂つてよい。我皇室は正しく太古純然の気の粛然として今日に永続せるものであるなれば斯の皇室はこれ神聖の皇室なりと謂ふべく、我臣民は皆皇室の分派にして神子皇孫の末裔である。されば斯の臣民はこれ神聖の臣民なりと謂ふべく、而して我忠孝は此の臣民の精神界に固有する霊気の発動にして神聖なる皇室より分賦せられたる吾人の有する徳性である。されば亦此の忠孝は即ち是れ神聖の忠孝である。……西洋も亦忠孝の事を説かぬでもないけれども西洋の忠孝は私有である。死物である。何となれば、其人民と王室と一家をなすものでない。家々の系統各異にして、畢竟《ひっきょう》個人によりて社会を組織し、個人主義を重んずるの人民である[注10]……」

このような論評から、仏教側の論者たちは、自分たちが他の愛国的論者に負けぬほど国家と皇室に忠孝であったことを示そうとした。

こうした努力には実りがあったといえなくもない。なぜなら国家の援助のもとで、内山愚童のような「獅蟲が撲滅」、残された仕事は「蟻穴塡塞」であった。

政府側からの反応

日本政府は仏教指導者及び学者たちと、同様に宗教家たるもの、ふたたび彼らの政策に背くことのなきことを憂慮、そのために一九一二年二月十五日、三教会同を主催する。仏教、神道、キリスト教の七十一名の代表、並びに政府側から数名の大臣や政府関係者が出席した。ここで初めてキリスト教の代表者が、政府によって招かれている。それはキリスト教が日清、日露の戦争で示した愛国的行為が公式に認められたことを意味するものであった。

この会議は、いくつかの決意文を作成。中で、皇道に対する支持と修身教育の向上が中心となった。さらに参加者たちは、政治、宗教、教育が国をあげて協力し、国家の繁栄をもたらすべく話し合った。

西洋の宗教学者ノット・セルは、「大逆事件」を発端とするこの会議を、明確に分析している。「一九一〇年の天皇暗殺計画は、当時の政治状況が大きく左右した。宗教及び宗教協和に対する政府の政策が、社会主義や他の危険思想といわれるものから生じたことに疑いはないこと[注11]」

政府の努力はみごとに成功、会議の結果、影響力のある多くの仏教者やキリスト者が国家をより強固にすべく、互いが協力したのみならず、危険な時代において、愛国心、国家統一、道徳的な力強さがよりそなわるためにと手をつなぎ合った[注12]。

この協力の具体的な成果は、第五章に述べることにする。ここで注意すべきは太平洋戦争が終わるまでキリスト教や仏教の中心的指導者たちは組織的に政府の政策、たとえ、民間の政策であろうと軍事政策や内外の政策であろうとも、批判することがなかった。この一つの会議で日本の宗教が国家に従順となったといえば、いささかオーバーといえばオーバーである。

なぜなら、明治時代全体において、こうした傾向はありがちなことであったし、その以前からもこのような兆《きざ》しは見られたからである。ところが、この会議によって仏教の国家からの独立、特に戦争と平和に関する政策においては、仏教のいかなる独立した姿勢にも一応のピリオドを打ったということになる。このような日本の宗教者たちの政府に対する全面的な服従の精神が、「大逆事件」というもっとも大きな負の産物のみならず、一九一二年で終わった明治時代そのものであったことになる。

第五章——軍部政策に吸い込まれた仏教（一九一三―三〇）

日本国内

前述のように釈宗演は、日露戦争の際、ロシアと戦うのは自己中心、つまり営利を求めたのではなかったと主張した。ところが、西洋の歴史家W・G・ビーザーリーは、次のように指摘する。

「日露戦争によって日本は初めて自分の植民地を得る道を歩み出した。……現代史において初めて一つのアジアの国が、全面戦争で西洋列強の一国をうち破ることができた。これによって日本は、いくつかの実質的、あるいは象徴的な権利を得た。朝鮮にて優位となり、南満州にいくつかの権利を獲得。台湾も占領、中国貿易の割り当てまで得るようになった[注1]」

ところが、日本はこうした優位な立場だけではあきたらず、一九一〇年になり、当時朝鮮王朝に「韓国併合」を強要。これによって朝鮮は独立権を失い、日本はやっとのことアジア大陸での広大な植民地を得たのである。これによって日本は世界的な権力のある国となり、全極東地域を支配するべく道を歩み出そうとしていた。

ヒュー・ボートンというもう一人の歴史家は、日本が「列強国になるべく、一挙に世界の舞台へ登場、そして自らの立場を不利とさせるいかなる勢力も打ち破り、アジアの指導者になろうと計ったのである」[注2]と。

ここで問題となるのが国の内外において、なぜに日本はこうも速く世界の大国へと切りかえることが可能であったのかということになる。国内ではさまざまな評論家たちが論説をたてるが、中に仏教の指導者たち、特に禅宗に属する人々が、その解答を明確かつ強い自信で答えている。その一人に曹洞宗の学僧であり、鈴木大拙の友人としても名高く、のちには駒沢大学の学長となった忽滑《ぬかり》谷《や》快天（一八六七―一九三四）がいた。

一九一三年、ハーバード大学で教えた時に英文で、『サムライの宗教――日本と中国での禅の哲学と自戒』という本を出した。快天によれば、「禅の思想とは新仏教を説える人々と一致し」、そして「現代日本において特に日露戦争以後、次の世代に対し最も理想的な思想であることが認められた」[注3]ということである。

彼の著書の後章では、禅に対する興味が復活した理由を、次のように挙げている。

「明治維新以後、禅の評判が下火となり、三十年近くこの状況のまま続いた。ところが、日露戦争以後はその関心が再びよみがえり、今日に至っては希望と活力に満ちた国のためにも又、日常の生活でのさまざまな困難を打ち破らねばならない人々にも、禅が理想的な信仰として認められるように至った。武士道の気質が単に戦場での兵士たちの行動に見られるべくのみならず、生存競争においてさえ、一般市民はそれを活用すべきであること。もし人が動物としてではなく、人としてあるのなら、『サムライ』になるべきこと。つまり、勇敢で施《ほどこ》しある誠実な人柄、忠孝心もあり、男ら

しく自信に満ち自尊心があると同時に自己犠牲の精神にも溢れた人格を要する」[注4]

快天はこの時代において、こうした「サムライ」精神を持ち合わせる者を求めたとき、それは禅の修行を積んだ、日露戦争の英雄、乃木将軍であった。知られるように乃木は、一九一二年、明治天皇崩御の際、自己犠牲の精神から妻と共に殉死。この慣習は早くから、一六六三年、徳川幕府が禁じた所以《ゆえん》がある。それゆえ乃木の自害は賛否両論を呼んだ。特に知識人が、近代国家での適切性や道徳観を論じた。その典型的な評論が次にある。（一九一二年九月十五日「朝日新聞」社説）

「乃木将軍の死は、日本古来よりの武士道の頂点をきわめたもの。心情的には偉大なる尊敬の念を抱きながらも、理性では賛成しかねる面がある。希望としてこのような行動が長く我が国の道徳の将来に傷つくことがないように、将軍の心構えを評価しつつも、その行為は自制すべし」[注5]

このような将軍の死に賛否の論争があるにせよ、快天自身、その文が示すように、その真の意義について少しも躊躇したあとはない。

「我々は故将軍に武士道の顕現を見る。旅順の英雄、日露戦争において二人の息子の命を差し出し、今、自らと妻を亡き天皇にささげたのである。人が思うように、彼の死は決して無駄ではなく彼の持つ素朴さ、誠実さ、忠孝精神、勇敢さ、自制心、そして自己犠牲的性質が、その人生の最後の行為となって実践されたのである。ゆえに次の世代はこの行為によって間違いなく、その『サムライ』精神を植えつけ、何百の乃木を生み出すことはまぎれもなし」[注6]

快天だけが仏教指導者の中にあって、このような考えをもっていたわけではない。宗演はすでに一九〇五年にアメリカを二度目に訪問した折、同様の発言をしている。

「幸いにも、日本は（ロシアとの）戦争に勝ったばかり、これで世界の人々が日本を注目しはじめた。事実、全世界は日本がロシアを打ち破ったことに驚いている。日本の連続勝利が単に軍事物資やその供給だけで勝利をおさめたということにはならない……。やはりそれは日本の『サムライ』精神……過去二千年の間に養なわれた大和魂によるものである」[注7]

続けて宗演は、「大和魂」たるものが「一つの宗教概念」によって生じたのであり、事実、儒教神道と仏教の統合により発展してきたものである。訪米中、彼はルーズベルト大統領に会い、「大和魂」の中にある仏教の貢献を「自己犠牲」にあると説明した。

「内側から見れば、自己犠牲とは小我を投げうった上でより大きなものを支えること……。私はこのような自己犠牲を成すということは、他の国々の間でも見られることではあるが、日本人にとってはもっとも明確である。日露の戦いに勝った一つの要因がこの精神である。他の要因もありはするものの、触れなくてはならない要因に、この『自己犠牲的精神』が含まれておる」[注8]

宗演は、この「精神」が何の目的で用いるかと明確な考えを持っていた。一方でこの「精神」を持っていた者が「正義と共益のため働くべし」、もう一方では「国家に奉仕し」、同時に「すべての者が天皇に仕える努力がいっそう重要となってきた」[注9]と主張。

一般的に見てアメリカで宗演の仏教講演会は、二つの目的があった。一つにはこれまでの日本の軍事的、植民地主義的な政策を正当化しようとしたこと。二つ目は、当時よく論じられた日本人論である。つまり、日本人の独自性は、そのどこに由来があるのかということであった[注10]。

一九〇六年に帰国した後も、同様のテーマをさらに発展させている。ゆえにふたたび外国からの招待をうけているが、この時は日本領の南満州鉄道からであった[注11]。一九一二年、宗演は、朝鮮と満州の植民地での役人に対し、「大和民族の精神」という講演をしている。彼の旅は別段、変わった行動ではなく、日本の既成仏教教団のすべてが「護国仏教としての仏教の伝統的役割を維持する」

政策のためであったといわねばならない。[注12]

宗演や快天の視点は、この時代には代表的でありはしたものの、すべての仏教指導者たちがこのようなことに賛成したわけではなかった。その中で注目すべき一人の人物に真宗本願寺派の大谷尊由（一八八六—一九三九）がいた。彼は単に異論を唱えただけではなく、彼の結論はやがて日本がたどることになる敗北への道の予言的役割を果たしたともいえよう。

「『国家のため』という言葉は、ある時代において他の一切の考察よりも強烈であり、人々は国家指導者の独裁的意志に服従させられ、その宗教家たちまでも彼らの身勝手な独裁ぶりや融通のきかない政策に服従せざるを得なかった。もしこの国家が善や正義、あるいは人道的政策をとっていたのであれば問題はなきものの、歴史が証明するように、過去においてどの国家であってもそのようなことはどこにもなかった。事実、過去から現在に至るまで、繁栄したすべての国々は正義、愛、自由の象徴どころではなかった。それゆえに世界の歴史は、絶えまない競争と、言いつくせぬ被害の連続である。幸い近ごろの戦争の終結後、世界は広大な損失と権力への執着たるものの愚かさに目覚めつつある。我々はかつてないほどに人間性の中にある精神面を重んじるべく必要性を自覚し、一つの国家における良し悪しは、密に関係する他国の人々にまで影響を及ぼすことにまで目覚めはじめた。一国の狭量な国家主義、すなわち自国の繁栄、特に物質の繁栄のために友情ある隣国の栄えよりも上に位置づけようとする政策など放棄すべき時代がきている……。

国の指導者たちは、我々に自己の利益を国のために犠牲にすべしと唱え、自己の要求と愛する者を放棄すべきことは、国に奉仕する人生でのもっとも崇高な表現であると主張。国家が完全で一人一人の正義や善、愛が道理にかなった象徴であるなら問題はない。だが、その反面、もし国家が我々の正義や自由を裏切るようなことがあれば、また、愛や人道によって生じるとされる命令を裏切るようなことがあれば、ひきつづき存在する権利はない。たとえ自ら滅びなくとも、他国家はその絶えまない脅威を、いつまでも許しておくわけにはいかないであろう。国家が善や悪、正義や不正義を、盲目的に服従させることは、自らを奴隷化し、自分自身の道徳的かつ精神的個性を失っていくことである。……

私は国家の存在を信じ、なぜなら人間の真の繁栄を向上させるべく必要であるものと考える。だが、ある者が強く抱く考えには賛成できない。

いわゆる国家を人間の生命たるものの絶対化とみなし、自分自身（つまり国家）を維持すべく自国民のみならず他国の民をもいかなる結果をもたらそうともいとわない者がいる。絶対的国家とは一国のために存在するものではなく、また不可能である。なぜなら友好的な隣国は必要であり、一つの国家が一人の個人と同様、他国の要求を無視するわけにはいかぬもの。もしその一つの国が勝手な行動にうつり、他国を無視するようなことがあれば、遅かれ早かれその運命は悲惨で、自己自身の存在を失うことになる[注13]」

尊由は、この文を一九二一年に書いている。それ故に彼のいう近頃の戦争とは第一次大戦（一九一四—一九一九）をさす。この戦いで日本はドイツに対し英国、フランス、米国と同盟を結んだ。そしてドイツのもっとも弱い地域、中国と太平洋での植民地を襲撃。このとき、兵力、物資力の大きな損失もなく勝利を得ている。尊由の言葉にもかかわらず、既成仏教教団の指導者たちは、日本勝利の一担をになったものといえよう。なぜなら、彼らは国家の政策を援助すべく仏教護国団を結成し活動していたのである。

ところが、この勝利にもかかわらず、仏教学者姉崎正治は次のように言う。

「大帝国の崩壊、戦争の終結とその後は、日本人に深い印象を残さざるを得なかった。……真剣なる社会的、道徳的問題は深い反省をもたらしはじめていた[注14]」

もし尊由のあのように批判的な言葉を、仏教指導者の中で「深い反省」の象徴としてとらえるなら、やはりそれは少数の見方であると考えなければならない。後に彼自身がこのような批判的方針を放棄、一九三七年、近衛内閣で「拓務大臣」として入閣、この時代たえまなく拡大する植民地を支配する立場となっていたのである。それればかりか、政府所有の北中国での征服した地方を開拓するための北支那開発株式会社総裁にまでなった。

尊由の短かったとはいえ、かつての予言的批判にもかかわらず、この頃になると新井石禅（一八六四―一九二七）といった仏教の指導者たちの立場が主流をなしていた。彼は曹洞宗の管長、また総持寺の禅師であり、一九二五年には、次のような言葉を残している。

「仏教はかならずしも戦争に反対するものではない。……平和は人間の自然な理想であり、もっとも崇高なものである。日本は平和を愛したゆえに、参戦しようともつねに平和のための戦いであった……。この平和と人類の平等を主張する、いつの時も自国家を忘れてはならない。もし人間愛のために自国のようなことがあるなら、その平和は期待できないもの。……もしも我々が国家に対する忠孝を忘れるなら、いかなる人類愛を主張しようが、決して真の平和は訪れないもの[注15]」

一九二〇年代の終わり頃には、既成仏教教団は日本のひきつづく軍事行動に対し、いついかなる時も、イデオロギー的な支援をおしむことはなくなっていた。

大東亜共栄圏の中で……

日露戦争での既成仏教教団の支援が、イデオロギー的な支援と従軍布教師にとどまらなかったばかりか、国内では特別な法要が営まれ、お経をあげることで勝利をもたらすとした。それ以外にも、兵士たちの家族、特に戦場で散った兵士の遺族のために経済援助や物資配給の活動にあたった。戦争中にはいくつかの仏教寺院がロシア兵のために、捕虜収容施設となっていた。

国内での活動と同様に、アジア大陸での布教活動もさかんになり、戦争終結後、弱まるばかりかますますさかんになっていったのである。日本政府は、このような仏教活動における政治的役割を認識、早くも日清戦争終結の際、当時の総理大臣伊藤博文（一八四一―一九〇九）が中国に対し、日本の仏教布教活動を全土に認めるよう要請。

以前に述べたが、真宗大谷派は一八七六年、上海に寺院を建立。翌年、朝鮮にて布教活動を開始。その後、日清、日露戦争の勝利で日本はアジア大陸に進出すると同時に、真宗の開拓者的活動は何倍にも拡大していったのである。一九一八年までに本願寺派が朝鮮の三十四ヵ所に布教所を設立、真宗大谷派が五十八ヵ所に布教所を設置した。一九四一年までにこの両宗派は、それぞれ満州において五十三ヵ所と八十三ヵ所の布教所を設けるに至った。

もちろん、このような大陸での布教は真宗のみに限られたのではない。たとえば曹洞宗の場合、一九〇四年に初めて朝鮮に設立、一九一二年には二十一ヵ所に広がり、太平洋戦争終結時には百ヵ所以上になっていた。満州では曹洞宗は一九〇七年に布教を開始、一九四〇年になると三十七ヵ所となっていた。これとは別に、日蓮宗などは同年一九〇七年、満州に最初の布教所ができ、終戦時には二十ヵ所となっていた。浄土宗は一九〇五年、中国で最初の寺を建立。真言宗では満州をはじめ中国で三百人以上の僧侶を、戦時中に送りこんでいる。

一九三四年の日蓮宗、立正大学の学長清水龍山はこの布教活動の目的を、次のように述べている。「日本精神の基本的原理とは真理でもって世を悟らせることである。満州人が我々に愛情をもって従ってくれるように、我々はすべての国々に正義と地上の楽園を設立させ導かねばならない。こう

して隣人愛と世界平和が生まれ、すべての人類が仏教でいう菩薩となる。これが日本精神の真の理想である」[注16]

こうした理想主義的な視点とは対極をなす仏教歴史学者吉田久一は、この布教活動が多くの場合、単に日本の植民地管理の一環であって、その最終目的たるものは、「王化」の宣布を担うことにあった、という。[注17]

このような「王化」を実際に運営したのが、真宗の場合、大陸での布教所にある仏壇の上に「天《てん》牌《ぱい》（天皇尊牌の略）」を祀《まつ》ったことである。この大きな牌は中央に配置された阿弥陀仏の脇に安置、植民地化された民族に、日本の主君、天皇に対し尊敬の念、忠孝心、服従心を植えつけるべく目的とした。つまるところ、仏教の衣をまとって天皇崇拝を強いようとしたのである。真宗側にいわせれば、植民地化された民族に直接、神道を用いて天皇崇拝を植えつけるより、同じ信仰の仏教を通すことがより効果的であることを主張。

このように既成仏教教団の大陸における布教活動は、日本軍の侵略と占領を共にして行なわれたものである。こうした行動が軍事侵略に同行する従軍布教が、そのまま占領地での布教所、寺院へと発展という形をとっていったのがその典型となった。[注18]このような行動が西洋列強での布教方法とは目的が同じであったとはいえ、順序には若干の違いが見られることである。植民地になりやすい領域には、まずキリスト教の宣教師が入り、原住民たちにキリストの教えを強要させるばかりか、宣教師の後につづいて到着する商人や軍人たちを快く受け入れるべく教えこんでいた。

ところが、真宗の布教活動は他の仏教教団と違い、このキリスト教的な面が見られ、彼らは日本軍進攻以前にも、すでに活動を開始していたのである。これは明治時代の指導者小栗栖香頂と奥村円心によるものが大きい。二人は仏教を通し日本、中国、インドを基盤にした反西洋列強の同盟を求めたのである。鈴木大拙もこのイデオロギーを共有、一九三四年、次の文を英語で発表した。「もしも東洋が一体で西洋と異なるものがあるなら、その要素は仏教に含まれる思想に求めねばならない。なぜなら日本、中国、インドを代表とする東洋は、仏教思想のみが統一させうるからである。……一体化した東洋が西洋と対決したとき、仏教はつなぎとなる接着剤となる」[注19]

このような思想がのちに登場する「大東亜共栄圏」のイデオロギーの基盤となり、日本のアジア侵略の正当性の基盤ともなっていった。

先の二人は、仏教と日本帝国主義の計略を結んだ先駆者たちであったといえるが、早い時期に他の仏教教団の指導者たちと合体していったのである。布教所は自らの宗派の独自性を布教するよりは、「社会活動」に重点を置くようになっていた。その中で日本語学校を開き、戦場での兵士のために慰問袋を作成、日本の社会に働く現地人に技術訓練などを提供している。

このような活動は、当時の皇民下教育の一環であったといえる。必要に応じ布教所は、日本軍の宿泊施設ともなり、一部には布教師たちは宣撫工作にもかかわっている。これはスパイ活動の一環として、日本の支配に反発する原住民を憲兵隊などに密告する行為であった。やがて僧侶たちといえど、軍に召集されるようになる。その際、彼らはこの「宣撫工作」によく使われた。その中で彼らのスパイ活動は、あまりにも鋭敏ゆえ、彼らには僧侶として、兵隊としての所属を証《あか》すものをすべてを消滅させていた。[注20]

大陸での仏教布教所、そして僧侶たちは、大日本帝国の代表者でもあった。終戦後、一九五二年を契機に、この大陸での布教所を一つも残さず、宗派もいとわず廃止、以後二度とふたたびよみがえることはなかった。

第六章——軍国主義に対する仏教側の反抗

組織化された反抗—新興仏教青年同盟—

一九二〇年代には既成仏教教団は、全体的に日本の軍事的植民地政策を強く支持。だが、数少ない中にあって幾人かの仏教者は、各々の宗門指導者の政策に拒否反応を示す。自由思想家といわれたこのような一団は、新興仏教青年同盟を結成。かれらは既成仏教教団が国家の政策に服従する中で異例の存在であった。特にメンバーたちは社会活動に深く従事する。稲垣真実（一九二六—）によると、この同盟は「仏教界にも良心的宗教者が存在したという唯一のあかしとなり、誇りとなり、灯びともなっているのである[注1]」。

この同盟のもう一つの特徴が名称にも反映されているように、会員たちは二十代から三十代が圧倒的であったこと。また、リーダーたちの多くは、僧侶というより在家人であったゆえ、各宗門のたて社会の系列、つまり支配から若干自由があった。それが逆に警察の弾圧の的となりやすかったことも確かであった。
同盟は一九三一年四月五日午後に結成、約三十人が参加、この中には制服姿の警官四人が監視にあたっていた。最初の議題が役員選出。日蓮宗の在家活動家四十二歳の妹尾義郎（一八八九―一九六一）が選ばれ、次には結成における声明文が読み上げられた。内容は既成仏教教団の指導者たちとは、考える点が著しく異なっていた。ここで全文を掲載することにする。

「宣言
現代は苦悩する。同胞は信愛を欲して闘争を余儀なくされ、大衆はパンを求めて弾圧を食らわされる。逃避か闘争か、今や世はあげて混沌と窮迫とに彷徨《ほうこう》する。
かかる現代、仏教徒は何を認識し、何を社会に寄与しつつあるか。安価な安心に陶酔しておる多数仏教徒は問題とすまい。（幻想的安心の陶酔、葬儀法要の陳腐なる式典等に満足せる多数仏教徒の愚迷は問うまでもない。）いやしくも、仏教をもって人類指導の最高原理と誇る仏教徒が、果して大衆生活と何の交渉をもちつつあるか。（教界幾多の先覚学匠らが、その得々《とくとく》たる教学の研究、宗制の整備、不断の伝道等々、専横なる支配階級の前に臨んで、畢竟《ひっきょう》、反動的御用宗教の役割を演ずる以外、抑々《そもそも》何の権威たるぞ！）彼らはいう。『宗教は超階級である。和を尊ぶ』と。だが、その実際は阿片的役割を勧《すす》めて大衆の呪詛《じゅそ》を買い、若き仏教徒の義憤をそそる以外、何物となりつつあるであろうか。かかる現状は、純信の到底堪えうる道ではない。（止めよ、宗教は超階級的心霊の救済だとのみ叫ぶを。仏教はいまや興亡の岐路に立つ!!）しかしながら、我らはこれが矯正（革正）を既成宗団に求むべく、その因襲と堕落の余りにも深刻であることを知る。
ここにおいてか、我らは断然、新興仏教運動を提唱せざるを得なくなったのである。（新興仏教の提唱!! しかり、新興仏教はかかる状勢下において、若き義憤の爆発せる仏教改革の先駆的運動そのものだ。）

新興仏教は、先ず、自己反省に出発せねばならぬ。新興仏教は既に対立の意義を喪失しておる現既成宗団を否定して、仏徒は一斉に、仏陀に帰一せん事を提唱する。新興仏教は、現社会の苦悩は、主として資本主義経済組織に基因するを認めて、これが根本的革正に協力して大衆の福利を保障せんとする。ブル的仏教を革命して大衆的仏教たらしめんとする。新興仏教は思索と研究とを深めて、仏教文化の新時代的闡揚《せんよう》をはかり、世界和平の実を将来せんとする。（新興仏教は、先ずブル教学者によって観念的に歪曲されたる仏教精神の再吟味に出発して、仏教本来の面目たる科学性を完全に闡明《せんめい》せねばならぬ。即ち、必然の理に即しつつ実践によって愛と平等と自由とを体証されたる仏陀への渇仰《かつごう》と、その教理の自主的実践とを基調として、それの正しき社会的発展を強調し、それの大胆なる実践による人格平等の新社会建設を主眼とする。従って、現代大衆の生活苦悩の主因たる資本主義経済組織改造のごときは、科学的見解に立つも人道的に情操に省みるも、大衆必然の要求、仏徒当然の使命として、文化闘争の分野においてはもちろんのこと、進んでは政治闘争としてもこれが断行に協力せねばならぬ。）

もしそれ、現代流行せる反宗教運動のごとき、新興仏教は少しも恐るるところではない。なぜなれば我らは人間が有限にあって無限を欣求《ごんぐ》し、闘争に立つも信愛を要求する人生であるかぎり、宗教は断じて絶滅するものではないと信ずるからである。我らの求むる宗教は天地創造の神ではない。万能の神を信ずべく現代はあまりにも矛盾だらけではないか。

我らの信ずる仏教は、必然の理に即しつつ、実践によって愛と平等と自由とを体証されたる仏陀への渇仰である。我らは、かかる渇仰は人間生活の最深処に横たわる全きを求むる生命本然の要求であって、この要求によってこそ人類は不断に人類独自の文化形態を創造しつつあるものであるを確信する。だから、反宗教運動のごときは、それ自身の人生に対する認識不足か、もしくは神秘の殿堂にかくれた幾多の迷信への清算作用でこそあれ、反って真仏教復活のよき資糧であることを確信する。（その他、国際問題、女性問題等々、いやしくも人格平等の仏教精神に背馳する凡《あら》ゆる社会事象に対して、新興仏教は、断乎、これが改造に邁進《まいしん》せんとする。而《しこう》して、それらの社会的実践こそは、新興階級の発展的勢力に依拠してのみ可能であることを断然力調する。）

青年仏教徒よ、今こそ我らの起つべき時だ。断然、因襲を捨てて一斉に仏陀に帰れ。而して、愛と平等なる仏教精神を先ず自らに体験しつつ、敢然、資本主義改造へと直進せよ。かくして、我らが理想する仏教社会建設に努力しようではないか[注2]！」

この声明文は、そばで聞き入る警官たちの不満の中、全員一致で採択。だが、三項目の「綱領」を採択する段階で激しい議論がかわされた。三項目とは次の通り。

「綱領
一、我らは人類の有する最高人格、釈迦牟尼仏《しゃかむにぶつ》を鑽仰《さんごう》し、同胞信愛の教綱に則《のっと》って仏国土建設の実現を期す
二、我らは、全既成宗団は仏教精神を冒瀆したる残骸的存在なりと認め、これを排撃して仏教の新時代的闡揚を期す
三、我らは、現資本主義経済組織は仏教精神に背反して大衆生活の福利を阻害するものと認め、これを革正して当来社会の実現を期す」

この議論は三項目の最後の文に集中、出席者[注3]の何名かは「……当来社会の実現を期す」に「当来社会主義」とすることを望んだことに発する。その結果、警官たちは所持する警刀をゆすぶっておびやかすかのようにしたため、議論は下火とならざるをえず、原案通りとなってしまった。

この同盟が、この時代にいかにして登場したかという社会背景を説明していくことにする。ここで考えねばならないのがこの当時、日本も西洋と同様、一九二九年に始まる大恐慌に陥っていたこと。日本は外国への輸出に相当頼っていたため、多大の経済的被害をもたらした。国内では失業率は高くなる一方で、労働闘争は激しさを増す、農民たちの収入は減る一方であった。だが、土地税は変わらず、その結果、農民の借金は急速にはね上がり、貧乏な小作人たちは娘を女郎屋に売り、地主への小作料を組織的に拒むようになっていた。日本の植民地での様相も国内と同様であった。

一九二九年の朝鮮では、学生が指導した日本支配反対のデモをくり広げた。一九三〇年の台湾で、原住民たちも立ち上がっていった。だが、一切の反乱は余儀なく軍隊や警察の手で鎮圧、そればかりか国内では極右の政治活動家を、政府の内部から外部にまで養成につとめた。そして軍隊内でも同じ現象が起きていた。加えて日本の華族を中心とする経済系列の「財閥」は、政府に対し自分たちの望ましい政策をいっそう押しつけることに成功。たとえ、この政策が市民たちを踏みつぶすような結果となっていようともである。

こうした不安な社会状況の中、数人の仏教者は草の根レベルで国家に抵抗したことは、当然のことであったといえよう。ところが、一九三〇年代に入ると、こうした社会活動に入るべきか否か、人が選択する時にはかなりの危険がともなうようになっていた。参加者たちが少なくなっていたこともうなずけるものである。こうした危険性をいち早く理解したのが議長の妹尾義郎。彼は同盟結成の二ヵ月少し前、一九三一年一月十四日付の日記の中に、次のような記録を残している。

「今朝の静坐はたいへん寒かった。合せた手先きが凍えついて、感覚を失ふたやうな気がした。しかし、ぢっと考へられた。正義のために戦ふて、他日刑務所にひかれた時の用意だと思ふと、うれしい気もした。この苦痛こそ一大修行だ、はげめと心が叫んだ」[注4]

妹尾のこうした思いが実際となるには五年が経ている。この間、「同盟」は新聞や小冊子を発行、講演会を開き、資本主義の改革をめざす他の政治組織と結束した。一九三一年から一九三四年まで「同盟」は自分たちの立場を明確にするため、六冊の小冊子を発行。その中で二冊は妹尾の手になるもの。他は「同盟」の指導者によって書かれた。妹尾は最初の発行分を書き、題は「新興仏教の提唱」とした。内容は同盟設立における道理と「綱領」の仏教的由来であった。

第二冊は一九三三年発行、題は「社会変革―途上の新興仏教」。題名からして彼は仏教理解のもと、社会変革の必要性を唱えようとした。たとえば、せまい国家民族主義よりは国際協力が世界平和へとつながると主張、これこそが仏教の立場であるとした。国が自己の利益だけを追求するとき、自己中心の目的を達成せんがため必然的に軍事行動に出ることになる。このような国家的行為が妹尾いわく、仏教での「無我」の教えにそむくものだった。

内山愚童と同じく妹尾は、仏教の理想的社会を「僧伽」に求めようとした。なぜなら共同体の原則が資本主義経済体制によって養成された私利私欲というものを真正面から否定、妹尾がみた日本の寺の本来の役割というものが、この共同体の実現を促すものとみなしたわけである。

このような仏教における社会活動の期待があったからこそ、当時の既成仏教教団の指導者たちに対して批判の目が向けられた。さまざまな中で特に仏教教団の指導者は、各々の宗派において崇拝の対象となるもの、たとえば真宗では阿弥陀仏といったようなものを絶対化された神として崇《あが》め、自分たちの信者を救い出すことができるのだと唱えてしまった、という批判があった。妹尾にいわせれば、原始仏教とは無神論的な側面が強く、アヘンの役目を果たすような救い主の崇拝仏などは存在しなかった。

さらに妹尾は、寺の住職たちを〝説教泥棒〟となじった。その理由は、このような僧侶たちの多くが、社会悪や不公平さなどがなくなるためには、各人がより宗教的になれば解決することを主張したことにゆえんがある。おまけに同じ僧侶でも自分たちの物質的繁栄をもたらすべく、支配階級から多額の寄付金を集め、それによって僧侶らは、彼らのあやつり人形と化し、現状維持につとめるのである。

妹尾にいわせれば、既成仏教教団において内部からの改革は不可能と見た。これを小冊子の最後で、明確に語ろうとした。

「新しき酒は古き皮袋には盛らぬたとえ、新興仏青の徒は決然として進出すべきである。仏陀を背負いて街頭へと！　農漁村へと！」[注5]

「同盟」が唱えたスローガンのうちで、この「仏陀を背負いて街頭へと！」がもっとも有名であり、おそらくそれは仏教教理の基盤と社会活動への呼びかけが明確に結びつけられていたからであろう。当然、妹尾に「説教泥棒」と罵《ののし》られた僧侶の面々は、「同盟」の活動や左翼的な思想をよろこぶはずもなく、当初、既成仏教教団側は、彼らの「同盟」たるものを無視しようとしたものの、支持者がふくれ上がるにつれ、無視しつづけることは不可能となっていった。

ついに一九三三年五月に開かれた第三回全日本仏教青年会連盟の会議で衝突する。この「連盟」は「同盟」と同じ年に発足。だが、「連盟」の規模ははるかに大きく、計四百五十の団体が各仏教青年によって形成されたもの。その団体の一つが妹尾ひきいる「同盟」であり、彼らは他の団体同様、さまざまな提案の権利を持っていた。これを利用し、妹尾をはじめ「同盟」の代表者たちは、「排外的・軍国主義的・国家主義的思想及びそれに基づく運動防止の件」[注6]を提出した。

この大会は、真宗大谷派の大谷大学が主催者として会場も提供、「同盟」が次々に提案書を提出したことから、途中で会場提供を屋内から屋外へと移行させてしまった。だが、彼らはめげず、続いて「ヒトラーの反人類的反文化的行動に対する抗議発送に関する緊急動議の件」を提出、内容として注目すべきは、「ユダヤ人を徹底的に暴圧するヒトラーの焚書騒ぎ」など、妹尾いわくナチのこうした行動は許されるべきはずもない反人類的、反仏教的暴挙であると宣言した。注7

だがこのような反体制的な提案など可決されるわけはなく、実際裏では真宗の両本山が主体となって実権を握っていたのである。そればかりか連盟側は、逆に先の国際連盟総会での満州国不承認の対日勧告案が四十二対一で可決されたとき、ただ一国、現在のタイ国がその採択を棄権し、日本に一票を投じたことに感謝の意を表したいという提案を圧倒的多数で受け入れたのである。こうした一連のいきさつは「同盟」を除名すべしという運動がさかんに起こり、同年六月には除名をまたず、自ら脱退してしまったのである。

既成仏教教団だけが「同盟」に圧力をかけたわけではなく、警察もその弾圧に加わった。彼らの発行する雑誌、「新興仏教」は一九三一年十一月号が発禁の羽目となる。以後五年間にわたり、十回以上も警察の手で発禁となるか、記事のカットを命じられた。しかもこの弾圧は検閲だけで終わったのでもなく、「同盟」主催の講演会も、一九三三年五月以後は何度も中断させられた。妹尾自身、都電のストを支援すべく発言しようとしたところで逮捕されている。このときは一晩だけの拘留で終わったものの、翌朝釈放される直前、看守たちの袋だたきにあっている。

一九三六年二月、妹尾と松浦文雄が逮捕された。警察側は「同盟」が共産党と手を結んでいるものと思ったか、共産党がわざわざ仏教を自分たちの主義主張を正当化するために利用したものと思いこんだのであった。ほぼ一ヵ月の間、この二人に共産党との結びつきを白状させようとしたが、彼らはその関係を断固、拒否しつづけたため、ついに釈放されている。

なぜ警察側がこれほどまでに「同盟」にこだわったのか……。それはやはりメンバーたちが組織のスローガン通りに「仏陀を背負いて……」のことだった。たとえば、一九三二年八月にメンバーたちが、日本農民組合が作成した嘆願書の署名を求めて街頭に立ったこと。これは政府に対し小作人や底辺の労働者に対する賃金の値上げ、すなわち上流階級と下層階級のへだたりを縮少すべき内容であったが、このとき、「同盟」側は瞬く間に二千人以上の署名を集めている。また、国内でのさまざまな差別を批判、水平社運動を支援した。

彼らは「反ナチス、ファッショ粉砕同盟」活動までも支援し、あるいはいくつもの反戦運動や労働ストライキに参加。妹尾自身、左派「労働雑誌」の編集人でもあった。

妹尾自身の活動は、一九三六年十二月七日、再逮捕によって終止符を打たれた。治安維持法による検挙であった。私有財産制度を否定し、天皇制までも否定したことに発している。最初のうち彼はこうした事項を否定、「同盟」の目的は資本主義の改善、世界平和をもたらす希望ゆえ軍国主義やファシズムを否定するところにあると主張。ところが、五ヵ月におよぶ激しい尋問の末、ついに彼は警察側の起訴内容を認めてしまった。そればかりか、驚くことにその後は国家や天皇制を支持する側へと転向してしまったのである。

妹尾の自白をきっかけに、二百人以上の「同盟」人を一九三七年十月より検挙。その中で二十九名が裁判にかけられ、妹尾自身は国家や天皇への忠誠心を示したにもかかわらず、一九三九年八月二十九日、監獄の中にあって五年の刑をうけている。ところが、一九四二年、健康上の理由から釈放。いうまでもなくこの時を最後に「同盟」が存在した時代というものが、はかなく時代のかなたへと消え去ったのである。同時に仏教側からは、日本の軍事行動に対する抵抗もすっかり消え去ったのであった。[注8]

個人の抵抗

　戦時下の日本において、仏教徒としての個人的な抵抗を立証することは非常に困難である。だが、家永三郎が語った次のような事件には、立証をあえて不可能にさせていたことがよく読みとれるものがある。

「単なる厭戦ではなく明確な反戦の理念に基づいて、公然兵役拒否の挙に出た人もあった。クエーカー教徒を中心とする戦争抵抗者同盟（W・R・I）と称する国際反戦組織に参加していた石賀修は、四三年点呼召集を拒否し、憲兵隊に自首した。憲兵隊では、どうしても人を殺したくないという真宗信者の兵士の処置についての相談がなされていたという[注9]」

　この真宗の信者とは一体だれであったか？　また、その後は憲兵隊によってどのように運命変化していったのか？　彼の他にも存在していた可能性は？　また彼らはどのような過程の中で、このような考えにたどりついたのか？　何一つ知る由はない。

◇小野温雄（生没年不明）

一九三九年発行の「社会運動の状況」という題で警察側が発表した浄土宗住職小野温雄は、「世に善き戦争なく悪しき平和なし。無謀の戦は一年に於て数年の事業を毀《こわ》つ。フランクリン[注10]」と寺に掲示。では温雄がこのような行動に出たことで処罰はあったのか？　あるいはこれ以上の行動に出ていたものか？　これも不明のままである。

◇近藤源光（一八七九―没年不明）

正雲寺住職であった彼の反戦活動に関する記録が残る。弟子の一人、小山貴聖が語るには、一九

三七年秋、中国との全面戦争に突入するや源光は、夜の坐禅中、次のように語ったという。[注11]
「困った事に日本と支那が戦争に入ってしまった。戦争するということは、人を殺し合う事だ。敵といい、味方といい、人を殺すということはとんでもない事だ。人を殺すということ―、世の中にこれ以上の罪悪はないのだ。中にはある者は『世界の地図に赤色を増して日本国土をもっと広くして大帝国にせねばならない』等いう大馬鹿者がいる。こんな気持ちの人間がだんだん多くなって来る状態だ。私はこんな戦争等という悪辣非道な事は大嫌いだ。こんなことは、直ちに中止して貰わねばならない」

このことだけではなく、同類の発言があったため警察側の注意を受けている。その後のことは不明であるが、一九四一年になると源光は、突然、住職の座をすて故郷の秋田に戻り姿を消し、二度と人々の前に現われることはなかった。はたして彼は、自身の意志で住職の座をすてたのか、あるいは外部からの圧力がそうさせざるをえなかったのか？ 失踪に関しては不穏な動きがあったのではないか？ 答えのないまま今日に至っている。

◇竹中彰元（一八六六―一九四五）

一人の僧に関し、この時期にしては珍しく記録の残された事件がある。竹中彰元は真宗大谷派に属し、岐阜の明泉寺の住職をしていた。源光同様に一九三七年七月に勃発した日中戦争が、彼の反戦に対する発言のきっかけをなしていた。なぜなら、彼の檀家はつぎつぎに召集され、戦場へ狩り出されていった。同年九月十五日、出征兵士を見送る際、次のように発言した記録が残る。[注12]
「戦争は罪悪であると同時に人類に対する敵であるから止めたがよい、北支の方も上海の方も今占領して居る部分だけで止めた方がよい、決して国家として戦争は得なものではない。非常に損ばかりである、今度の予算を見給へ非常に膨大《ぼうだい》なもので二十億四千万円と言ふものは此の出征軍人が多数応召して銃後の産業に打撃を被り、其の上に徒らに人馬を殺傷する意味に於いて殺人的な予算だ、戦争は此の意味から言っても止めた方が国家として賢明であると考へる」

これを読んでみて、特に仏教的な発言があったとはいわない。いわゆる人道主義者であっても、税金のむだ使いだと政府に反抗する者でもできる発言である。それでも檀家から彼の発言に対し、抗議が寄せられた。だが、怯《ひる》むことなく、それればかりか翌月の十月十日、近くの寺で法要に出席した六人の僧侶たちを前に、次のように発言する。注13

「此の度の事変に就て他人は如何《いかに》考へるか知らぬが自分は侵略の様に考へる、徒《いたずら》に彼我《ひが》の生命を奪ひ莫大な予算を使ひ人馬の命を奪ふことは大乗的な立場から見ても宜しくない、戦争は最大な罪悪だ、保定や天津を取ってどれだけの利益があるか、もう此処らで戦争は止めたほうがよからう」

ここには仏教との関わりが明確になってくる。のちに一九三七年十二月の公判において彰元を救い出す要素となってあらわれた。陸軍刑法第九十九条（造語飛語）違反に問われていながらも、仏教思想による「反戦」ならばと、命を奪われるまでに至らず、また高齢であったことから入獄することもなかったが、敗戦まで、寺のまわりを特高が歩きまわったという。この年死亡。

◇大雲義幸（一九二二―一九八七）

断片的なことではあるが、曹洞宗僧侶と同じ部隊に属した兵士の話がある。もちろん、戦場において戦争に抵抗した事件の記録。僧の名は義幸、兵庫県谷松寺の住職であった。京都花園大学学長河野太通が一九九五年、駒沢大学での講演会で語った話である。太通自身、その事件について前年（一九九四）、京都のある企業を訪ねた際、社内報の「二等兵物語」という題で、京都の大手べーカリー社長がペンネーム鈴木清市で当時の体験を語ったものを見た[注14]。

『昭和十七年十二月十日、大東亜戦争下に彼は伏見の歩兵第一〇九聯隊に一兵卒として入隊した。彼の母親は、「神様とともに歩みなさい」といって一冊の小型聖書を手渡し、彼の後見人は、「所に随《したが》って主となれば、その立つところ皆まことなり」と仏教の言葉を書いた色紙をくれた。

中略致しまして、彼は入営後十日目に中国に送られ、銃剣術や射撃の訓練のために、生きている中国人捕虜を目かくしもせず木にくくりつけて、突き殺したり、射ち殺したりすることを命ぜられた。

——今でも昨日のことのように思い出しますが、真っ白に雪のふりつもった二月の朝、陣地の後の雑木林に四十人の捕虜が長く一列に並ばされました。その前に三メートルほどの距離をおいて私達初年兵が四十名、剣つき銃を身構えて、小隊長の「突け」の号令の下るのを待っていたのです。

昨夜、私は寝床の中で一晩中考えました。どう考えても殺人はかないません。小隊長の命令でもこれだけはできないと思いました。しかし命令に従わなかったら、どんなひどい目に会うかは誰でも知っています。自分ばかりでなく、同じ班の連中までひどい目にあわすことが、日本の軍隊の制裁法です。仮病を使って殺人の現場に出ないことを考えてみました。気の弱い兵隊がちょいちょいやる逃亡という言葉も頭をかすめました。しかし最後に私の達した結論は、「殺人現場に出る。しかし殺さない」ということでした。

「突け」の号令が、とうとう下された。しかし流石《さすが》に飛び出していく兵隊はありません。小隊長が顔を真っ赤にして、もう一度「突け」とどなりました。五、六人が飛び出して行きました。捕虜の悲鳴と絶叫と鮮血が、一瞬のうちに雪の原野を凄惨な修羅場に変えました。尻ごみしていた連中も、血に狂って、猛牛のように獲物に向かって突進してゆきました。私はじっと立っていました。小隊長が近づいて来ました。「鈴木！　いかんか」と雪をけちらかしてどなりましたが、私はそれでもじっと立っていました。小隊長は真っ赤な顔を一層赤くして、「いくじなし」というが早いか、私の腰を力まかせにけり上げました。そして私の手から剣銃をもぎとると、銃床で私を突きとばしました。

小隊長の号令に従わなかった男が、私以外にもう一人だけいました。丹波の篠山から来た大雲義幸という禅坊主の兵隊で、二人はその晩、軍靴を口にくわえて、クンクン鼻をならしながらよつんばいになって、雪の中を這いまわることを命ぜられました。

これは「お前等は犬にも劣る」ということだそうです。しかし大雲も私も「犬にも劣るのはお前たちのほうだ」と心の中で思っていましたから、予想外に軽い処罰を喜んだくらいでした』

これは反戦物語であると名づけるよりは、半虐殺物語というべきであろう。四十人の中国人捕虜が助けられた気配もなく、その後、この二人が中国で兵隊の義務を拒否したような話は聞いていない。戦後、二人は無事帰国、鈴木は一九八五年死亡、義幸は一九八七年死亡した。

この物語の最後に鈴木は、義幸に関する一つのエピソードをつけ加えている[注15]。『これを機会に二匹の犬は無二の親友になりました。大雲は字の上手な男で、「お前の好きな禅語を書いてくれ」と頼んだら、「随処作主」と立派な楷書で書いたのには、全く驚き入りました』と残した彼も今は亡い。

この物語を最初に紹介した河野太通はこれを評して、「随処作主」とは「随処に主となる」ことを意味すること、わかりやすくいえば随処になりきるということ。くわしくいうなら、「どこででも、自主性を貫けば、足のふむところすべて真実となる」ということであり、太通が指摘するように、ここには大きな危険がはらんでいる[注16]。

『ならば、いかなる場所におっても、自主性を持つとはどう処するのだろうか。いかなる場でも自分が直面しておる事柄に、雑念を交えず成り切っていくことだと。というふうに説かれてることが多いのでありますが、極端なことを申せば、泥棒に逢ったら、雑念を交えずに泥棒に成り切って、泥棒することに専念するのか、そんな馬鹿げたことが「随処に主となる」ということであろうはずはありません。そんなことなら「主となる」といいながら環境に支配され、環境に流されて、自主性を失ったといわざるを得ません。かつて戦争に直面して、余念を交えず戦争に成り切って、近代日本の仏教は戦争推進という歴史的汚点を残したのではなかったでしょうか』

太通の論評は、いうまでもなく戦後のことである。だが、戦時下において仏教の反戦的体制の危険性は、すでに政府の首脳陣には認められたところであった。一つの例が一九三七年、林銑十郎大将が総理大臣となり、同年、仏教雑誌「大法輪」三月号に政府側の危惧《きぐ》をにおわせている。

林は第一次大戦中、日本の同盟国英国に配置されていたとき、「傭兵制度」から「徴兵制度」へ切り変えようとした際に、キリスト教に基づいた「参戦不同意運動」の騒ぎを目のあたりした。彼がいうに、幸いこの運動は比較的小規模であったが、宗教と国家の対立をはらんでいるという認識を得ている。ゆえに彼は総括として、次のように言う。

「仏教と国の方針を合すると云う思想。先に英国の例を話した如く、国家と宗教が別々に歩くことになっては困るから、仏教でも、神道でも、皆そこに着眼して国家と一体になるように」[注17]

仮にこのような呼びかけが政府の望むべく効果が得られないなら、同時に国の政策に対し、国民の同意を強制する用意もできていた。なぜなら同年、「特別高等警察」――政治思想警察――が内務省より、次のような指令をうけている。

「僧侶、布教師等の誤れる言説は其の大衆に及ぼす影響等特に尠《すく》なからざるものあるべきを以て、

之が視察取締に就ては格別の注意を要するものあるべし」[注18]

この章に登場した僧侶たちの政府に対する反抗の姿勢は、大事に至っていないことはいうまでもない。しかしながら、当時の日本において七万の寺、二十万にのぼる僧侶の一部であっても、反戦に向かっていたなら、いかなる影響を及ぼしたであろうか？　日本学者ジェームス・ケタラーいわく、「仏教とは組織的にみて国家の政策に対する効果的反抗のできる一つの集団、いや唯一の集団であった[注19]」。

大規模な抵抗が起こりはしなかったものの、数名の抵抗した仏教者からの実績が語るように、その代償を支払う勇気があるなら、抵抗する余地は十分にあったことが裏づけられているのであった。一人一人の仏教徒に、選択の余地は残されていたといえよう。

第七章――禅、その暗殺者たち

日本がアジア大陸進出をはかった時代、国内でも反対勢力に対する弾圧があった。それではこの時期、はたして「禅」たるもの、何らかの役割を果たしたのであろうか？　一九三〇年代の初頭から半ばにかけて、暗殺がはびこったこのとき、公の場における禅僧や在家の弟子に課せられた役割はあったのか？

この章は二人の名高い禅僧、福定無外老師、そして山本玄峰老師が、この時期に政治、経済、軍事にたずさわった三人の指導者たちの暗殺において、この二人の老師の果たした役割について研究したものである。断わっておくが彼らが銃の引き金をひいたのでもなければ、刀を振ったわけでもない。だが、この二人は自分たちの禅たる信念に基づき、在家の弟子であった相沢三郎中佐、及び血盟団の党主、井上日召の暗殺行為は仏教の教え「破邪顕正[注1]」の名のもとに、その行為を正当化しようとしたことは事実である。

一、永田鉄山軍務局長の暗殺事件に関する歴史的背景

一九三一年九月に起きた満州事変はいくつかの事件を引き起こすきっかけとなり、その一つが翌年三月、日本の傀儡《かいらい》政権となる満州国の樹立。そしてやがて一九三七年七月、中国との全面戦争へと発展。しかしながら、外国への侵略については異論を唱えた者もいて、幅広いグループの中からは、政治家、右翼もいれば左翼もいる。さまざまな位をもつ、たとえば青年将校や軍幹部関係者、それぞれが日本の外国政策のみならず内政についても、自分たちの見解並びに主義主張（視点）にもっていこうとした。つまるところ、一九三〇年代初めから半ばまでの日本は、まだ天皇の名のもとでの軍事的、つまり全体主義的な社会に至るところまではいっていなかった。

日本の社会で軍がいかにして優位に立つようになっていったかを理解するには、国内の軍人や政治家たちの暗殺事件を理解することがきわめて重要とされる。暗殺とは政治的圧力の極限手段であり、一九三〇年代、あるいはそれ以前の日本において、少なくとも一九三六年二月の二・二六事件[注2]での軍の反乱までは右翼による暗殺は、愛国心に満ちたといわれる反乱者（暗殺者）は短期間の受刑で許されていた。だが、注意すべきことは、彼ら暗殺者たちの主張は多少、それぞれ異なってはいるものの、彼らとその支持者たちは、自分たちの行動は「国家のため」であったと唱えたことである。

軍人相沢三郎（一八八九―一九三六）は、世にいう皇道派に所属、これに対して統制派があり、この二派はつねに対立があった。しかしながら、この時代（一九三〇年代）に軍の指導者たちが単

に二つの派に分けられたと考えるのはあまりにも単純視しすぎるものであり、それぞれの年齢、教育背景、ひいては、出身地に至ってまで対立の要因となっていたのである。

だが、本書は軍事派閥の歴史を語るものではないゆえ、端的にいえば、彼ら皇道派の人々は昭和維新をめざしたことである。これは皇道派の首脳部（荒木貞夫や真崎甚三郎）を意見番としておいた上で、天皇が直接に政治を司り、国内の政治体制が国家社会主義的な政策を実施できると考えたことである。外交面では、強い反共主義であったゆえ、ソ連を最も敵視し、ソ連はアメリカをはじめとする他の西洋列強よりも大日本帝国にとって一番の脅威ととらえていた。

これに比べ、統制派は少なくとも国内においては、財閥を中心とする当時の社会構成を肯定していた向きがある。ゆえに彼らは工場や土地をひきつづき個人の所有とみなしていた。つまり、資本主義の原理を受けいれていたのである。外交面では、彼らはひきつづき中国をはじめアジア大陸への勢力拡大を主張し、さらには、資源獲得のために、すでに西洋列強が植民地化した東南アジア諸国への進出といったことまでも、ためらうことなく前向きにとらえる動きがあった。たとえ、このような政策が結果として英米をはじめ西洋列強との衝突を招こうとも、実行することに容赦なかった。

ところが、ここで明らかになるのは、両派ともこれまでに獲得していた植民地を維持し、可能な限り拡大することに異論がなかったことである。この点においては片方はよし、もう一方が悪い、穏健派あるいは急進派ととれるような争いの性質ではなかった。最終的に、統制派のより「現実的」政策によって、彼らは軍を支配、やがて政府をも支配するようになっていった。

一九三四年一月初旬から統制派の首脳者たちは、少しずつ皇道派の首脳者の追放をはじめていた。そのため、皇道派のリーダーたちに好意的であった青年将校たちの中で強い反発が起こりはじめた。

真崎甚三郎大将（一八七六―一九五六）は、時の教育総監としての立場上、首脳部の中での数少なくこの追放劇に反対したゆえに、皇道派の将校たちには、救い主となって出た。相沢三郎もその中の一人であった。そして一九三五年七月になると、真崎大将自身が追放される身となった。このとき相沢三郎は、復讎《ふくしゅう》の念に駆られ、軍務局長永田鉄山を統制派の党首とみなさんばかりに暗殺の的とした。

相沢は初めて永田の部屋を訪ねたとき、口頭で辞任を要求するが、軽くその要求をあしらわれている。その結果、相沢をより過激な行動へと走らせてしまったのである。一九三五年八月十二日朝九時四十五分、永田の部屋に入り、軍刀をぬいた。初回のやいばは逃れたものの、つづく二度目は逃れようがなかった。

かつて相沢は陸軍士官学校において剣道の師範であったところから、のちの法廷の発言から一度でやることに失敗したことを恥じているのがうかがわれる。[注3] 彼自身恥じようが恥じまいが、永田を守ろうとして（たまたま居合わせた）彼の部下が一人傷ついているが、相沢は暗殺後に落ち着いて永田の部屋を出、近くの軍の救護室へ出向き、自ら傷ついた指の手当をしていた時に、憲兵隊に逮捕されている。

相沢三郎と禅

相沢が初めて禅の修行に入ったのは、松島（宮城県）にある瑞巌寺という寺だった。[注4] 注意すべきことに、彼は自ら修行に入ったのとは違って、これは昭和天皇のおじにあたる東久邇稔彦の命令によるものであった。当時相沢は、将校に任命されたばかり、東久邇宮は彼の中隊長でもあった。東久邇が瑞巌寺に立ちよった際に松原磐龍和尚に「禅は国家のために学ぶべきもの[注5]」といわれたことを部下たちにさっそく報告、これを聞いた相沢、この説法こそが彼を禅の世界へと導いたそもそものきっかけであった。

さっそくこの寺を訪れ、仏法を学び、参禅の大切さを知る。のち通うのに時間がかかるため、近隣にある曹洞宗の名刹輪王寺（仙台市）住職福定無外老師（一八七一―一九四三）のもとへ通うようになる。このとき相沢はまだ少尉の身であったが、二十九歩兵連隊（仙台）に属していた。無外は古来の禅の格式に従い、相沢が弟子入りしたいという申し出を退けている。「修養といったぐらいの気持ちでは辛抱できんでしょう」[注6]。だが、相沢はあきらめることなく何度も門をたたき、強引に頼みこむ。そのひたむきな心情にうたれた無外は、ついに雲水のごとく僧堂での起居を許す。

しばらくして、相沢の上官がこれを知り、寺での起居を禁じた。これを知った無外は、愛弟子相沢のために、法友、当時東北大学学長、北条時敬（一八五九―一九二九）宅に書生として住みこませた。相沢はそこから輪王寺に通った。彼は長年在家人として参禅、臨済宗円覚寺管長今北洪川（一八一六―一八九二）の指導をうけている。こののち三年間、相沢は無外のもとで修行に励んだ。この期の二人を知る友人の一人は、「師弟の情、まさに親子の如し」[注7]とのちに述べている。相沢自身、無外に対し深い信愛の情を持っていた。

それを知るには、次のようなエピソードが残る。事件後に、投獄された際、病に伏す無外のために、薬を送ってくれるように、親交のあった医師にたのんでいる。彼は自らの死（銃殺刑）を目前にしながらも、師に対して、「禅師の御病気一日も早く御全快の程御祈申上候」[注8]（曹洞禅僧、福定無外の弁護）と書いている。

この二人の師弟関係の深さを考えるとき、無外は、相沢が逮捕されて、以来二人目の訪問者として出向いている。これは一九三五年九月四日のことであった。つづいて九月十日にも訪れている。

刑務所での訪問の記帳記録によると、無外は、相沢の恩師であり、訪問の目的は「慰問」と書いた。相沢の一般公開された軍事法廷は、一九三六年一月二十八日に開かれた。彼は自身の行動の背景を、次のように述べている。

「私は皇室の側近ならびに財界の大物、あるいは、官僚の指導者は陸軍を自分たちの目的を達成すべく、腐敗の方向に向きはじめたと自覚した。ゆえに帝国陸軍は私有化され、統帥権は犯された形となった。もし何らの手を打つことがなければ、やがて陸軍は内部から崩れはじめるだろうと懸念した。国の中枢にある者、または皇室の側近たちは、私利私欲におちいり、日本を攻撃させるためのすきを待つ諸外国の道具に化した。[注9]……」

統帥権とは、軍が憲法上、政治家の支配下にあるのではなく、論理的にいえば天皇、または彼の任命した代表たちの支配のもとにおかれたことを意味するものであって、天皇以外に誰かが軍を治めようとした場合、軍側の反応としては、単に軍の計画を否定するのみならず、天皇の統帥権までも否定することになる。売国奴に値する行動と化す。

このことを思い起こすなら、相沢は何ゆえに自身の合法的に任命された上官を暗殺せねばならなかったのか？　これによって彼は、保護すべく統帥権を犯したことになるのではないか？　だが、この点について、次のように相沢は反論している。

「私はなぜ永田を選んだのか、永田は重要な地位にある政治家、財界人、南大将や宇垣大将のような軍の古い体制と同様に、陸軍の腐敗と化した責任者たちの一人であったゆえのこと。軍務局長としての永田は、陸軍の責任者であった。すべての悪の極地にいた。彼が辞任しない限り残された道は一つしかなかった。私は、心を鬼にして彼の命を剣で一《ひと》突きに終わらせようとした[注10]」

この点を参考にしながら、次は事件の奥にひそむ精神面に目を向けていくことにする。相沢は次のように言う。
「天皇は、この宇宙をつかさどる現人神である。人生の目的は陛下の思《おぼ》し召しにより発展させることではあるが、ただしこの事実は全世界においては十分に理解されておらず、今の世は、共産主義、資本主義、無政府主義などによって、行き詰まりが生じている。我々日本人としては、陛下の思し召しに従い、世の幸福をもたらすべく努力すべしこと。日本人が満州や他の地に帝国の目的を達成すべく、必死で頑張る限り、万事よしとする。だが、一度消えれば、永遠には戻ってはこない。民主主義はまちがいである。我々の目的は、明治天皇によって設立された帝国の統治権を明確にすることにある[注11]」

この言葉だけで判断するならば、このことでの禅との関わりはあまり浮かばない。だが、「今の世は……行き詰まり……」とは、のちに詳しく述べるが禅の影響からきていることが判明する。直接的な関わりがあるとすれば、短くも、相沢が暗殺の瞬間、どのような心がまえで達成したのかがわかる。

法務官の質問、「かかる大事を働いて国法との関係をどう思っていたか」に対し、相沢は、「主観と申しますか、絶対の境地になった時には尊い気持ちが支配して、そんな考えはなくなっていました」と答えている[注12]。

これが禅の精神のあらわれというものなのか？　日本文化と禅の評論で知られる英国人レジナルド・ブライ（一八九四―一九六四）は、相沢の残した言葉こそが禅の精神のあらわれであると評したことは推測できる。彼はかつてこのように書いている。
「オーソドックスに禅の観点から見てみると……どのような行動でも絶対の境地から発するなら、正しいとみなさざるをえないものがある[注13]」

無外自身、弁護側の一証人として二月二十二日、つまり二・二六事件の四日ばかり前のこと、第九回公判に証言台に立っている。法廷を終えて、読売新聞の記者に、待合室で次のように述べている。

「私は三十年前から相沢の両親を知り、相沢の生い立ちや性格を一番よく知っているので、事件には全然触れずに述べるつもりです。相沢は禅の修業は未熟のところもありますが、今回の大事決行は、生死を超越、たとひ死刑となるとも相沢は満足でしょう。ただ相沢の思想さえ生きれば、生死は論外であります[注14]」

もしこれでも無外がこの大事決行をどのようにとらえているか疑問が残るならば、次の文より明らかになる。『相沢中佐の片影』という著の中で、無外の態度を明らかにしている「福定無外老師談」という一文がある。

「相沢さんは少、中尉の頃三ヵ年に亘り（満二年余）、輪王寺で修行し、全く禅僧と同じ様につとめられたが、それは普通人には到底出来ぬ刻苦精励であった。

性質は生一本で純粋で幼少からの破邪顕正の道念を禅宗の修行で益々固められた。今度の事件も実にこの二十歳余の青年将校時代からの純情、破邪の理想に燃えての事と思ふ[注15]」

この序文が読者にとって、永田を暗殺した相沢の動機が、いまだ曖昧とするならば、無外はさらに明確にする心づもりはあった。当時の日本が直面した問題に対する無外自身の考え方も含めた形で、次のように述べている。

「常に腐敗せる我国の現状を嘆じて居た。軍隊さへも士気が弛緩、その結果は国家の危殆であると憂へて居た。仙台に来れば必ず訪れて来、又屢々《しばしば》文通もあったが、憂国の至情は常に溢れて居た。特に二、三年この方やるせなき心持を述べて居た（―『その点わしも同感であった』と老師は特に附け加へて言はれた）[注16]」

最後に無外は、読者に対しては、自分の弟子がいかにすばらしい人格の持ち主であったことか。愛弟子相沢の「立派なる精神」「確固不動の信念」を讃《たた》えた文がここにある。

「この国家の非常時を如何にしてか打開せんと日夜心を痛めて居たことは明瞭である。今度のことは止むに止まれぬ精神の発露であると思ふ。単身根源を切って軍の清純を期せんとするものであって、初めから身を捨ててゐる。自己の前途、立身出世のみを望む現在の大部分の人間には解し難い行為であるかも知れぬが、相沢の今度の行為はわしにはよく判る。決して狂ではない。事の善悪は今論ぜられぬが、相沢があの行動を為すに至るまでには幾多の熟慮が重ねられたらう。決して軽挙でもない、世間でとやかく云ふやうだが、売名でもない。盲信でもないと信ずる。相沢の生一本な性質とあの純情とを以て現今の腐敗を見る時、止むに止まれぬものがあったに相違ない。わしは相沢を信じてゐる、確固不動の信念に依り生死を超越して君国に尽くさんとするのが、相沢の一貫せる本質である。尚同期の人々にも相沢の立派な精神を知る人があると思ふ。決してわし一人の過信でないと思ふ[注17]」

このような無外の弟子に対する尊敬の念を考えるとき、二人の関係は、死を超えたものであることは当然のことと思わせるものがある。なぜなら、一九三六年七月三日、相沢銃殺刑ののち、無外は、相沢に戒名を与え、九体からなる字数で院号も与え、最高の位とした。戒名は「鉄肝院忠誉義徹居士」。

ここである事実が浮かび上がる。相沢は処刑の際、無外に立ち合ってほしかった。だが、無外は入院中の身、もはやかなわぬことであった。

無外はこの名誉ある戒名を、葬儀も禁じられ、記念碑の建立も禁止とされたにもかかわらず、相沢に与えた。陸軍が「国賊」と称する者を讃えることで、無外自身、のちに憲兵の調査を受ける羽目にもなった。入院中の彼に弟子の一人が報告するのだが、それを聞いた無外は、大声で「冥界にある者に国賊も何もあるか」と一喝したという。[注18]また、特高警察の者が、「忠誉義徹」と与えるとは何事かと文句をつけに来た際も、取り次いだ弟子に、「県庁あたりの小役人のいうことなど相手にするな。文句があるなら、陸軍大臣に来いと云え」と、大声でどやしたという。

無外は、病院にて政府側が文句あらばこちらへ来いといった……。

相沢の死後も、無外は彼をかばっている。相沢には死後にあらたな禅の関わりがあった。彼の遺骨だが、一部は東京に保存、二・二六事件の際、処刑された相沢を含む二十二名の元青年将校や北一輝をはじめとするそのシンパたちの共同墓地の元麻布、賢崇寺（曹洞宗）に分骨、埋葬されている。

この寺は一六三五年、佐賀鍋島藩の菩提寺として建立されたもの。先の死刑者たちは、戦後になり初めてここ賢崇寺にて、公の供養がはじめられ、一九五二年、それぞれの遺族は、そこに石碑を建立、死者たちの墓とした。また一九六五年、遺族たちの手で彼らが処刑された跡地に右手を挙手して立つ観音像を建て、死刑者とその犠牲者に対し毎年二月二十六日、及び七月十二日（執行日）に法要が営まれている。

ここで残された遺族は「仏心会」を設立し、行事の運営にあたるようになるが、問題となったのが「仏心」たる名称と政治的暗殺の意図を結びつけてよいものかという点である。たとえ死して罪をあがなったとはいえ、あえて「仏心」と名を打ったところに、「人の命をあやめる」ことを美化するようになる傾向に流れていく危険性がはらんでいることは大いにうなずける。

その意義

これまで書いたことを評するに、注目すべきは、無外は現代に通じる禅僧として、軍人である弟子に対し称賛した僧は無外一人であったわけではなかったことである。明治時代、臨済の僧、南天棒が、乃木将軍をほめ讃えたことは、読者の記憶に新しいはず。だが無外となれば、軍人でありつつも結果、「国賊」とされた弟子を、最後まで賞賛したとはユニークな存在の人である。当然、無外は相沢を「国賊」と思わなかった人。むしろ相沢のとった行動は、「国家の非常時を如何にしてか打開せん」ゆえに不可欠のものであったとする。

当時、禅の指導的な立場にあった無外をはじめ、他の禅のリーダーたちがとらえた禅とは、一定の条件のもと、国内での暗殺、外国侵略を支援せんばかりの性質を持っていた。この主張を裏づけるに、鈴木大拙の次の言葉をとり上げることにする。

「禅とは、武士と永遠の命、正義、神の道、道徳的観念を、必ずしも論じたわけではない。ただ人が一つの結論に達したとき、合理的であろうが非合理的であろうが、直進すべしと励ますのみ。哲学は知識人に安心してまかせればよい。禅は行動とるのみ。決心した以上、もっとも能率的な行動は、ふりむかず前進するのみ。この意味では、禅こそがまさに武士にふさわしい宗教である」[注19]

相沢の行動が、はたして論理的なものであったかどうかは論争すべき点ではある。しかし、大拙も無外も、「論理的」という点には大きな意味をもたらしてはいないはず。無外は、大拙同様に弟子の行動を正しかろうが悪かろうが論じるはずはなかった。彼ら、禅の修行者のとるべき行ないはただ一つ、ふりむかず、前進するのみ。

無外と大拙の思想の類似点を示してみたが、この二人が知己であったとか、互いの思想に影響を及ぼしていたとかいうことではない。だが、この二人を結びつけるのに間接的なつながりがあった事実だけは指摘しておきたい。

それは北条時敬という人物。前述したように無外は、相沢に北条宅での下宿を手配した。東北大学学長であり、同時に彼は大拙の高校時代の数学の教師であり、驚いたことに禅を初めて大拙に紹介した人でもある。さらに、彼は長年在家人として参禅、臨済宗円覚寺管長今北洪川（一八一六―一八九二）の弟子として名高く、大拙もやがては今北洪川の死の間近に迫ったころ、師事しているのも北条の影響力の強さがうかがわれる。

今北洪川とは、すでに述べたが、明治政府の下、国家主義の宣伝の一環である大教院の教導職についたし、またいっぽうで在家の人のために居士禅を切り開いた祖としても知られる。ここで今北は有望視される社会人を育成するのであった。その一人が北条であり、大拙であったというわけである。

また、北条と大拙の関係はこれで終わったのではない。その後、北条は一九一七年六月、学習院の学長となり、大拙はふたたびここで北条の指導を受けている。このとき、一九〇九年以来、大拙は英語教師をここでつとめていた。

私はこの間接的な結びつきに対して、偶然以上の証拠は見出せていない。しかし、このような結びつきは、当時の禅の世界における思想的雰囲気を味わわせるものがある。その雰囲気とは、つまり、禅は「破壊力である」という概念は認められ、ただその条件として、その破壊力とは、「より大きな何かのため、つまり善たるもの」、国家並びにその政策を実行するに用いるべきとした。

つまるところ、国益のためには禅の精神からくる破壊力を使うべしということであった。たしかにこの破壊力を国家の一人の代表者（永田鉄山）に対し使ったことは稀なことではあった。しかし、異例のことでもなかったはず。次に述べる事件でもわかるように、すでに一九三二年の時点で禅の関係者たちは、数名の政府関係者や財界人の暗殺を企てたことから深い関わりを持ちつづけていたのである。

二、血盟団事件

市川白弦（一九〇二―一九八六）は、「日本ファシズム下の宗教」において、福定無外が相沢の証言に立ったことについて触れている。白弦によれば、一九三六年一月、山本玄峰（一八六六―一九六一）も相沢の行動を弁護、仏教とは「一殺多生」[注20]の立場をとるべきことと主張。白弦は、彼の証言について多くは述べていないが、著名な臨済の師、玄峰の性格から見れば十分に師が法廷で証言したことは考えられるものという。

なぜなら、この事件が起きる一年ばかり前、一九三四年九月十五日、玄峰が、彼の弟子（在家）である井上日召（一八八六―一九六七）の法廷で、同じような主旨の発言をしているのが記録に残っている。この井上日召たる者、当時の検察官、木内曾益《つねのり》が血盟団と名づけた、極右暗殺団のリーダーであった。ただし、玄峰の井上に対する法廷の証言を述べる前に、事件の背景にある、社会状況並びに井上の生涯について少しばかり述べておく必要がある。そうすることでなぜ、二人の財界や政治のリーダーを暗殺し、二十数人が暗殺未遂に終わったかが理解できる糸口になるはずである。

社会的背景

一九二六年、裕仁天皇の即位によって時代は昭和に入った。この時代ははじめから国内において政治も社会も大変に不安定な時代となった。たとえば一九二七年、二十数行の銀行が破綻、一九二八年には政府は左派の勢力拡大を恐れ、日本共産党のリーダーを含む千六百人もの大検挙を行なう。なぜなら、彼らは治安維持法の名のもと、「危険思想」の持ち主と疑われた。

このような国内の不安定な様相は、一九二九年にアメリカで発生した世界的な大恐慌によって拍車をかけられていった。だが、この時代でさえ、生糸は日本の最大輸出品であり、大不況のさなか、需要と供給が著しく減っていた。このとき日本の人口は年間に百万人単位で増えつづけ、働き口を探す人々は年間に四十五万人ずつの増加となっていた。

生糸の値段、米の値段が下がっているにもかかわらず、多くの小作人たちは、税は減らずとも、生糸や米の生産は減る一方というジレンマにおかれていった。一九三〇年代の初頭、東北地方では大不作に見舞われ、飢えによる死亡者までもたらしている。

総合的に見れば、農村での借金、税の未納、農民たちは田地を失い、娘を売ったり、という悲惨な有様となっていた。小作人たちは借地料の高さに抗議するための組織活動に入り、これに対し、警察や時には軍隊までも鎮圧に駆り出されるという始末であった。日本の社会はこのとき、まさに危機に直面し、ここから立ち直るに人々は、ただちに極端なまでの荒治療を必要とした。

そこで、二大保守勢力、政友会及び民政党が交代で各党に基づく内閣を構成、国を治めようとした。この保守派に対し、民間の団体が存在し、彼らの中には左翼もいれば右翼もいた。イデオロギーの違いにもかかわらず、彼らの共通した信念は、自分たちこそがこの時期の危機をのりこえる答えが出せるのだと自負するのであった。彼ら両極端のグループで、特に極右翼と称する、あるいは属する者は、彼らがめざすところの軍事クーデターを引き起こすために、政界や財界のリーダーたちを、暗殺する用意までもできていた。

このクーデターが先に述べた、いわゆる昭和維新の前ぶれとなると信じたこと。ここで民間の極右と軍部内での軍閥、特に青年将校を中心に構成されたグループとの結びつきが存在した。なぜなら、この青年将校の多くは、農村出身者である一般兵を通して、農民たちの貧困をよく理解していた。

暗殺者井上日召と禅

なぜ、井上日召たる者が「暗殺者」集団のリーダーとなったのか、それを理解するに、まず禅とその修行が彼の生活の中でいかなる役割を果たしたかということになる。

おもしろいことに、彼の修行は日本ではじまったのでなく、一九一二年、満州でのことだった。そこでは井上は、日本で早稲田大学中退ののち、南満州鉄道で働いていた。満州にいても中国人禅僧によって修行が始まったわけでもなく、東祖心（生没年不明）という曹洞宗の戒教師が彼の師であった。井上によると、この人の指導のもとで、一年以上にわたり毎日坐禅を組み、「ほとんど寝食を忘れ、坐りつづけた」[注21]という。

井上はこの間、いくつかの「公案」を通過したともいっている。祖心はその成果を認め、「唯心」という居士名を与えた。

井上はやがて祖心を離れ、北中国での日本軍のスパイや通訳官となって、彼の「一人一殺《いちにんいっさつ》」という自伝で井上が祖心のところへ挨拶にいったときの祖心の言葉が、いかに彼の一生に深い影響を及ぼしたかを書いている。

「『もう少ししたら、お前に法華経を教えてやりたいと思っていたが……』といわれた。この時には法華経をさして心に止めなかったが、和尚のこの時の言葉は後年、私の精神生活に偉大な示唆を与えることとなった」[注22]と井上は語る。

再び日本

井上は一九二一年二月、日本に戻り、以後ふたたび中国に戻ることはなかった。一九九二年初夏の頃、故郷群馬県川場村の近くの小さな元尼寺の今や廃寺となっている三徳庵で修行を始めた。ここで一人で彼は坐禅を組むことに集中。時間がたつにつれ、この坐禅を中心とする修行は、自分自身の不安をかき消すどころか、逆につのらせる一方となっていった。

「しばらく坐禅をつづけてはいたが、坐っているあいだは心が澄むけれども、用便などで坐に戻ってみると、心境にいっこうに変化はなく、疑問は依然として存在する。別に方向もないから、明けても暮れても、坐禅行をつづけてはいるものの、心中の苦悩は増すばかりである」[注23]

その結果、井上はやがて、題目三昧《ざんまい》という修行方法に切りかえることになった。「三昧」とは、サンスクリット語での「サマディ」の意。これは、さまざまな修行方法で「心を集中させる」という意味である。

次に彼はこの「三昧」の境地を得るために、「お題目」を唱えるようになっていった。これはいうまでもなく、「南無妙法蓮華経」で、ここで注意すべきは、日蓮宗の影響で切りかえたのではなく、彼が中国にいたころ眠っていたときに見た激しい夢の影響であったといわれる。夢の中で彼は何者かに殺されそうになったとき、目の前に立つ御影石の法塔に「南無妙法蓮華経」と刻んであったのを見る。

その後数ヵ月、このお題目を唱えつづけ、まぼろしを見るかのように彼は悟りをひらいたかの境地に初めて陥っている。

一九二四年春のこと、伝統的な禅の表現を用いて自分自身が悟っていく経験を、次のように語っている。

「宇宙大自然は私自身だ、という一如の感じがする。『天地は一体である』『万物は同根である』という感じがひしひしと身に迫る。――かつて覚えたこともない、異様な神秘な心境である。――『妙だな』と思って、試みにこれまでの疑問を、今悟り得た境地に照らしながら静かにくり返して考えてみると、驚くべし、三十年間の疑問が残らず氷解してしまったではないか!!」[注24]

そのなかで井上をもっとも悩ませたのが「善と悪」「正しきことと間違いのこと」の基準をいかにしてさだめるかという点であった。ここでその禅宗に対する解決方針は明確に見える。井上いわく、

「実に本来『善悪不二』なのである。ただ我々の思惟、行動が宇宙一元の真理に順応した場合に、善となり、これに背反した場合に、悪となるのである。仮りに人と人との間の問題をとってみても自他一如の境地に立って、考えかつ行なうことが善であり、然らざる心行はすなわち悪である。ただし、時と場所と相手を異にすることによって善悪の具体的な現われ方は異なってくるのであって、ある一つの概念に固定して善悪を考える必要はない」[注25]

これによって、井上は自分自身が持つ善悪の定義には忠実であったことがわかる。より正確にいうなら、のちに極右翼で構成された暗殺団の首領となって、文字通り、「善悪を考える必要のない」立場を実行するようになっていった。

再び禅の修行

井上は自ら体験した「悟り」をへて、のちしばらく、禅の修行を再開しなかった。だが、（禅の）伝統に基づき、やがて「悟後」（さとりをひらいてのち）なるものの修行を必要とすることに気

づく。それは次のように語られている。

「坐禅の行であまり不思議な現象が起こらないのは、公案で精神を統一するから、早く叡智《えいち》が開けるためである。私が経験したような、不可思議さは、叡智の開ける前の一階梯である」[注26]

「悟後」の修行に選んだお寺が、静岡三島の近くにある臨済宗で有名な龍沢寺であった。開祖は、臨済宗をよみがえらせた原の白隠禅師（一六八五―一七六八）であった。だが、井上はふたたび禅の修行に入る前に、たしかに日蓮宗の本部、見延山を訪れているが、「意に満たなかった」[注27]。さらに、彼は田中智学（一八六一―一九三九）が説《とな》える日蓮主義の講座に一週間参加する。それでも、最後に「禅」を選んだ。その胸中を、

「禅を選んだ理由は、日蓮主義は結構だが、議論が多くて、しかもその議論たるや、単なる学究的議論で、実行方面は第二、第三と云わんよりは、むしろほとんど顧みられないという有様……。国家並びに国民大衆の要求しているものは、理論ではなくして、現実の改造実行なのである。すなわち実行が主であって、理論は第二、第三であるから、理論は学者と称する専門家に一任して可なりであると考えたのと、私自身の個性が教義教祖派よりも禅に適すると考えたからである」[注28]

たしかに井上は、歴史的な人物として日蓮に深く尊敬の念を抱いたこともあった。特に彼から見れば、日蓮に対してのさまざまな弾圧は、自らの人生と類似させるものがあった。そうはいっても、一方で悟りをひらいてからの自分は、はじめて日蓮上人の教義や生涯について読み始めたという。

龍沢寺（静岡三島）で井上は、著名な臨済宗の山本玄峰老師の指導を受けて以来、二人の関係は密になり、その関係は生涯つづいたといわれる。その証拠に、中国との戦争の中で、妙な和平工作が立てられていたことがある。一九四一年初め、井上に対し、蔣介石がいる重慶へ飛び、中国が日本に降伏すべく働きかけようではないかと玄峰は提案した。

時の陸軍大将山下奉文（一八八五―一九四六）はこの考えに賛同し、航空機の提供を申し出た。山下と玄峰はこのとき、友人。井上は中国語に精通しており、そこで玄峰はもし二人で蔣介石に直談判すれば、日本側の和平条件をのみこむはずと確信する。だが、井上は参じようとしたが、陸軍の上層部、外務省の関係者がこの計画を耳にして未遂に終わる。[注29]

一九二六年秋、はじめて龍沢寺を訪ねた際、日本は中国と全面戦争には突入していなかった時期ゆえ、井上は臨済宗の伝統的な禅修行に取り組むことができている。特に「夜坐」という修行方法にとりつかれ、「八時に就寝となる。だが白隠堂に入って、十一時頃まで坐禅を組む。時としては午前一時までやっていたこともあった[注30]」。

摂心という月一回、一週間にわたる集中的な坐禅に参加した。また玄峰が兼任した松陰寺で、やがて寺の兼務やめし炊き（禅寺ではもっとも重要なポスト）もまかせられるようになった。

ところがしばらくして翌年四月、今度は水戸の近くにある大洗の町で、小さな寺の再建にとりかかるべく招待された。この寺は明治天皇を記念する明治記念館の設立にともなって建立されたものである。ここの中心は明治天皇の銅像と同様に、寺の中心は日本国を護ろうとした日蓮上人の像。この寺は日蓮並びに国家的な傾向（国を護るための寺）があったことは、寺の名からもうなずける。日蓮上人の立正安国論の影響をうけて立正護国堂と名づけられている。

しかし、彼は初めの頃は傍観者で、いわゆる計画、それにともなう建設費など元宮内庁の田中光顕（一八四三―一九三九）、茨城交通社長竹内勇之助が中心となって進められていった。寺の記録が示すように、当時の国家主義者頭山満や元首相田中義一をはじめとする当時社会の中枢にいた大物たちの金銭的支援のもと、着々と工事は進められていった。その目的は、国家革新の「青年指導の養成」にあった。[注31]

だが、はじめのうち井上はこの寺の初代住職を依頼されながらも、なぜか断わっている。その理由は、この寺には「信者も檀家もない」。ゆえに収入の道が閉ざされることを懸念した。だが、再度の依頼に、最終的には引き受けている。引き受けてのち僧服をまとうようになるが、これは彼自身が自らそうしたことであり、どの仏教教団からも認可されたわけではない。このように僧侶をまねてみたり、お寺に日蓮の像が安置され、お題目までとなえていたゆえ、その後、内外の研究者たちが、彼を日蓮宗の僧侶と誤解する原因を生んだ。井上自身、その僧服をまといながらも僧であるとは称していない。

寺の当主になって井上は、やがて二十名になる青年集団の修行指導に当たるようになる。彼の目的は、坐禅や公案の使用、「挺身決死隊」の編成だった。この目的に向かい、いくつかの修行方法を用いて、朝夕の坐禅やそれにともなう独参（一対一で師弟が問答しあうこと）、お題目をとなえ、断食も行なった。じつにこの断食、青年たちが入団した際、まずもって七日間にわたって行なったもの。その必要性の理由について、井上は次のようにいっている。

「これをやっておかないと、青年は勝手な熱を吹いて、理屈ばかり達者になり、真の修業はできないからである。多くの修養道場が失敗に終わったのは、この肝心な締めくくりを忘れているが為である」[注32]

井上は最初に自ら結成した集団は、合法的な政治活動に参加することを考えた。一九三〇年頃に彼とつき合いのあった青年将校たち（霞ヶ浦航空隊）の影響からより大胆な行動をとるべしと自覚。この点について次のように弁明する。

「非常の時には非常の手段を要する。国を生かすことが肝心であって、手段方法の論議は二の次、三の次である」[注33]

ならば井上と彼の青年集団の中にある「非常の手段」とは、なにを意味したのか？　彼がいうに、「我々は破壊を引き受けて倒れる覚悟でいるのだから、建設案のことまで研究しようという気はなかったからだ」[注34]

ところが、彼は自分の仏教信仰でどのようにこの「破壊」を正当化しようとしたのか？　実際、井上はそれほどむずかしく考えてはいなかった。禅の修行から「命をとる」（殺人を意味）ことをすなわち仏教の慈悲心の表われとした。寺での法話で、無門関という十三世紀に作成された公案集において、中国の僧南泉（七四八―八三四）が十四則の中で寺の猫を殺害、この点を踏まえて彼は次のようにいう。

「革命は国家社会のために大慈悲心を以てするのである。だから革命を行はむと思うものは、国家社会に対して大慈悲心がなくてはいけない。故に革命による報酬を願ってはいけない。大慈悲心のない革命は邪道である。すなわち革命とは大慈悲心である」[注35]

時期来たる

彼らの目的を達するべく、井上とその弟子たちは一九三〇年十月、東京に本拠地をおいた。ここで極右団体と接触、安岡正篤ひきいる金鶏学院や権藤成卿や大川周明、ひいては正義団の今泉定助と交わり、活動をすすめていった。青年たちを確保しつづけ、インテリ学生四元義隆のような知識人でありながらも「捨石」になることを厭わない者を入団させていった。

のちに一人の団員（小沼正）は、禅用語を用い「自己自身を滅する」[注36]と、当時の心がまえを説明。このように禅用語が登場するのはあたり前のことで、東京での修行が終わったわけはなかったことを意味している。

一九九八年初め、著者は当時九十歳の四元義隆（一九〇八年生まれ。井上日召が入団させたときは東大生）と面会した際、「メンバーの青年たちは文京区の竜雲院（臨済派）で坐禅を修行、先の山本玄峰（龍沢寺）が定期的に上京、ここを訪れ坐禅会を指導している」と語った。だが、玄峰自身はメンバーの革命をめざす主義主張を認識したという明確な証拠はない。

だが、なぜ井上とその若い仲間たちは、革命の手段として「暗殺」の道を選ばねばならなかったのか？　彼らがめざす社会の基本的改革をなしとげるために、人道的なやり方があったはずではなかったか？　井上は次のようにいう。

『何故に「暗殺」が最も適当な方法であるかと云ふに……此の方法は成敗共に極めて少数の犠牲で済む最も適切な手段……要は一点私心を交へず国家のために最善なりと確信する処を先ず立って実行してみるより外に策のあるべきはずが無く。……』注37

私心なく事を起こそうとするところに、西洋での革命との違いがあり、井上がいうに、フランス革命やロシア革命の指導者たちは、革命後の成立した社会において自分たちはひきつづき指導者的役割を確保したがるもの。ゆえに彼らは、自分にとって妨げになる者を殺すことは厭わなかった。結果、多くが人命を失われた。

だが、井上たちは彼らがめざす革命に殉ずる覚悟でいた。仏教信仰から得た「無我の境地」によって、進んで自ら犠牲になることを決意、そののちは軍の同志たちが理想の社会をやがて築くであろうと信じた。自ら犠牲になることで、革命的暴力における犠牲者の数を最小限度にとどめることができると主張する。先に触れた小沼正（一九一一―）は、このような井上の思想を次のように明らかにして語る。

「相手のみを殺し、自分が生き残るという気持でない。自分自身をたたきつけていく、そうして自分の体の上を他の人たちを渡して行くのである。大義を滅するのではなくして、自分を滅するのだという井上先生の言葉はそれだと思います。自分の身を滅する。犠牲者はそれで仕方がないけれども、私たちの革命の根本原理といいますか、それは大慈悲心が革命の根本精神です[注38]」

では当の井上自身はどうであったか。「初夏の朝手にとれば消ゆ草の露[注39]」と、自らの心境をこのように句に託している。

暗殺

一九三二年二月九日、駒本小学校(東京)で民政党総務井上準之助(一八六九—一九三二)は、政見発表演説会に出席すべく入ろうとした時に、後ろから三発、血盟団員小沼正(元大工見習い)によってピストルで暗殺される。なぜ入る際に撃ったかといえば、演説のあと撃つとなれば準之助のまわりに人が集まるはず。一般市民を巻きこんではならないという考えからであった。小沼が迷ったのは撃つ時期《タイミング》だけではなく、撃つことにさまざまな迷いがあったこと。

「気を乱さぬよう……自分のような未熟な人間は気を乱さなければよい……[注40]」と心を乱した。気を静めるために、「法華経」を読誦、題目を四つずつ唱えたという。さらに結跏趺坐の姿勢で、「坐禅をはじめたのです。そうしたら、今までかつて感じたことのない坐禅の三昧に入ったのです。ずっと自分の気持ちが統一してしまった。半眼を開いて終わった時は、線香のゆらゆらともえる其のけむりが天井に届いている、ぱっと私は来たのです、今晩できると思ったのです[注41]」

つづく三月五日、三井財閥、三井合名会社理事長団琢磨(一八五八—一九三二)は黒龍会経営の菱沼五郎(二十二歳)に射殺される。だが、リーダーの井上自身は六日後の三月十一日の金曜日までは捕まっていない。逮捕されたのは右翼の神様ともいわれた頭山満宅側の「天行会」道場の二階であった。一時は身をかくすが逮捕間近を知り、頭山に迷惑がおよぶと考えたことから自首した。

彼の自首によって井上日召との直接的な暗殺にまつわるいきさつは終わる。だが、間接的に見れば終わったのではなかった。二ヵ月後の五月十五日、霞ヶ浦航空隊所属の青年海軍将校たちが中心となり、政友会総裁、首相犬養毅（一八五五―一九三二）の暗殺に及んでいる。犬養の死は日本において戦争終結の一九四五年まで、政党に基づいた内閣の消滅を意味したものである。これによってやがて軍事政権に転化するきっかけとなっていった。このようにして、井上自身がとなえた「破壊主義」は実現したことになる。

裁判

井上とそのメンバーたちの裁判が、一九三三年四月二十五日、開廷する。ところが、この裁判は主旨が愛国的動機をみとめない事実関係のみにしぼられたため、異例のこととはいえ、法廷指揮が悪いとして井上は異議を申し立てたために、この裁判長は解任、藤井五一郎を新たに裁判長として起用した。彼のもとで一九三四年三月二十七日、裁判は再開。井上を含む十四名の被告たちが服役中にもかかわらず囚人服ではなく、羽織袴で登場、法廷で彼の愛国的動機に至るまでの心境を延々と述べた。

井上の証言は、彼のとった行動の基本に仏教信心が中心をなしたことに触れる。

「大体仏教的思想に依って導かれて来て居ります。それならば現在の日本に於ける大乗仏教の教義と云うものは素晴らしいものであります……大乗仏教が各派にどう分かれていっても宇宙の本質、本体、其所を担っております。真理をねらっております」[注42]

井上がこの証言で比較的、超宗派的な態度を示したとはいえ、日蓮や親鸞に対する感謝の念を忘れてはいない。つまり、このような宗派によって救われたことに。とはいえ、禅に関していえば、「私に禅によってここに到達することが出来た。禅は理屈は云いませぬから、言葉は出すわけに行きませぬが、そうしてきたわけだ」[注43]。

しかし、井上は宗教的な救いだけを禅に認めたわけではなく、彼にとって禅とはまさしく革命と同様のものであった。ゆえに法廷では、次のように述べている。

「俺は革命に生きるのだ。革命の雲水だ。しかし革命の成否は云わないが、少なくとも革命雲水だ。是が全生命だ、俺の全部だ。私はそんな気持ちでおりました。それですから、初めから禅に生きたから、改造運動のために自分を鍛えたという気持ちです」[注44]

だが、井上はただ「禅」の思想にのみ動かされたのではなく、仏教思想全体から得た基本思想を大いに彼のグループとの行動原理にとり入れた。こうして井上自身、彼のグループの行動に関する仏教への貢献を描き出した。まず仏教とは仏性の存在を説くもの、これは普遍的に存在するが本能によって隠され、結果、「無明」「執着」「堕落」が生じてくる。日本もしかし、比類のないほどの「国体」をもち、これは実に宇宙の真理そのものと一体となっている。だが、ここで人間の欲望、つまり金銭欲や権力欲が湧いてきて、「国体」なるものをつつみ隠すことになってしまう。その結果、二元的な思想が生まれ、最終的には「物心一如」の根本真理を見失ってしまったのである。ゆえに日本の国体とは比類なくすばらしいとはいえ、「堕落」も混乱もありうるものとする。

この点について裁判官は、井上に対し、次のように質問した。「結局、被告のいう本当の真如とか、そう云うことを現わしている日本の国体が曇っているというのだね」と。

井上はこう答える。「そうです。曇るのは何かと云うと、いろいろな煩悩があるから曇るのです。その煩悩を払わなければならぬと云うのです」[注45]

井上が言おうとするのは、彼とそのグループが自己本位的または自己弁護的な政界や財界の指導者たちを暗殺することで、この比類なき日本の国体の輝かしさを復帰させる以外の何ものでもなかった。彼の解釈する仏教の枠から見れば、彼らの暗殺にかかった犠牲者たるものは、単に国体を曇らせるにすぎなかったのである。

臨済僧山本玄峰の弁明

一九三四年九月十五日付朝日新聞の朝刊の見出しには、次のように書いている（第七十八回公判廷）。

「井上日召の魂の父、今日法廷に立つ、わしだけが判る、あれの心境、玄峰老大師きのう入京」[注46]

玄峰は同日十一時十分から次のように証言。

「山本玄峰弁護人法理のことは明鏡を胸にかけて審理せらる法官なり、又法理上の多少の問題の解釈に付いては弁護せらるゝ弁護士あり、自分は心地に付いて被告達の為に一、二陳べんとす。

先づ井上日召は永年精神修養を為せるが、其の中で最も宗教上の本体とする本心自性即ち仏教でいふ大円鏡智を端的に悟道す、大円鏡智は人、乾、坤、宇宙を映す鏡にして井上は、其の人、乾、坤、宇宙の本体を自己の本体とせる処に悟道したり。此の宇宙の真理の現はれが日本精神即ち日本国体にして日召の精神は茲に在り。国家今日の事情より血盟団、五・一五事件以来、自分に勝手の悪き人は別として公明正大なる人は誰一人として被告達の行為を悪くいふ人なし、自分が特別弁護人たることを引受けてより数十通の手紙を受取りたるが、其の中の一通を除く外は悉く《ことごと》国民精神と一致して本件を支持するものなり。然し乍ら日召初め之と同盟して各事件を起したる是等の人々の本心真意は到底筆舌を以て之を尽すことは不可能なるべし。

尚ほ、宗教に心を寄せ、殊に四恩十善を基とする仏教信者が何故斯る行為に出でたるかと非難する者あれども、仏は和合を本体とす。若し悪心を以て為すならば蟻一匹殺すも百三十六ありといふ地獄に堕ちるも日本のみならず、世界人間のみならず、仏は一切なるが其の和合を破り国家国体に害を為すものあるときは仮令《たとえ》善人と呼ばるゝ者を殺すも罪なしと仏は云ふ、故に仏体はみな仏の精神を表はしたるものなるが、其の仏体は阿弥陀様とお釈迦様を除く外は一として剣を持たざるはなし、彼の地蔵様と雖《いえど》も勝軍地蔵は鎗を持てり、斯くして仏教は人道の真の円満を根柢となすが故に、之を破壊する者あれば止むを得ず善人と雖も之を斬るなり。

井上は精神修養に努め自分の処に来居りたることありたるも自分は絶対に井上を許さず、夫れでよしと言ひたることなし。

然るに昨年十二月十四日の手紙に依り井上は今度こそ仏になりたり、天地と我と同根、万物と我が一体となりたりと思ひ、其の後面会して夫れを確め得たり。法は大海の如く漸《ようや》く入れば漸く深し、井上に本当に仕事をして貰ふのは是からなりと思ふ。

若し今、万一死刑となりて死するも日召の願は尽きず、是は自分が保証する処なり。

其の願は日本帝国の勝利のみに非ずして此の有色人種全体を生かすも殺すも奴隷とするも此の日本精神一つなり。

是位のことは承知し居らざる者は一人もなし。

自分は尚ほ申上げたきこと多々あるも、斯ることは十分研究せられ居る弁護人、又、真の明鏡を胸にかけて御裁き下さる法官各位も十分御承知のことゝ思ふ。

被告達も今は自分自身といふことなく、ただ法の裁きに委すのみと申し、真に神、仏の精神に帰し居るものと自分は絶対に信ずる旨陳べたり[注47]」

判決、その後

井上とその仲間は全員が有罪。判決は一九三四年十一月二十二日におりた。この際、藤井裁判長は、彼らの動機について、判決の中で次のように述べている。

「旧組織制度を廃棄することは破壊即否定、新組織制度を樹立することは建設即肯定にして而も破壊なくして建設は在り得ず究極の否定は即真の肯定なるが故に破壊即不二一体なり[注48]」

知ろうが知るまいが、この時の裁判長は伝統的な大乗仏教ないし禅の思想を述べたことになる。いわゆる悟りのないものから見れば、建設や破壊といった二元的な現象は別々に存在するかのように思えはするが、悟ってのちはこうした相対立する現象は一体のものであることがわかる。このような思想とは、本来が大乗仏教において二世紀に確立した、龍樹が「中論」に書いたように、万象の本質は「空」であるゆえに「涅槃《ねはん》」と一般社会、絶対と相対、有体と無体、そして善と悪もまたすべて一体であると主張する。ここで問題にすべきことは、龍樹のような中観派を祖師とした人々は、彼らの思想がやがて千年以上をへて政治的暗殺を企て、それをよもや正当化するための手段にできるものであったとは考えもしなかったはずである。

それはともかく、玄峰が望んだように、被告たちは死刑をまぬがれる。井上と二人の暗殺犯は終身刑。他の者は十五年から三年の刑。この判決は、当時の世相から見れば（特に左翼）、とてもゆるやかな刑である。さらに驚くことには、被告の十一名は一九三五年から恩赦を受けて出獄、井上自身、刑が年を追うほどに減刑、一九四〇年には仮出所。

その後は法律上きわめて稀なことに、彼の有罪判決そのものが取り消しとなっている。これでは彼がかかわった暗殺事件など一切なしという結論と見られたことはいうまでもない。井上が出所した翌年、昭和十六年四月二十九日天長節の日、「判決ノ効ナカラシム」[注49]との日本行刑始まって以来の特旨を受けとっている。

さらに驚くことに特赦を受けてしばらく後、当時の首相近衛文麿（一八九一―一九四五）と会い、彼は自分の邸宅内に家を与え、井上を側近の一人として迎えたのである。実際、近衛は一九三七年六月、首相になるや井上と彼の仲間の出所をとりはかるが、初めのうちはもたつくが成功するに至ったのである。二・二六事件の処理もあり、血盟団員の釈放が遅れたというのである。こうして暗殺集団のリーダーが独房から首相宅に住み家を移すなどということは、単に歴史的なストーリーという見方のみならず、井上の言葉を借りるなら、「日本の国体はどれだけ曇っていたこと」かよくわかるものであろう。

これはさておき、井上は自称仏教徒として二十数名の政界人、財界人の暗殺計画を企て、二人を暗殺。だが、彼には良心的なとがめが果たしてあったのかどうか。それは明確に次の言葉が示している。

「私は仏法の罪人ではない。仏法の罪人を撃ったのである[注50]」

彼のこうした自信や行動における正当性は、一体どこから湧いてくるのであろうか。それは次の文章を読めば、十分にうなずけよう。

「私は、自分が悟り得た宇宙の真理に立っていた。すなわち独自のものを信奉していたのである[注51]」

結論

両事件、つまり相沢事件と血盟団事件における禅的要素の共通性を探《さぐ》ろうと思えば、まず「暗殺」という以外はなく、両事件において、独特な性質があった点は認めざるをえない。たとえば

「相沢事件」では表面上、相沢自身の独断的な行動とした。ゆえに彼の禅的修行にもかかわらず、その行動は精神異常としての解釈が成りたつもの。ただこの論理を用いて井上とその仲間の行動にあてはめるなら、「集団精神異常者」と推定せねばならなくなるのか？

このように考えることは論理的に見れば、不可能なことではないにしろ、まれな現象ではある。特に今まで見てきたように、この二人の指導的役割に見られる禅の老師二人がかかわったことを忘れてはならない。山本玄峰は他の臨済宗の老師たちから高く評価をうけ、戦後まもなく（一九四六―一九四七）、妙心寺派管長に選出されている。もし彼までが精神異常者の要素を持っていたと推測しなければならぬなら、その病根は真に当時の禅の指導者たちの間では知れわたっていたはずのことである。

ところが、この出来事に対し、べつの解釈もできる。両事件に見る相沢と井上の行動原理は、かならずしも禅から生じたとはいわなくも、当時、禅の指導者たちの世界観にすでにとり入れられた価値観であったこと。ただし、社会論理から見れば、枠から外れていたといわざるをえない。では、この原理とは何であったのか？　彼ら（事件関係者）は、もし次にいう鈴木大拙の文章をすでに知っていたのなら、賛同したのではないかと思われる節が見られるのである。

「禅とは必ずしも倫理的行動について論じたのではなく、ただ人間が到達した結論が道理に叶おうが叶うまいが、すぐさま実施すべきである。哲学は哲学者にまかせばよく、禅は行動のみ。そのもっとも能率的な行動は、結論に達するや、ふりむくことなく前進のみ」[注52]

無外も玄峰も、直接的に行動はしなかった。だが、自分たちの弟子の行動を肯定したことは事実。この点は大拙のいう「道理に叶おうが叶うまいが……」とするものではないか。たしかに彼らは弟子たちが完全に悟っているとはみなさないものの、だが一方、自分たちは完全に悟っていると自称したことを意味づける。理性からはずれた行動を、禅の本質としてみなすことで、禅の指導者たちは「考える」という必要性を省いてしまった。すなわち、自分が何をなしているか、その結果は何をもたらすのか、その道徳性などを一切ここでは省いたのである。

これは大拙のいう「無心」の状態をいい、二元的な様々な現象、つまり「生と死」「存在と非存在」、最も注目すべき「善と悪」を超越することができる。[注53]「暗殺行為」を正当化するために、相沢も井上も自分の禅の教えを歪曲したと主張するならば、当時の二人を指導した禅の老師たちも同様であったのではないか、という事実にぶつかってしまう。無外が相沢を評価したとき、「破邪顕正の道念を禅宗の修行でますます固められた」と評した。

玄峰もしかり、次のようにいう。「仏教は人道の真の円満を根柢となすが故に、之を破壊する者あれば、止むを得ず善人といえども之を斬るなり」（前述の法廷での証言を参照）

一九三〇年代に見られる玄峰や無外のような指導者たちの国内で起きた暗殺事件における支援は、悲しいことに稀な現象ではなかったこと。これからの章で読まれるように、戦時中の禅の指導者に見る日本の外国への軍事侵略と深く結びついていること。つまり、すべてが「国のため」とみなしたことである。

だが、こうして日本の禅における倫理的あるいは、道徳的観念の欠乏ないし無関心さを考えるとき、禅ないし日本の既成仏教教団は、少なくともこの方面においては、はたして仏の教えに叶ったものであったのかどうかを強く定義づけるものであろう。

この問題に関しては、本書の最後の章でふたたび検討することにしたい。

第八章――皇道仏教の誕生

前の二章に述べたように、「左派」や「右派」の政府に対する反抗がありながらも、一九三〇年代の既成仏教教団の指導者たちの政府の拡大政策に対する姿勢はより明確となっていった。とはいえ、このような姿勢は日清戦争以来、着実に実っていたものである。そのために次に起こったことは同一線上の延長であり、同時に論理的な終着点となっていった。

この時期に表面化した皇道仏教の運動は、新しい現象というよりはこれまでに述べてきた様々な考え方における体系化であった。

仏教用語で説明すれば、皇道仏教とは「仏法」を完全に「王法」の指導のもとに置くことにあった。政治的に言えば、既成仏教教団は国家とその政策に一切の異議も唱えることなく従順そのものであった。

仏教と帝国

一九三〇年代の国家は、天皇によって象徴され、理論上、政府は天皇の支援と同意なしに何一つ行動は許されなかった。だが、真実であったかどうかは長年、学者によって論じられつづけているが、ここではその結論を出す必要はない。なぜなら、ここで問題となるのは既成仏教教団の指導者たちが、天皇制を教理学的にはどのように理解していたのかという点にあり、天皇が実際に司った政治力のことではないことをお断わりしておく。

〈佐伯定胤〉

最も明確にこの点を示したのが『護国仏教』という本に登場する。一九三八年一月、大倉精神研究所より発行。四つの論文で構成され、その一つが有名な法相宗法隆寺住職の佐伯定胤（一八六七―一九五二）によって書かれたもの。題は「日本仏教と国体観念」である。[注1]

定胤は論文の冒頭で、日本の皇室は何世紀にもわたり、日本の国家と社会にどれだけ貢献したことかと讃《たた》えている。特に仏教を日本に設立した聖徳太子（五七三―六二二）を賞讃する。

聖徳太子は、「今日此昭和の新文化を作り出します上に就きましても、どうしても聖徳太子を手本とし、聖徳太子の御理想に基づいて行かなくては、社会の改善と云うようなこと、浄化と云うようなことはとうてい出来ないことであろうと私は思うのであります[注2]」

聖徳太子は彼の時代における日本社会の最も模範的存在であったとする概念に基づき、定胤は聖徳太子が作成したといわれる十七条の憲法について論じた。特に第三条の「詔を承けては必ず謹め、君は則ち天也、臣は則ち地也」をとり上げ、次のように結論を出す。

「天皇は神聖にして侵すべからず……天皇の御詔勅は神聖にして侵すべからず、必ず謹め……[注3]」というわけである。

　このような文体の中には、仏教とは何ら関わりなしと思えるものの、定胤には大いに関わりのあるものであったことが次の文章で次第に明らかになってくる。

「仏の慈悲は法華にあります通り、三界（欲界、色界、無色界）を我が家とする、自分の領地、自分の家は、唯僅に是だけが自分の家だ、自分の生垣の内だけが、土塀の内輪だけが自分の家だとするのではないのであります。此広い所謂《いわゆる》三千世界、全世界の総てが我が家だ。世界の総てが家であります。故に全世界に居りまする生きとし生ける総てのものは、唯人間だけではありませぬ、動物に至りまするまで皆我が子であり、世界は此儘我が家であります。故に此広大無辺なる世界に棲息しつゝある生きとし生ける総てのものは皆我が子なり、救はずんばあるべからずと云ふのが如来の大慈悲であります。唯僅に自分のお腹を痛めた者ばかりが子でない、赤の他人と思って居る者も我が子なり、我が子でない者は一人もない。是が如来の大慈悲であります。其如来の大慈、大悲と云ふ其信仰、其理想を之を政治の上に施して見ますれば、日本の領土に居りまする国民は一人として、天皇の赤ん坊でないものはないと云ふことになるのであります[注4]」

〈福田堯頴〉

　護国仏教の中で、定胤だけが仏教を天皇と結びつけたのではなく、ここにあるもう一つの論文、「日本天台と鎮護国家」を元大正大学学長福田堯頴（一八六七―一九五四）が発表。大正大学とはユニークな存在で浄土宗、真言宗、天台宗が合同し設立されている。堯頴は、論文の冒頭において日本が「純大乗国[注5]」であることを主張する。その理由として、日本において天台宗を八世紀に設立させた最澄は、信仰のひとつとして日本人は「皆大乗菩薩となるべき人々ばかり」と指し、国民は

国家の宝であり、同時にまた国家を利する者のみならず、菩薩と君子とは一体であると説いた。[注6]

堯顗は早くも日本の仏教は、単にインドや中国の仏教とは同一視すべきではないことを指摘した。特に天台宗は、「深く日本の国民性に立脚を致しまして……鎮護国家の宗教として広められた」[注7]と説き、歴代天皇の思し召しによるものであるとつけ加えている。

〈椎尾弁匡〉

『護国仏教』の中には、もう一つの重要とされる論文がある。これは護国仏教の本質を知るには最適なもの。浄土宗僧侶椎尾弁匡（一八七六―一九七一）が発表したもので、彼はのちに大正大学学長になっている。論文の題は「皇道仏教」で、百三十二ページに及ぶ。

弁匡は、まず釈尊の一生と教えについて説明。現代仏教の観点から見て、インドにおいて残された仏教は中国のそれと同様、失敗で終わったという。ところが、日本の仏教は、「釈尊在世の仏教に近づくものが出来た」[注8]という。

日本仏教の純粋性を語るには、それはやはり聖徳太子に由来、つまり、「此の国土を一大僧伽として建設して行くことが……第一の問題でありました」[注9]ということになる。

なぜなら、「僧とは大きな和合体である」[注10]とした。さらに鎌倉時代になると、法然（一一三三―一二一二）、日蓮（一二二二―一二八二）、栄西（一一四一―一二一五）といった僧たちは、それぞれ異なった主義主張の中で一つの統一的見解があった。つまり「日本では此僧と云うことは国家なり」[注11]ということである。

弁匡が書いた論文の三章は、「卓越せる日本の国情《くにがら》」と題し、察するように日本の仏教は他のアジアにおける仏教国よりすぐれているというテーマを発展させたものである。次の文章がその内容を十分に裏づけている。

「印度の仏教は文明の為に崩れた。又支那の仏教は其歴史、国家が仏教の考へる所と全く相反して居りました為に崩れ、纔《わずか》に仏教の山寺を見出したにすぎない。所が日本の仏教は日本の国土の豊なる養ひに依りまして初めて仏教の本当に望んで居ったものが段々出ることになりました[注12]」

なぜ、いかに、このようになっていったかといえば、次のようになる。

「其、出ますする一番根本はどう云ふことにあるかと言ふと、是は日本の尊い国風民俗であって、国中に漲っては居りますけれども、実は其中心である天皇、皇室の御力に依て導かれ、育てられて来て居ったものであります[注13]」

第四章（皇道仏教の提唱）に入ると、皇道仏教の概念を述べるようになっていく。

「仏教が日本仏教として発達致しまするにも矢張さうでありまして、全く皇室のお蔭、殊に歴代天皇が身を以て信じ、身を以て導き給ひし為にそれが全うされて来たものでありまして、日本仏教の大なる特色は、固よりそこに高僧、篤信の人々の力に依て養はれたことはあるに相違ないのですけれども、其高僧篤信の人々が之を信じ、之を行って参りまするのにも、何時でも大詔に依り、皇室のお手本に依りまして段々全うされて来たものであって、此皇室、天皇を中心として育って参りました仏教と云ふ点が外の国に見ることの出来ぬものであります。此点が、一つの皇道仏教とも称すべきものを有って居る[注14]」

弁匡にとって日本仏教の歴史的本質とは、「国家的」ということにある。天皇とは国家であり、仏教と国家は一体であり、ゆえに天皇と仏教は一体であると主張する。彼は皇室の気質たるものを、次のように述べている。

「我が皇室の中に宇宙の大生命が宿って居ると云ふことを語るものでありますが、本当の命は本当の信仰にあり、本当の信仰は本当の信仰の道を見出して行く力にある。真に正しきを求むる者が正しきを見出したのである。我が皇室の中に宇宙の正義の中の最も正しき正義が見出され、宇宙の求道力の中の最も正しい正義が宿って居る。この真実を求めて止まざる力が九重の雲深き中にありながら、野に照し出されて、さうして真実の信仰を見出し育てて行く、正しい信仰を見出して行くのである。此力が日本に於て本当の信仰の世界となり、本当の宗教の発達となりまして、さうして色々の束縛や色々の偏見に捉はれて居ります所に常に新しい精神を盛って参ったのであります。それで言換へて申しますと、日本の精神と云ふものは、皇祖皇宗以来の長い力が一番何処に籠って居るかと云ふと、皇室に籠って居ります[注15]」

弁匡はさらにつづけて、正しき正義の根源をなすものは天皇の詔《みことのり》にあるという。つづいて、

「詔即ち国体であり、詔即ち命である。詔を受けて必ず謹しむ、君は則ち天なり、臣は則ち地なり（承詔必謹。君則天也。臣則地也）。天地の分は定まって居ると云ふことを仰せになって居る。詔を受けて必ず謹しむのである。斯様に教へられるのであって、私共が過去を眺めます時に、歴代の皇室は詔に依りまして、花一輪を供へまする供へ方も、線香一本上げまする上げ方も、経文を呉音で読みます読み方も、仏堂を崇祀する仕方も、悉《ことごと》く詔に依りまして建設せられて来たのであります。各宗派を見出して守ります力も、寺の中でやります一々の行事も悉く詔に依って定まったのであります。詔に依って行きますのが日本の仏教であります。是が他国の仏教と違ふ所であります[注16]」

彼は論文の終わりにきて、ようやく皇道仏教たるものの真の目的を説明。まず明治時代、天皇が発布したいくつかの詔があったことを述べた。そして、この時代「明治の御代は国民も詔に対して必ず謹しむ力が非常に強かった[注17]」という。問題は、明治天皇崩御の後、国民は次第に詔を正しく敬う力を失いはじめていたこと。特に昭和天皇に対してである。国民は、彼ら自身、「緩慢」になり

「弛緩」していったのである。

皇道仏教とは、日本民族のこうした欠落した国民性に対し正すべく形成されたものと弁匡はいう。

「正を履み中を執り恭倹業に服すると云ふことが即ち仏法であります。歴代の天皇が示し、歴代の皇室が導き為された所の仏法であります。斯う云ふ意味から見ますと、どうも大正、昭和に於ては詔を受けて必ず謹しむと云ふことが弛んで居る。そこに国体精神の弛みがある。そこに日本仏教の本当に現はれ得ざる所のものがあります。私共は斯う云ふことをずっと考へまする時に、日本仏教が過去に実に皇室の力に依って伸びると共に、今後益々皇運扶翼に率先して皇室の思召に遵ずることが本当の仏教を全うする所以であると思ひます。三宝を敬ふとは即ち詔を受けて必ず謹しむことである。この心を以て現実に深き反省を致したいと存じます[注18]」

弁匡がこのように仏教の三宝（仏・法・僧）を天皇が出す詔語に対し絶対服従を結びつけることで、彼のいう皇道仏教は、仏教と帝国とのこれ以上密着できないほどの結びつきをはかったものであったといわねばならない。

日蓮宗

皇道仏教はその後、超宗派的な運動へと発展する。たとえば一九三八年四月、『護国仏教』が発行されたわずか三ヵ月後、日蓮宗から幾人かの指導者が中心となり、「皇道仏教行道会」を結成。この会は日蓮宗僧侶高佐日皇を中心に賛否両論の中で、身延山久遠寺にて結成式をあげている。自称会員は全国で千八百人[注19]からあったといわれた。会則は次のようになっていた。

「皇道仏教とは法華経の妙理を以て日本国体の尊厳なる所以《ゆえん》を顕《あきら》かにし、大乗仏教の真精神を発揚して天業を翼賛し奉る宗教であります。是を高祖日蓮大聖人は王仏冥合の三大秘法と称して後世に発達完成することを遺嘱《いしょく》されました。即ち皇道仏教とは王仏冥合の三大秘法を現代の詞《ことば》に要約して銘した名称であります。……故に皇道仏教の御本尊は印度応現《おうげん》の釈迦牟尼仏ではなくて万世一系の天皇陛下で在らせられます。又曼荼羅《まんだら》は本仏果海《かかい》の十界当祖ではなくて日本国民が天皇陛下の御稜威《みいつ》を奉戴して分担精勤する諸職業であります[注20]」

真宗

真宗ではやや遅れをとったものの一九四二年六月、皇道仏教に参加。この時、本願寺派が『恩一元論――皇道仏教の神髄』という小冊子を発行。中に次の一説がある。

「真宗では根本弥陀の願意よりして、人の世に処し国民としての生活をなすに於ては、王法を以て本とし、勅命に絶対随順したてまつれと教へてゐるのである。したがって反対に叛逆罪《はんぎゃく》を犯すものは、弥陀もこれを救はないと除却してある。ゆへに真宗の教旨が、皇国体に順ぜないなどといふことのあるべき道理がない。すなはち弥陀の救済に安住するが故に、よく皇国の良民となり得る所以があって、真宗こそ最もよく皇国体にかなふところの宗教であり得るとされやう[注21]」

翌年三月七日、大谷派もこの運動に参加。この時期は第二十四回宗議会が開かれ、その際、審議内容を紹介するページの見出しには「決戦宗議会」あるいは「皇道真宗として御奉公の道確立」といったふうになっていた。

大谷派にしては、「皇道真宗」とは天皇の宗教的な絶体的権威、政治上の最高権力者、軍隊での最高司令官であることを認めた内容である。とはいえ、何もこのことが目新しいことであったわけでない。近代浄土真宗の学者大東仁は、次の文章でこの事実を立証する。

「少なくとも十五年戦争中は、その中身（具体的な行動）も『皇道真宗』だったといえます。いや、正確にいえば明治・大正をへて十五年戦争当時に完成したというべきでしょう[注22]」

大東のいうところは、真宗に適応したばかりか既成仏教教団の全体にあてはまるもの。特に、禅宗の行動においていかに適応できたかという点を、次の章でとり上げることにする。だが、その前に既成仏教教団は、戦争自体を教理の上でどのようにとらえていたかを知る必要がある。なぜなら、天皇の詔を疑いもなくいかに敬おうとも、やはり仏教でいう不殺生戒と帝国軍人たることの矛盾があったはずではなかったか？

仏教と戦争
〈林屋友次郎・島影盟〉

日本の国体にかなった仏教と戦争の教理的理解を打ち出したのが曹洞宗に属した二人の禅学者であった。この本が誕生したことで、既成仏教教団はためらうことなく戦争支援に回ることができたのだった。一九三七年、駒沢大学林屋友次郎（一八八六—一九五三）と島影盟（一九〇二—？）によって出された『仏教の戦争観』——これほど適した題名があろうか。

この本の序文で林屋は、「近頃、戦争に関する議論が各方面に盛んであるが、仏教の上に於ては、まだそれが殆んど現われていない」ことを遺憾であるといい、加えて「経典にはそんなにはっきりと戦争に関して説かれているのではない[注23]」という。にもかかわらず、「特に仏教の慈悲心と、苦よりの解脱の方法に立脚して、いささか述べ」たいという。

この書の本文一ページ目に、日中全面戦争の勃発がこの問題をとり上げる機会となったことが書かれている。彼らは一九三七年七月十二日に発表された既成仏教教団の戦争支援に対する声明文をとり上げる。これは超宗派的組織の「明和会」が発表したものである。全文は次の通り。

「東洋保全の皇謨を奉戴し、有色民族十億の人道的運命を荷負せる皇国日本の国民同胞は、いま真に痛むべく又その暴戻を断つべき北支事変の勃発に直面せる以上は、既に帝国政府の中外に対して声明せる切々たる想願の趣旨に基き、仏教各宗派を通ずる実動国体明和会は愈々切迫する大国難打開に向って一致協力、進んで現地に於ける第一線に進出して皇軍慰問及び居留者擁護等に努力、更に国内的には国民精神総動員の為に不惜身命の御奉公を期せむとするものである。茲に日本仏教徒としての確乎たる覚悟を表明する次第である[注24]」

この声明文には、中国側から抗議文が寄せられ、中国での仏教者たちはかなり刺激を受けたことが認められた。ところが明和会としては、この抗議文は何ら正当性はなく、自分たち明和会の立場を再認識するため、一九三七年七月二十八日、次のような談話を発表した。

「東亜永遠の平和を確立せむが為に、仏教の大慈大悲、発しては攝受《しょうじゅ》となり、又折伏《しゃくぶく》となる。この已むに已むを得ずるの大悲折伏一殺多生は、これ大乗仏教の厳粛に容認する處である。……従来、白人本位人類不平等の人類史に一大転機を与え、世界史の進行中、邪道よく正道に転向せしめて、新文明建設、真の平和人類の幸寧を実現すべきである。如上優大なる世界観に立って真実なる日支親善を実現することこそ、大乗仏教徒の使命であり、責任である[注25]」

著者たちは、このような中国と日本の仏教者たちの議論の中に双方の違いを感じとった。その違いを次のようにいう。

「大体に、如何なる理由があっても絶対に戦争を避けるのが仏教の道であると観てゐるのが支那の仏教徒であり、理由のある戦争は進んでやってこそ仏教の大慈大悲に叶ふ所以であるといふのが日本の仏教徒である[注26]」

中国と日本の対立が、長い歴史の中で、歴史的にも地理的にも深い根を持ちつづけていたことを認めつつ、同時に両国の民族性にも由来することを主張。だが、より基本的にいえば対立の原因は両国民の間でいかに戦争をとらえるかという点であった。だからこそ、彼らの書は九十六ページにもわたり、この点について言及する。

最初に、仏教とは元来戦争そのものを善くも悪くもみなさないと指摘。その理由として、仏教の世界観において何ひとつ、戦争も含め、「自性」をもつものはなし、とした。そこから達したのが次の結論である。

「仏教が戦争を悪いとも善いとも定めないといふのは、形の上の戦争を見ないで、その目的を問題にするのである。そして、善い目的を持つ戦争ならば善いとし、悪い目的を持つ戦争をば悪いとする。仏教は仏教の心に叶った戦争を是認するばかりではない。もっと積極的に動く時は、仏教自身が戦争主義者でさへもあるのである[注27]」

戦争とは善でも悪でもないと確立させた上で、著者たちは自分たちの主要テーマに集中、つまり戦争とは仏教の目的を達成する方法であることを主張するに至ったのである。こうして彼らは、「仏教の戦争はどこまでも手段としての戦争である。目的は衆生の救済、衆生を正しく導くといふことにある[注28]」と書いた。

大衆を救済し、正しく導く役目は、仏教の保護につとめた歴代の天皇にある。事実、日本の天皇とは仏教でいう理想的な四王の一人のあらわれであるとした。その名は「金輪聖王」。天皇をなぜ日本仏教が「金輪聖王」とみなしたか、その理由は「天皇が俗界の如来であるのを意味するのである[注29]」とした。

「金輪聖王」の特色の一つに、「国民の知恵の低さ」から、この王は徳のみで国を治められなかったゆえ、法や税金、ひいては武器までを用いざるをえなかったこと。これは他国間においても同じことがいえた。相手国に「不正」や「不法」があった時、「金輪聖王」は「折伏《しゃくぶく》の武器を執らねばならない」のであった[注30]。

ところが、「金輪聖王」が武器を手にする時、怒りや憎悪の念に駆られたのではなく、慈悲心よりのものであったこと。要するに親が子供に愛の鞭を与えるのと同じことだという。これは慈悲の行為であり、「子供の人格を完成させると同時に幸福を得るため」であるという[注31]。

著者たちは「金輪聖王」が権力（武器）をふるう時、かならずしも慈悲の行為と見えるばかりではないが、その目的があくまで仏教目的を達成させせんがためゆえに、「仏教的に観て社会の進歩を促す力として働いているものと見られるのである[注32]」。

天皇と理想的仏教の聖王に関する締めくくりに、仏教の生命保護は生命保護のために存在するものではないという。つまり生命は慈悲心の流れから保護されるもの、ゆえに戦争における大衆虐殺を否定しない理由は、戦争そのものがより強力でより深い慈悲心をもたらす必然的な行為であるとみなしたのである。

戦争を慈悲の行為とみなすのが「仏教の戦争観」や「明和会」の宣言においても見られるが、くわしい説明が本文に書かれている。林屋と島影が指摘するのは、仏教によって是認された戦争の最も重要な要素とは「国家を生かすこと[注33]」とした。

彼らは戦争とはまちがいなく生命上にも経済上でも高額なものではあるが、「最も重要なことは国家そのものが明朗堅実な存続といふことである[注34]」と指摘する。

戦争が国家を生かすために不可欠な時、「猶予なく最善の戦争を戦ふべきである[注35]」と書いた。こうした状況の中で国民は「国家の成員として国家と一心同体であり、国家を離れての国民といふものはあるべきでない[注36]」とした。確かに戦争によって一人一人の生命を奪うことはあるにせよ、著者たちにいわせれば、決して一人一人にいいことがないわけではないという。なぜなら仏教によって是認された戦争とは、国家を完成させるべく目的があるばかりでなく、個人を完成させるべく目的をも持つものという。事実、「個人個人が完成されていれば戦争は起こり得ない[注37]」と結論づけたのである。

著者たちいわく戦争の原因は、「あまりに智恵の浅い人間そのもの」にあり、絶対に「金輪聖王でも国家でもない[注38]」と書く。ゆえに金輪聖王が武器を手にする時は国家を完成し、人類を向上させることにあったとも指摘する。それは衆生救済を慈悲としての行為であったともいう。そして「戦争は戦争を続けるためではなく、戦争をなくすためのものである。戦争の戦はるべき理由はあるのである[注39]」と書いた。つまり、戦争をなくそうと思えば、国家の完成と国民の完成にあるものとした。

彼らの書で第三章五項目に「敵にも利益を与える戦争」という題がついていて、当時の首相近衛文麿（一八九一―一九四五）によって一九三七年の北支事変の際に出された声明文で始まっている。彼は日本が中国を侵略しているのではなく、相互に相扶《たす》けているとの言い分であり、相扶け合う目的とは、「日本の利益のために支那を犠牲にするといふことではなくして、日支互に平等の立場に立って、相互に相扶け、以て東洋文化の発揚、東亜の興隆に貢献する」ことにあって、支那の「領土保全」を建前とし、「支那民族が一日も早く反省して」「東洋民族の本然の姿に還って」「東洋の文化、東洋の復興のために、日本と提携せんことを求めるのを趣旨とする[注40]」と書いた。

著者たちの言い分は、この総理大臣の発言は仏教がいう概念とまったく一致するものであるという。それゆえに仏教の責任として中国でさえもこの戦争を通して何らかの利益を得るべきだともいう。このような考えが日本側に生じた理由には、「世界でもっとも仏教精神を理解しているのが日本である[注41]」ということにある。では、中国は日本との戦さで、どのような利益が得られるのかということになるが、それが何であるかといえば彼らの言葉によると、「その不当を是正し、反省を求めるのである」[注42]ということになる。

最後に彼らは今後、いかにして戦争を防ぐことができるのかと論じている。彼らにいわせれば、その鍵を握っているのが仏教でいう「四諦の原理」（仏教の基本的な四つの教え）を深く理解せねばならないという。

個人の場合は苦を解脱すべく、この四諦を理解せねばならないが、これは社会全体にも同様のことがいえる。個人も社会も、「煩悩」によって現実と理想は隔てられてしまうもの。この隔たりが不正のもととなる。この不正を正さない限り、苦をなくす望みはまったくなしという。

もちろん、この問題の原因は中国側の四諦の理解不足によるものといい、のみならず中国人は、「仏教の精神が皆無である」[注43]とまで言いきる。さらに結果として中国側は戦争の原因が自分たちの中にある煩悩がそうさせたということが理解できていないとの二人の言い分である。

「その点に気がつくなら、国家の悩みを解消するには、政治を正しくして、国力を恢復《かいふく》することが肝要である」[注44]

あげく著者たちは日本が発展していく段階で国力充実の過程において、「欧米諸国からたえがたい屈辱をうけ」[注45]たと主張。中国も国力を充実にさせるべしであるが、あいにく中国人には国家観念がなく、政治家たちはただ「私利私欲」に走るばかり[注46]、このような状況では中国を救えるのは日本以外どこにもないこと。

二人はこうしたことを実際書いてはいないが、そのようにいわんばかりであった。本文の締めくくりにほぼ類似することが書かれてある。

「世界人類の知恵が高まれば、戦争の起こる原因がなくなるために戦争もないのである。人類が戦争をやめることのできない事情にある時は、我をも敵をも生かす慈悲の戦争をやるより仕方がない。慈悲の戦争に依て交戦国相互も共に向上し、戦争が戦争を駆逐して行くのである」[注47]

ところが、戦争が戦争を駆逐するまで日本は中国に対し「慈悲の戦争」を継続するばかりか、たえず拡大の必要があるという。この間に日本の既成仏教教団の指導者たちは全面支援と協力を惜しむこともなく、アジアでの最もすぐれた仏教徒としての宗教的義務感に目覚めていったのである。

〈古川碓悟〉

一九三七年に同様の論評、つまり戦争と仏教に関するものが出ている。『躍進日本と新大乗仏教』という題で、著者は当時ラジオなどでよく仏教評論を説いた古川碓悟であった。序文によると彼は、三十年以上も仏教関係の教育事業にたずさわっただけでなく、彼の「後年は陸軍将校生徒に対する精神教育に従事した」[注48]人物。彼はいかなる目的でこのようなことをしたのかといえば、「我が国思想界の最大指導者たる仏教をして、その印度式消極的態度を改めて日本式積極的態度たらしめ、一方これによって世界の転輪聖王国にして同時に実力的救済者たるべき『道の国日本』の推進力たらしめん」[注49]と熱願した。

古川の書は、その意味において仏教の戦争観を拡大しただけでなく、より極端な面も含まれていた。たとえば日本は単にアジアにおいて最も先端を行く国であるのみならず、「現在唯一の仏教国たる」[注50]と主張。さらに北支事変について論を下し、「今や我が国も亦此の剣によって満蒙に第二の神国を建設し、すすんで支那に、印度に、神国を建設」という。これによって日本は神国として世界を「仏教の所謂《いわゆる》浄仏国土[注51]とすることも空想ではない」と書いた。

このような論理に基づいて、日本の仏教者たちに古川はこう呼びかけた。

「全国の仏教者よ、奮然起って此の萬古難遇の聖業に参加せよ、国際連盟何するものぞ、英米何者ぞ、矢は既に弦を離れた。寸毫も躊躇すべきでない。断じて行へば鬼神もこれを避く、たゞ勇往邁進あるのみである」[注52]

古川は第二章で仏教と戦争の関係を中心に書く。仏教の戦争参加が教理的には何ら問題はないこと。だが、初期原始仏教においてはこの立場をとっていないことを認めた。彼によれば、社会は次第に複雑になり、仏教徒の数がふえるにつれ、この仏法を守るためには武力も時に必要であるとの自覚である。だからこそ大乗仏教に属す仏教徒は、小乗仏教に属す仏教徒とはちがって、初めて正法を守るために殺戮をあえて容認。また、大乗仏教者は、次の事実を自覚していたともいう。「不殺生戒を以て如何なる時如何なる場合にも、文字通りに厳守せんとするが如きは絶対に不可能である。同様に如何なる場合にも、殺人的行動を否定するといふが如きは非常識の甚しきものである。仮りに斯の如き事を固執したとすれば、人類社会は一日も維持出来る性質のものではない」[注53]

このような論理の上にたって古川は、正義戦であるなら、仏教側は当然是認すべしとしたのである。そして北支事変へとあてはめていった。とすれば、「今回の対満戦争は普通道念より見て正義戦であることは、如何なる論者も日本人である限り承認して居る。即ち我が国の正当なる権益の擁護戦であることには異議はなからう。……我が国今回の対支行動が正当なる以上は単に我国のためなるのみでなく、東洋のため又世界のため否進んで支那其国のためにもなるべき筈である」[注54]ということになる。初期原始仏教が本来は平和主義であったはずが、複雑なる社会と大乗仏教が到来したことで、その平和主義たるものを放棄した点に古川は、「仏教の戦争観」を書いた著者たちとは若干異なるものがある。

しかし、結論的にいえば何ら変わりはなし。特に双方の書にある主張は、日本が戦争を開始したことの理由が「中国に利益をもたらす」ことにあった点、これは驚きに値する結論である。

この二冊の書が皇道仏教の運動と同様、超宗派的なものであったこと、だが各宗派において独自の戦争支援活動はひきつづき行なわれていたのである。それぞれが自分たちの新聞、雑誌、布教資料を利用し、宗門の信者たちには戦争支援を呼びかけた。次にあげる二つの例は、その代表的な宗門活動である。

一九三八年七月、政府側が「国民精神総動員令」を発した際、時の永平寺貫首秦慧照（一八六六―一九四四）は、大法輪に次の論文を発表する。

「尤《もつと》も釈尊《しやくそん》は因地修行の際、義ある戦ひをなされたが、その功徳によってこの世に仏として出現されたといふこともあるのだから、義ある戦ひは、仏教のうちの一つの仕事であると云へるし、敵国降伏といふことも、やはり仏教のうちの一つの行事に数へられてゐるのである。今日このやうな美事な戦果を収め得たのも、国民の念力が與《あづか》って力あることゝ思ふ[注55]」

一九四二年になると、天台宗は九十六ページからなる布教資料を発行した際、序文には次のように書かれていた。

「大東亜戦争下の新年を迎へ無敵皇軍の威容を祝福し奉り茲に布教資料第二輯を発刊して諸賢の教材に呈する次第である。これによって民族精神の精華たる仏教と新時代に処する理念を闡明《せんめい》にし、鎮護国家済世利人の殉国精神布演の資として活用せらるれば幸甚である[注56]」

これらと同様に、各宗派が発行した無数の資料が語るように既成仏教教団たるものと国家と天皇制が一体となっていたこと。その指導者たちは、自分たちの教理と日本の戦争政策に対し、いささかの矛盾点がありうるはずの認識さえもまったく持っていなかったのである。

第九章──皇国禅、そして軍人禅の登場

日本での禅宗二大本流を成す臨済宗及び曹洞宗の「戦争支持」は、他の既成仏教教団とは決してかけ離れたものではなく、全面的な協力体制の渦中にあった。なぜこの点が重要であるかといえば、ロバート・シャーフがいう十九世紀後半から日本の禅を奨励する人々の中で、禅とは単に仏教の一派のみならず西洋における精神の神髄であり、日本文化の中核を成し、民族の自決性の鍵を握るものである。[注1]つまり、禅者たちは、自分たちの独特な宗教観があると主張しながらも、実際、戦争協力という点ではなんら他の宗派とは変わったものではなかったのである。

時の知識人たちは、禅者たちの主張は先に述べたように十九世紀の後半より禅というものが東洋的精神の中核を成したといいつつも、だが一方では、別の流れとして日清・日露での勝利が古来から受け継がれたといいわれる武士道の精神から生み出されたものと主張した。これに対し禅者側は、

武士道たるものの日本そのものの中核であると対抗した。だが、もし禅と武士道、双方が日本文化の中核を成す代表とするなら、おのずから疑問が湧いてくるはずである。表面上まったく異質であるはずの双方、たとえば禅とは精神的な要素が強く、一方、武士道とは戦さゆえの精神道、しからばなぜ両者がいかなる関連性をもつものか。

その答えはやがて登場する「皇国禅」を理解するための鍵である。禅と武士道の歴史的関係は、本書において必要ではない、その理由として、ここで問題になるのが、明治以後の禅者たちが、いかに禅と武士道の関連性を説いたかにある。要するに、明治以後の禅者たちはこの関係において、自分たちの強大な戦争支持をいかに正当化したかにある。

禅と武士道の関連性

明治時代における禅と武士道の相互関係は、早くから日清、特に日露戦争の頃からあった。釈宗演や南天棒、そして彼の弟子であったとされる乃木希典にもうかがえる。禅と武士道の相互関係が驚くべき宗教的立場の人物からうかがい知ることになる。

新渡戸稲造博士（一八六二―一九三三）による英文の書『武士道』が一九〇五年に発行された。この本において驚いたことは、彼は仏教徒ではなく、キリスト教徒であったことを序文で述べている。だが、武士道たるものを「私は被告の態度を取りうることによって、私が少年時代、封建制度のなお盛んであった時に教えられ語られたことである」[注2]。

第二章「武士道」の淵源で、彼は武士道と禅の関係を次のように解明した。

「まず仏教から始めよう。運命に任すという平静なる感覚、不可避に対する静かなる服従、危険災禍に直面してのストイック的なる沈着、生を賤《いや》しみ死を親しむ心、仏教は武士道に対してこれらを寄与した。ある剣道の達人〔柳生但馬守《たじまのかみ》〕がその門弟に業《わざ》の極意《ごくい》を教え終わった時、これに告げて言った。『これ以上の事は余の指南の及ぶところでなく、禅の教えに譲らねばならない』と」。[注3]

新渡戸は「禅の教え」についてこまかい説明はしてはいないが、それでも次のように述べている。

「その方法は瞑想である。しかしてその目的は、私の領解する限りにおいては、すべての現象の底に横たわる原理、能《あた》うべくんば絶対そのものを確知し、かくして自己をばこの絶対と調和せしむるにある。かくのごとく定義してみれば、この教えは一宗派の教義以上のものであって、何人《なにびと》にても絶対の洞察に達したる者は、現世の事象を脱俗して『新しき天と新しき地』とに覚醒するのである」[注4]

新渡戸の禅に関する説明に限りはあったが、近代日本における武士道の役割についてはかなり書いている。

「旧日本の建設者であり、かつその所産たりし武士道は、現になお過渡的日本の指導原理であり、しかしてまた新時代の形成力たることを実証するであろう」[注5]

新渡戸は近代日本において、なお武士道が影響を及ぼしていることを立証しようとしたとき、日清戦争においてなお健在であったことを強調する。

「『矮少ジャップ』の身体に溢るる忍耐、不撓ならびに勇気は、日清戦争において十分に証明せられた。『これ以上に忠君愛国の国民があろうか』とは、多くの人によりて発せられる質問である。これに対して『世界無比！』と吾人の誇りやかに答えうるは、これ武士道の賜である……」[注6]

それでは未来はどうなのか？　新渡戸はこの本の最後の章で、このテーマに集中する。一方で、封建社会――つまり母たるものがなくなって武士道は孤児となったことを認める。さらに彼は近代日本の軍隊が武士道を保護しようとしてはみても、「吾人の知るごとく、現代の戦争は武士道の絶えざる成長に対して大いなる余地を供しない」[注7]。

では、武士道たるもの、やがては消滅するのか？

読者は、新渡戸が武士道はやがては消滅するとは思っていなかったことに驚きはしないであろう。反して彼は、この本の最後に次のように書いている。

「武士道は一の独立せる倫理の掟《おきて》としては消ゆるかも知れない、しかしその力は地上より滅びないであろう。その武勇および文徳の教訓は体系としては毀《こわ》れるかも知れない。しかしその光明その栄光は、これらの廃址を越えて長く活くるであろう。その象徴《シンボル》とする花のごとく、四方の風に散りたる後もなおその香気をもって人生を豊富にし、人類を祝福するであろう。百世の後その習慣が葬られ、その名さえ忘らるる日到るとも、その香は、『路辺に立ちて眺めやれば』遠き彼方の見えざる丘から風に漂うて来るであろう。――この時かのクエイカー詩人の美しき言葉に歌《と》えるごとく、いずこよりか知らねど近き香気に、感謝の心を旅人は抱《いだ》き、歩みを停め、帽を脱りて空よりの祝福を受ける」[注8]

もしも彼が戦場に赴いていたならば、どのような「香気」を感じたのであろうか？　皇道仏教を主張する者は、まるで日本の中国侵略は相手国のためと驚くべき主張をする。そして新渡戸の知力は、これに匹敵するごとく絶対的平和主義のクエーカー教徒の詩と日本の武士道を結びつけたのである。

〈忽滑谷《ぬかりや》快天《かいてん》〉

彼は曹洞宗の学僧であり、一九一三年、ハーバード大学で教えた時、『サムライの宗教』という本を出した。これは新渡戸が『武士道』を出版して八年後のことである。これは本書の第五章ですでに述べてあるが、彼は次のように述べる。

「武士道たるもの……戦場での日本軍兵士によってのみ従われるのみならず、すべての国民は日々の生存競争の中でさえ従わねばならなかった。

もしも人間が獣《けもの》ではなく、人間であるならば、サムライであらねばならない。サムライとは勇敢、かつ寛容で正義感が強い、かつ忠誠心があり、男性的であり、誇り高く、自尊心に満ち、自信に溢れているると同時に、犠牲的精神に満ちていた」[注9]

快天は、この将来における武士道の使い方を二つの重要な点において予期していた。

その一つは、各市民は新政府樹立後も武士道たるものを受け入れることを望まれていた。これは日本社会全体の軍事化の準備段階といえよう。第二は、サムライには寛大さや正義、忠誠心などの美徳に替えられてはいたが、時の経過につれ、特に一九三七年以後、自己犠牲的な精神は武士道の神髄であると主張するようになっていった。

〈釈宗演〉

釈宗演もしかり、国家の前進に、禅はいかに貢献《こうけん》が可能であり、実施すべしとつづいて主張した。こうした関連の中で、『武士道』の近代的意義について『快心快馬』を一九一九年に出版している。この時期は、奇しくも第一次大戦が終結した直後であった。

ここでもまた、戦争なるものが日本の軍事力の中での禅の貢献において口実となった。

第一次大戦でドイツと対戦した際、宗演はどんどんエスカレートする国民の中での物質主義及び極端な「黄金崇拝」、それに準じての堕落に憤慨した。彼の心のうちで、そうした問題の解決を明瞭、簡単に、「我が国民全体が武士道的精神に統一せんことを希望するのである」と説いた。宗演は快天同様、武士道の神髄は「克忠克孝の犠牲的精神[注10]」にあるという。

かれは武士道と禅の関連性を、それではいかに位置づけようとしたのか。

「此の禅的修養の力が発して武力ともなり、善政ともなり、其他凡《あ》らゆる方面に関係して、鎌倉時代に於て、我が武士道が大いに発達したのも、此の仏教の真髄たる禅の道が、與《あずか》って大に力ありと云って差支へ無いと思ふ[注11]」

禅の修行によって養われた力が、軍事力に転換できる信念とは、その後の日本での戦略においてより重要な力となっていった。事実、本書の後半に書いたが、「皇国禅」が登場した際の基盤となっている。このこと同様、もう一つの禅の側面が、宗演にとっては禅によって力づけられた武士道の近代的な役割は軍人に限ったことではなく、一般国民にも適用するものであった。こうした点は、次の引用文において強く主張している。

「今日吾が六千万の同胞が、世界的戦争の渦中に在って、軍人は勿論実業家も、政治家も、誰れも彼れも、皆な能《よ》く此の武士道的剛健勇猛の気概を具《そな》へて居るであらうが、将来、経済上の戦争に於て、果して痛絶快絶なる大功を立つる者があらうか、聊《いささ》か疑ひなき能《あた》はずである[注12]」

ここにあるように、宗演にとっての「武士道」とは実に多方面に重要な役割を果たしている。特に、やがてくる「経済戦争」にも価値あるものとみなした。

〈笛岡清泉〉

「禅と武士道」との関係は、いくつかの禅の専門書や幾人かの国粋主義的な禅の指導者に限ったことではない。それどころか、禅におけるもっとも単純な入門書においても書かれてある。一つの例として笛岡清泉が一九二九年に発行した『禅の手引き』にも、同様に見られる。

清泉は、禅と武士道におけるいくつかの歴史的事件を通して、その関係を解明しようとした。そして解明するにあたり、次のように述べている。

「禅が日本に伝わったのは鎌倉の初期で、所謂《いわゆる》武士道勃興の時代であったが、禅の簡明直截な教理は深く当時の簡弁果敢なる士風に投じ、殊に、その生死《しやうじ》の問題を説くことが頗《すこぶ》る明快で徹底的であった点が、生死岸頭《しやうじがんとう》に立つ武士の修養には最も適したものであったので、非常な勢を以《もつ》て其《そ》の間《あひだ》に帰仰《きこう》せられた[注13]」

ここで最初に紹介する事件とは、禅と武士の精神との歴史的関連性において、おそらくや歴史上最も有名な事件であるかもしれない。

この事件とは、鎌倉時代、北条時宗（一二五一―一二八四）と彼の師匠であった中国人禅僧、祖元禅師（一二二六―一二八六）と交わした言葉にある。このとき時宗は、およそ二十年にわたり、モンゴルからの襲来に直面していた。清泉によれば、モンゴルからの襲来者が船で日本を攻撃すると予想する時期に、次のような会話があったことが残る。

『「大事到来せり」といひ、禅師に「如何が向前せん」と一拶せられて「喝《かつ》！」と身を躍らし、威を振って大喝し、「真の獅子児、よく獅子吼す[注14]」』

もしこの会話が日本での禅の修行と戦さのための精神修養とを関連づけた最初の事件とするなら、同時に清泉に、最後に「国威を発揚した」ことにもなるといわしめた。このような武力にともなう事件は、「歴史に於ける諸英雄が禅によって精神を修養し、胆気《たんき》を煉った事跡は枚挙に勝《た》へない」といい、「全く禅剣同一機の趣《おもむき》がある[注15]」と。

清泉は読者たちに禅の精神に満ちた武士道が、その時代の日本における意義の深さを知らせたかったのであろう。

「禅の悟は才ではない、力である。経験から得るものでなくて直に本性本体から湧き出る力である。……この一乗法は、文武芸術総ゆる方面に応用して、その根底となり、力となって、どの方面にでもそれぞれの知識技能をして精一杯に、自在無碍《むげ》に、理想的に発揮せしめるといふのである」[注16]

近代の日本において、だれもが禅の力を活用できる。だれもがその生死の問題を説くことがすこぶる明快で、徹底的であった点をこうむることができる。

一九三一年九月の満州事変の際とその翌年、日本国傀儡《かいらい》政府を設立した満州国によって日本は、中国を中心とするアジア大陸における軍事活動を拡げる時期に突入する。こうした状況は、禅と武士道及び国家の結束をいっそう強化する必要性があった。これに応じるかのように、曹洞宗禅僧飯田欓隠が登場する。

〈飯田欓隠《とういん》〉

先に述べたように欓隠が乃木大将を絶賛したと考えたとき、一九三四年、彼が出した『参禅漫録』の中で、「武人禅」と題する一章を書いていることに驚きはない。この章での第一部「禅と武士道」、第二部「大和魂とは何ぞや」、第三部「日本民族の精華」、第四部「忠の萬里一條鉄」、第五部「忠義の花」といった項目にあるように、ここでは彼がいわんとするところがよく見えている。このような考え方は、日本特有のものとして存在し、「外国人にはこれが分からぬ」と述べている。

欓隠は、彼の主張を、同じ章の第八部に「武人禅の極致」と名づけ、要約している。その中軸は、次のとおりである。

「古来の武士が禅に参じた例は、実に枚挙に遑《いとま》がない、禅がいかに武士道に力を与へたかを知るがよい。近頃も幸に軍人間に禅宗が流行するは、実に悦《よろこ》ばしきことである。

お互にいくら坐禅しても今日の事に役にた〻ねばやらぬ方がよいのである、今死んでもよいか、笑って瞑《めい》することを得るか、危に臨んで変ぜざるを得るか、大義《たいぎ》親《しん》を滅する大勇ありや否や、乞ふ眠りより覚めよ、乞ふ名利の心を抛《なげう》てよ、禅なくんば人《ひと》なし、人なくんば国なし、この国を賭してまで名利に走らんとするか。これをしも忍ぶべくんば又何をか忍びざらんやぢゃ。それ禅は仏法の総府なり、自未得度《じみとくど》先度他これ吾人の行願にあらずや。三世の大師四生の慈父、これ吾人の予期にあらずや。望むらくは楠氏の七生誓《テ》亡二朝敵一の端的、広瀬中佐の誠哉々々艶不レ已、七生《タビレテ》二人間一報《ニゼン》二君王《ニ》一の高潔氷雪よりも清き赤心こそ大和魂の真精神ではないか。霊山一会儼然未散《げんぜんみさん》ぢゃ。それ死は万事を終ふるものにあらざるなり。勢力不滅物質保存は天下の通論なり、力多きだけそれだけ残る者が多いのである。大に猛省せねばなるまい。

武人禅はただ武士となればよい、現世も、未来も、未生已前《みしやういぜん》も、只《ただ》武士となれば足れりぢゃ、勇猛一機進《ンテ》不レ退《カ》、これ武人禅の極地である」注17

彼は六十歳の時（一九二〇年）、正式に出家する。原田祖岳（一八七〇—一九六一）の弟子となり、やがて彼の法をつぐ。祖岳自身の思想たるものは、のちに登場する。いうなら、仏法の灯を師から弟子につぐという意味は、「伝灯」と表現する。欓隠の好戦的な思想を思うとき、ならば、灯と裏腹にある「闇」の部分をも伝えたといわざるをえない。この師弟には、同様の思想の流れがあったことはのちに述べるとする（大法輪での座談会にて）。

一九三七年の初め、日本と中国が全面戦争に突入の可能性が高まった。戦争が近づくにつれ、「禅と武士道及び皇軍の関連性がより明らかになる」。ここで注目すべきのが、この大法輪が主催

釈宗演

沢木興道（「大法輪」提供）

鈴木大拙

南天棒

内山愚童

関精拙

飯田欓隠

大雲義幸

相沢三郎

山本玄峰（共同通信社提供）

井上日召

山崎益州

杉本五郎陸軍中佐

原田祖岳

柳田聖山

朝比奈宗源

山田無文

市川白弦

安谷白雲

大森曹玄

して座談会が一月の十六日にあった。これに参加したのが陸軍大将兼内閣総理林銑十郎、陸軍中将堀内文次郎、海軍では、小笠原長生中将、加えて、大学関係者の姿もあった。

ここでの目的は大法輪社長の石原は、「時局に鑑《かんが》みて民心の向かうべき所を宣明したい……」と切り出した。つづいてその目的を明確にするにあたり、まず「国民精神と仏教の問題」[注18]を取り上げねばならない、ともいう。座談会の内容とはすぐさま、禅が軍人の精神や国民に対していかほどの貢献ができるのかという点に集中する。注目すべきは社長の石原俊明《しゅんみょう》は曹洞宗の僧侶でもあったことであり、彼は次のように述べている。

「禅では、心を止めないと云ふことをやかましく云ひますが、石をカチッと打つと、打つが否や火が出る。其処《そこ》には髪一筋の入るべき隙がない。右向け右と号令を掛けられて、電光石火、只右を向く、此処《ここ》が心の止まってゐない証拠です。

沢庵禅師は此の呼吸を柳生《やぎう》但馬守《たじまのかみ》に説いて石火の機と云ってゐる。武道と禅道とは極意が一つだと云ふ。仏法の極意と云ふのは止まらない心だ。右衛門と呼《よ》ばれたら即座にハッと答へる心だ、何の用だらうと考へてはもう不可《いけ》ないと云ってゐる。

細川侯が宮本武蔵に武道の奥儀を尋ねた。すると武蔵は、お小姓の寺尾求馬介《くまのすけ》をお呼び下さいと云った。求馬介は小姓ではあったが武道の奥儀に達してゐた。呼ばれた求馬介が殿様の前に出た時に、武蔵は厳然として『君命に依り切腹申付る』と云った。求馬介はハッと云って引退《ひきさ》がったが、其の態度に少しも乱れた処がなかった。これを見送った武蔵が『これが武道の奥儀でございます』と細川侯に申上げたと云ふが、死ねと云はれても少しも動ぜず、自分と云ふものの少しも入ってゐない境地、これは禅機と全く一つの境涯だと思ひますね」[注19]

ここまでは禅者側から見て、皇国にいかほどの貢献ができるかの可能性を述べた代表的な発言ともいえよう。一方、参加者の大久保弘一少佐は、軍側が禅に対し何を求めたかという点を述べている。

「やって居る者は自分の意識を持って居ったのではそれに応ずることが出来ない。それ故に上官其の者になって了ふ。相手其の者になって了ふ。号令其の者になって了ふ。自己がなくなって了ふ。それが軈《やが》て戦場に出て進めと言ったら進む。其の中《うち》に何時の間にか弾丸が当って死んで了ふ。是が非常に多いと思ふ。是で死ぬんだと思って一生懸命覚悟をして行動して居るやうでは本当の戦《いくさ》は出来ない。自由無碍《むげ》に活動するやうになればよいですね[注20]」

〈古川碓悟〉

今までに述べたことは、「無我の禅」武士道、皇軍の思想的関係における概略であったとして、ではその教理をさらにくわしく説いたのがこの人、古川碓悟である。彼は一九三七年、『躍進日本と新大乗仏教』を出版した。彼によれば、武士道を八項目にわたる特質に分けている。

「一、忠節の念に篤いこと、二、武勇を重んずること、三、犠牲的精神に富むこと、四、現実主義なること、五、自力的実行主義なること、六、秩序を尊び礼儀を重んずること、七、信義を重んじ名誉心の強いこと、八、簡素の生活に甘んずること、等は其主なるものであらう。畏れ多いが明治大帝の軍人に賜りたる勅諭中の五ヶ條の御訓諭は実に此等武士道の要領を集約して示し給ふたものと拝察する[注21]」

では、この八項目の特質と禅の教理との結びつきとはいかなるものか？　この点について古川の六点にわたる解釈がここにある。

㈠　空の思想は仏教全体の基調をなすものである。加えて禅の根本基調でもある。これによって禅は積極的活動主義となる。ゆえに禅は武士道の献身的精神の基盤となる。なぜなら禅は、我的犠牲的精神の原動力となっていた。

(二)　現実主義の神とは「生死即涅槃の教え」に基づくもの。つまり、禅とは俗社会がそのまま理想社会であるという。ゆえに「死後」の世界において救いを求めようとはしない。単純かつ楽天的ゆえに国を愛する武士の性格にもっとも適合し、深い影響を及ぼしたのである。

(三)　大乗仏教の中では、禅宗のみが原始仏教での徹底した無神論と自力主義を確実に伝えた。禅は神仏に頼ることを忌みきらう。禅の目的たるは、集中的に坐禅をして自己をみつめ、「見性成仏」を得ることである。ゆえに禅は独立心、男性的な勇気をふるい立たせたのである。

(四)　禅は師匠から弟子への悟りの伝承によって現実的な立場を取る。この伝承はお経や言葉に頼ることなし（教外別伝）。自らのふるまいこそ仏の教え（成儀即仏法）。作法こそが信仰の基盤である（作法是宗旨）。こうしたことこそが武士道の不言実行と一致する。なぜなら、武士道とは理論を拒否し、基本務を遂行する。

(五)　禅に見る簡素主義は、釈尊とその弟子たちによって始まり、今日まで受け継がれている。武士の性格は、素朴簡素であるゆえに、ここに共鳴した。ゆえにその性格がさらに発達したのである。

(六)　日本の禅は、中国や印度のそれとは異なる。その理由は、彼らの社会では個人や主観は、消極的な作法にとどまるに至り、決して社会に対し積極的かつ活動的な影響を及ぼすことはなかった。だが、日本においては、武士道の上に光彩陸離たる影響を及ぼしたのである。だからこそ武士たちは、無我の境地に達することが出来たのである。さらに武士たちは、君国のために、自己犠牲的な行動が出来るようになった。また、このようなことを可能にしたのが皇室であり、「我が皇室が宇宙大我の具現者にましましとまで心酔していったゆえんがここにある。大乗仏教なるもの日本に広まったのではなく、創造の地であることを忘れてはならぬ[注22]」といえる。

古川による最後のポイントは、「武士道が明治維新による階級の消滅によって消えてしまった」ということは誤りであり、維新までは君国を守るべく武士たちだけが武器を持つことを許された。ところが今は、その任務は全国民がそれに当たっている。すべての日本の男性は武士となり、武士道をつらぬかねばならない。

前述にあるように、古川はこの本『躍新日本と新大乗仏教』を一九三七年に書いた。この時期、中国との全面戦争が始まる直前のことであり、笛岡清泉が書いた『禅の手引き』の時代より十年後のことである。日本の男性はすべてが徴兵の対象となり、同時にアメリカ、英国との間で、緊張関係が深まっていたのもこの頃である。米・英国は、自分たちの経済利益を守らんがため、日本のアジアにおける拡大主義を許してはいなかった。

〈鈴木大拙〉

こうした哲学から大拙はふたたび登場する。一九三七年までは彼には、日本語だけでなく英語による著書が多い。結果、一般仏教、特に禅宗の学者として認められるようになった。事実、彼が英語による書を書き出したのは一九〇六年のこと。「仏教の中の禅」という論文である、これは〝ジャーナル・オブ・ザ・パーリーテキスト・ソサエティ〟の機関誌の中に収められた。この彼の初期の英語での努力から読者たちに「禅と武士道」の関わりに目覚めるきっかけをもたらしている。大拙がいうように、日露戦争において日本の兵隊たちに勝利をもたらしたのは「禅と武士道」の結びつきであった。

「武士道の世界観とは、禅のそれと全く一致する。禅の修業を通し、次のようなことが生まれてきた。

武士道で強調されるのはまず、日本人がよく見られるように死ぬ瞬間平静であり、喜びさえ持ち合わせる。

次に、圧倒的に多勢の敵に直面しても、だいたいが恐れを知らぬ勇気を持ち合わせる。さらに、相手に対する公平な精神をもつ。こうした価値感は、東洋人の特徴として見られているような『盲信的で宿命論的な』概念にもとづいているのではない[注23]」

このような初期の試みにかかわらず、大拙は禅と武士道の関係について、一九三八年になるともっとも知られるようになる、「禅仏教とそれの日本文化への影響」という英文を出版する。この書はのちに改訂され、一九五九年、プリンストン大学出版局より「禅と日本文化」に改題され再出版されることになる。これは欧米において長年の高い評価を考えた時、十一章からなるこの本の中で「禅と武士道」に関する説明は三章にも及び、これまで本書に述べた「禅と武士道」に関連する者たちの発言を反復するようなものであるばかりではなく、さらに詳しいものとなっている。

大拙は彼の本の第三章で「禅と武士道」の関係を描き出し、日本の武士たちの荒々しくも男性的なふるまいと一方、日本の貴族社会の「優美さや洗練されたふるまいを比較した。彼は武士独特の性格は神秘的で浮き世離れしたものであるがゆえに頑強な意志に魅了される。禅はこの関係において武士道の精神と一致するものである[注24]」。一方で彼は「仏教とは……長年のさまざまな歴史において決して好戦的な行動に参加した軌跡はない」。ところが日本では、禅は、日本の武士たちを道徳的にも哲学的にも、「消極的ながらも、支えてきたふし」がある。日本の武士たちが道徳的に支えられていた理由に「禅は一旦《いったん》、路線が決まった以上、振り返ることとなし、と教える宗教である」。

哲学的な支えといえば禅とは、死ぬも生きるも相一つということなのである[注25]。

大拙は明確に、禅の本質とは「意志のある宗教[注26]」であるといい、何度もくり返し、このテーマに戻っている。例えば「良き戦《いく》さ人はたいてい、禁欲主義者であり、かつ克自主義者であるゆえに頑強な意志を持っていた。これは必要に応じて、禅なるものが提供できよう[注27]」。さらに彼は再び「禅とは意志力の宗教であり、武士たちが、もっとも必要とするのが、この意志力であり、だが直観的な判断する正確さをともなうべきであること[注28]」。

大拙は禅と意志力に対する魅力と共に、彼はその修行と武士の関係に関しても関心を示した。「禅の修行は簡素であり、直接的で自立心があり、自己否定的なものである。禁欲主義的な傾向は、戦う意志と、闘志とがよく一致する。戦さ人はいつも一つのことだけを考え、前後を見ず一つの目的に集中する。彼にとって、必要なものは真っ直ぐに敵をつぶすことのみ[注29]」

大拙は「禅と日本文化」の冒頭で日本の武士道を支えた禅の哲学とは「生と死、死ぬも生きるも相一つ」との主張にもかかわらず、のちには、次のように述べている。

「禅には特別な教えや哲学、概念、知的要素はなく、ただ、自分自身の独自性のある幾つかの直接的な理解によって、生死による束縛から逃れるべく努力すべし。だからこそ禅なるものは、（大半の）哲学や道徳観念をとり入れたりすることがたやすい。ただし直観的な教えが妨《さまた》げられない限りにおいてである。禅とは、無政府主義、ファシズム、共産主義、民主主義、無神論、唯心主義、あるいは、いかなる政治的、経済的な主義主張にも結びつくものがある。ところが禅なるもの、だいたいにおいて、ある意味での革命的精神によって生かされている。また事が行きづまった時に、つまり、この行きづまりとは、形式主義、因襲尊重主義、これらに類する主義主張をいうのである。こうした時点で禅は登場し、破壊力を証《あか》すそのものとなる[注30]」

このように無政府主義、共産主義とも結びつける大拙の主張は大変興味深い。なぜなら、前述した、内山愚童や彼の僧侶仲間たちの行動が大拙のいう、それと非常に共通するからである。だがこの彼らの努力は曹洞、臨済両宗の指導者たちのみならず、日本の他の仏教団の指導者たちにまで否定されていた。

おそらく大拙は、この引用文での説明からすると、一九三八年の時点で、すでに存在した禅と日本軍の密なる関わりをなんとか正当化しようとしたのではないか？　彼は禅と「破壊力」を結びつけたのみならず、中国における日本の軍事行動と「禅と武士道」の現代の関係を肯定せんばかりに書いた。

「一九三〇年代日本軍の中国での軍事作戦においてよく知られる『葉隠』という一冊の書物がある。この名は『葉っぱの下に隠す』という意のこと。なぜならサムライの美徳の一つとして目立たず、いばることなく、身を隠しつつ、人のために尽くす。この本を校正するにあたり、一人の禅僧はさまざまな注意書きや物語、道徳的観念に貢献した。この書は十七世紀半ば、九州佐賀の大名、鍋島直重のもとで書かれはじめたものである。ここで強く主張するのは、武士とはいつも自分の命を投げ出す用意があるということ。なぜなら大仕事を成すには、狂わんばかりにならねば大事は成すことはできぬ。現代語で云うなら、日常のありきたりの意識を突き破り、その中にひそむ力を自由自在に解き放つことである。このような力は時には悪魔のようにもなるが、人間を超えるものでもあり、奇跡をもたらすこともある。こうした無意識な状況がひるがえったとき、個人の制限をはるかに越えるものがある。そこで、死とは辛さもなく、刺される痛みもなく、武士の訓練は禅と一体になる」[注31]

次の引用文の最後の文章にあるように大拙は、武士並びに兵隊は、禅を「死を克服」するための手段としたと書く。
「我々にとって死ぬことは大問題でありながらも、武士や兵士にとっては、さらに大きな問題となっている。なぜなら、彼らの生命は戦うことに集中する。戦うこととは敵と味方にあっても死を意味することである。……だからこそ、良識ある武士は、死を克服せんため禅を取り上げることは自然の成りゆきといえよう[注32]」

大拙は今までに述べてきた同時代の人々と同様の考えを持ちつつ、さらに今述べたような考えも持っていた。武士道は死んではいないし、または日本の伝統的な武士に相当する皇軍に限られてはいなかった。

「禅の精神を吸い込んだ武士の精神とは、大衆の中にもその神髄を広めていった。大衆はたとえ武士道の訓練を受けずとも、その精神を叩きこみ、価値あることの目的のために自分の命を投げ出す用意はされていた。これは今まで日本が体験してきた戦争によって、何度も証明されている[注33]」

最後に大拙は、最も基本的な問題を避けることが出来なかった。つまり日本刀がもたらす死と破壊は「禅と仏教」に見られる慈悲心をどのように位置づけるかという点である。この問いに対し、彼はこの書を、「禅と剣道一、二」に書いている。彼はこの論点において、刀の二面性について書いている。

「刀は二面の働きをもつ。一つは所持する者の意志に反するすべての物を破壊すること。二つは、自己保存から出る一切の衝動を犠牲にする。この二つの働きを述べている。一つは愛国心や、時代の軍国主義的な精神と結びつく。もう一方は忠誠心や自己犠牲という宗教的な要素を持つ。前者において刀とは、破壊そのものをしばしば意味することがある。これは力あるいは権力のシンボルであり、時に悪魔のような力となる。だからこそ、それは他の方の働きによって抑制せねばならないし、神聖なものにせねばならない。こうした事実を、良心を持つ刀を所持するものは、たえず意識の中に入れねばならない。意識してこそ『破壊力』は悪魔に向けられるようになるからである。この時、刀は平和や正義、あるいは進歩や人間らしさといったことを妨げる力の全破壊力と一体となる」[注34]

ここで注意すべき点は、右記の引用文が先にも紹介した大拙の「新宗教論」における彼の主張と非常に共通したものがある。そこで彼は次のように述べている。

「兵を養ひ武を練るは、他国を侵略して其権利・自由を奪却せんとするにあらず、但々自国の存在をして邪魔外道の侵す所とならしめざるに在るのみ。巨艦を造り大礟《たいほう》を鑄《い》るは、徒らに私利を拡張して他の福益を蹂躙せんとするにあらず、但々自家の歴史をして不義無道の乱す所とならしめざるに在るのみ。商業を営み殖産を務むるは、物質的財力を蓄積して他国を圧伏せんとするにあらず、但々此に由りて益々人智を発育せしめ道徳を円満せんとするに在るのみ。故に暴国あり、来りて吾商業を妨害し、吾権利を蹂躙せば、是れ直に人類全体の進歩を中絶せしめんとするもの、我国は宗教の名に由りて之に服従すること能はず。是においてか已むを得ずして干戈を動かす、敢へて敵人を屠らんとするにあらず、敢へて城地を掠めんとするにあらず、敢へて財宝を奪はんとするにあらず、但々正義の為めに不正を代表せる国民を懲さんとするのみ」[注35]

大拙のこれまでの発言は、一八九六年から一九三八年の間に書かれたのだが、そこにはすべて一貫性がある。右の引用文にさらに近づくものとして、ここで思い出してもらいたいのは、日露戦争において釈宗演は次のように述べたこと。彼いわく、「今日《こんにち》の戦い（日露戦争）で、日本はいやいやながら止むをえず、参戦し、自己本位的な目的ではなく、文明や平和、あるいは悟りか、文明開化に敵対する悪を抹殺しようとしたにすぎない」[注36]（英文より）。いかなることであろうと、大拙のこうした問題点に対する「思想的教義」は、とどまることがなかった。彼は、禅、刀、殺戮《さつりく》との表向きな矛盾を説明しようとしたのが次の引用文にある。

「剣はおおよそが殺戮と結びつく。そのために我々の多くは、なぜ博愛と慈悲の教えにもとづく禅が剣と結びつくようになったのか?

剣術において、殺人剣と活人剣の区別が認められている。一方の殺人剣を持ちうる者は、殺しのみであり、先に進むことはない。このような者は人を殺すためにのみ剣をとるようになる。だが、一方の活人剣は全くちがって、止むをえず剣をとる場合のことを云う。これは事情が全く違ってくる。剣の所持者が、人を殺したのではなく、剣すなわち剣そのものが人を殺《あや》めたということになる。ここには剣を所持する本人の側に他人《ひと》をあやめる望みの意識はない。敵が突然出現、自らの犠牲となる。剣そのものが自動的に正義の働きをしているように思え、同時に慈悲の働きも果たしているかのように考えられる。……

剣が人の生涯の中で、このような役目を果たすとき、剣とはもはや、自己防衛の武器や殺戮の手段ではなく、剣士は、この時、一級の芸術家に転じ、真の独自性に満ちた作品を生み出すことになる[注37]」

さらに大拙は、禅と剣に関する外国での紹介にのみ関心があったわけではない。真珠湾奇襲前一ヵ月たらずの一九四一年十一月十日、彼はさまざまの軍人の指導者たちと手を組み、『武士道の神髄』を発行している。この指導者に、元陸軍大臣並びに陸軍大将の荒木貞夫(一八七七―一九六六)と海軍大佐の廣瀬豊(生年不明―一九六〇)を大物として、さらに幾人かが登場する。

この本を編集した半田信は、序文に武士道の重要性を次のように寄せている。「わが武士道こそは実にわが国連発展の原動力であり、今後、ますます重大を加える世界史的興亜の大業の根本原力でなければならない[注38]」と。なぜあのような時期にこの本を発行したのか、その理由として、「我が青少年に少しでも迎えられるところがあれば、本書の任は尽きるのである[注39]」と書く。『武士道の神髄』に見る帝国軍隊の目的や、主旨との関連性は明確であった。本書の冒頭に一九四一年一月八日、当時の陸軍大臣東条英機（一八八四―一九四八）によって発布された「戦陣訓」が登場する。ここには、一切の陸軍兵士たちが覚えねばならなかった教訓は、明らかに宗教的要素が含まれていた。一つの例として「信は力なり」「任務は聖なり[注40]」と。さらに重要なことは、第七に見る「死生観」での内容は、大拙や釈宗演あるいはそれに類する者がいわんとする概念に共通するあまり、彼の手によって書かれたかのように見受けられる。

「死生を貫くものは崇高なる献身奉公の精神なり。生死を超越し、一意任務の完遂に邁進すべし。身心一切の力を尽くし、従容として悠久の大義に生くることを悦びとすべし[注41]」と。また、『武士道の神髄』の最後の章では「軍人勅諭要義」がのせられているが、この源となっているのが一八八二年、明治天皇によって発布されたものである。

大拙自身が発表した論文の題は「禅と武士道」であり、彼の前に述べた思想を十四ページに短縮して述べている。この中で新しい思想は特に見られないが、彼がもっとも好むテーマはいつも、そうであるように書かれてある。何度も主張する、「武士の精神は実に、この命を捨てること、手柄の大小をいわぬことと、自分の不足をいわぬことと、理想に対して、驀進するというようなところになくてはならぬ[注42]」とある。この論文の編集者がつけたコメントに、次の言葉がある。「文学博士鈴木大拙氏は我国有数の仏教学者であり、欧（英）文によるその著述は、ナチドイツの軍人魂に強く影響しているといわれる[注43]」

こうした関連で興味深い点は、当時一九四〇年九月二十七日、駐独大使が出したコメント。三国同盟が署名された直後、ベルリンの、ヒトラー邸でのレセプションにおいて、駐独大使来栖三郎（一八八八―一九五四）は、挨拶の中でこのように述べている。「大和魂の基本は武士道にあり。武士道は剣をもちいても、その極意は殺人剣にあるのではなく、活人剣にあり。この剣の精神を用いて、我々は世界平和に貢献することをねがう」[注44]

偶然であろうが計算づくであろうが、一九三八年、大拙が初めて公案から引用した「殺人剣、活人剣」を代表とするとらえ方が、その二年後、政府の政策となり、さらに明確にいえば、政府がいわんとする大言壮語たる合理的思想になっていったにすぎないのである。

先に戦陣訓における死生観を書いたとき、ここでの具体的な禅との関係は不明瞭であったが、その後の研究の結果、新たな事実が出てきたことをここで報告しておきたい。

この「戦陣訓」を編集するにあたり、総責任者今村均（時の陸軍大将）、のちにスマトラ方面の司令官であった人、この人の回想録の中で「自身と禅」の関わりについて書いてある。本人いわく、「幾冊かの禅書をひもといただけで、師について導かれたことはなく、自己流の坐禅を組んだことさえ少ないため、禅の道はさっぱりわからず……[注45]」。

このようにきわめて控え目なことをいいながらも、その実、四十ページにわたり、中国での禅の開祖といわれる達磨大師や日本の道元禅師や白隠禅師の死生観を紹介している。しかも過去の人物にとどまるのみならず、釈宗演に言及し、「日本仏教界の第一人者であり、禅では他にくらべ得る人もないほどの先覚者[注46]」と讃《たた》えている。また、のちほど紹介する曹洞宗管長大森禅戒老師との親密な関係。つまるところ、曹洞、臨済両禅宗からの影響を、自ら明らかにした。

今村がもっとも尊敬する禅僧は、江戸時代の良寛であり、彼の死に際「うらを見せおもてを見せ

て　ちるもみじ」とうたったその潔さに感服している。つまり、この俳句を「どんな死にようをするかは、わしゃ自然にまかせる[注47]」という意に解したこと。

〈関精拙《せきせいせつ》〉

彼の著書『武士道の高揚』は一九四二年に出版された。これは真珠湾攻撃の翌年のことである。この書の内容は、臨済宗の天竜寺派の管長であり、軍の教戒師もつとめた関精拙（一八七七―一九四五）の講演をまとめたものである。もう一人の臨済宗禅僧、山田無文（一九〇〇―一九八八）が編集にたずさわっている。戦後、無文は花園大学の学長となり、臨済宗妙心寺派の管長をつとめている。この花園大学は、臨済宗派の一つ、妙心寺派によって運営されている。

　精拙の著書の特徴は、その表紙にある。そこに登場するのが、サムライの姿に扮する伝説の英雄・桃太郎。この桃太郎は、二人の鬼を刀で押さえつけている。なんとこの二人の鬼、つまり、一人は時のアメリカの大統領ルーズベルト、そしてもう一人が英国首相のチャーチル、両者の描き方に多少のユーモアをまじえてはいるが、基本的には鬼畜米英のスローガンを具体化したものである。

　精拙は、本書に述べた幾人かの登場人物と同様に、「武士道とは、我が国本来の大和魂、日本精神に他ならない」。禅は武士道にその「深奥なる妙諦（さとり）」を提供したゆえに、その「特異の道徳体系」に導いたのである。だからこそ武士道とは、「東洋の精神文化の生粋を集めた高貴なる珠玉でもある[注48]」と。

　今までくり返し述べたように、武士道とは「武勇を尊び、死を見ること鴻毛の如く[注49]」といった。サムライとは、「君を敬ひ祖を重んじるべし[注50]」。そして彼らは忠孝、質素、清潔、礼節、仁義を重んじた。このすべての価値観が、おどろくことに現代の日本の皇軍の兵士の価値観と同一のものとみなされた。そればかりか、こうした価値観は兵隊のみならず、「国民皆兵である今日、我々国民の総てが遵奉すべき現代の武士道であると信じるのである」[注51]と精拙はいう。

彼の著の末尾には、禅と剣と武士道には一つの目的があるのみと主張。すなわち世界平和である。彼は次のように書いた。

「武の真意義は『才を止むる』に在るのであります。平和を希《ねが》ふことに在るのであります。之が武道の究極であります。

如何なる戦も戦は必ず平和を予想して戦ふのであります。人を斬る術は必ず斬らなくてすむ場合を理想として学ぶのであります。刀を抜かずして能く人を服し、戦はずして能く勝つと言ふ事が、武道の真精神であります。是を禅門の言葉で活人剣と申します。殺人剣ある者は必ず一面この活人剣がなければならんのであります。

文殊《もんじゅ》の利剣を以て一切の無明《むみやう》煩悩を截断《せつだん》して了《しま》った禅の境地から言へば、天下に敵なしであります。敵に勝つ事を学ぶよりも天下に敵なき事を学ぶものが武道の上々であります。茲《ここ》に至って剣と禅とは全く一味であり、武士道と禅道とに渾然一致するものであり、共に〳〵崇高なる社会の指導精神となるのであります。

今や聖戦第六年時局重大の時に当りまして、諸君はよく御勅諭の旨を奉戴《ほうたい》し、忠勇にして節操あり、質実にして剛健に、精神的にも肉体的にも益々修養をつまれて、帝国軍人として恥しからぬやう、古武士の如く雄渾なる精神を体得し、真に東亜の建設、世界の平和のために御奉公あらん事を冀《こいねが》って止まん次第であります」[注52]

禅に支持をうけた戦争は、正義ならびに慈悲に満ち、敵にさえにも貢献した（のちに述べるが）と、これまでの登場人物はくり返す。精拙はさらに加えて、「すべてが世界平和達成のためである」という。釈宗演をはじめ、多くの禅僧がそうであったように、精拙のいう禅と剣は一体であり、平和の使者として戦場へと一度のみならず赴いて兵隊たちに喝を入れている。彼の戦場への慰問は、一九三八年二月に山田無文をひきつれ、中国北部での寺内寿一大将（一八七九―一九四六）の本部を訪れている。また、この二人の関係については、十一章において紹介することにする。

禅と皇軍

読者は明治時代後半、新仏教が果たした主たる目的の一つとして国家並びに天皇制に忠誠であることを立証したことを思い出すであろう。この忠誠たるテーマは、仏教者矢吹慶輝（一八七九―一九三九）がさらにこのテーマを発展させ、一九三四年、「仏教は、国家のためもっとも有効な機関である[注53]」と書いた。一九四三年、D・C・ホルトンという西洋の日本宗教の学者は、「仏教とは強兵を作り上げる精神構造をもたらすものである[注54]」と強調した。

もしも今まで述べたように集団仏教のすべてが真実であるとすれば、禅宗としてはまったくもってそのままあてはまるものとなる。指導的立場にある禅者は、他の宗派に負けることなく、天皇に対する忠誠、精神的に強い兵隊たちを育成せんがために努力した。では、誰かがこの点に気づかなかったのであろうか？　ならば皇軍とは、禅者の言葉や行動によって影響を受けていたのであろうか？

この問いに対しての答えは、残念ながら歴史的研究の分野においては、正直なところ不可能に近いであろう。戦後五十年以上も経た現在、その影響の範囲や深さは、どこまで正確に把握できるものか？　事実を認めつつも、皇軍、特に陸軍は、今まで述べたような仏教者からの支持を、ただ受け身としてとらえたのみならず、積極的に求めたのだった。

以前にも述べた釈宗演がそうであったように、少なくとも日露戦争の時点より戦場へと仏教僧たちを送りこむことに協力した。この日露戦争から始まり、林銑十郎大将といった日本軍の指導者たちは、質量の圧倒的に優勢な敵軍にうち勝つため、精神力がいかに重要であるか気づいていた。レオナルド・ハンプフリーズという軍事専門家は、彼の書『ザ・ウェイ・オブ・ザ・ヘブンリースワード（天剣への道）』で、次のように述べている。

「日露戦争でのもっとも重要な教訓は、いくさにおける精神や風紀の決定的な役割であったことにある。日本での何百年にもおよんだサムライの伝統は、戦場での目に触れない実体のない精神の重要性を強調した。この戦いは、その優位性を再び、設立したものである。この精神力は当時の日本の勝利の鍵であると広く信じられていたため、軍の首脳部は、理にかなったとはいえない精神を強調し、一方、理にかなった兵器開発や組織化、軍事訓練の改善をおろそかにした。西洋から五十年にもわたり借りっぱなしの陸軍は、一般国民と同様、この国における伝統的な価値観が新しく意義を持つことに対し安堵し、誇りを持った。その勝利の唯一の鍵は、大和魂にある[注55]」とした。

こうした信念に基づいて一九〇八年より一九二八年にかけて、次々に陸軍は軍隊内務令を多少、変更させながらも発布しつづけた。そして各軍隊手帳や野外教範において、軍人精神の育成に重点を置くようになっていった。その中で武士道とは、軍人精神の頂点であるということを主張しつづけたのであった。

その一つの例が一九〇九年に発行された新しい歩兵のための野外教範において、歩兵が攻撃する際、銃の射撃に始まり、銃剣による突撃、これが皇軍の主たる戦術であった。ゆえに勝利をもたらすものは、歩兵の力なりとうたっていた。つまり勝つも負けるも、歩兵次第というのである。

軍事技術は、二の次になり、代わって無敵の攻撃精神の発展が最も重要な点となっていた。この精神の最たる点は、天皇陛下に代わって命令を下す上官に対する絶対服従並びに問答無用の忠誠心。軍事訓練を通し、絶対服従の精神は単なる習慣を越え、無意識のうちに本能的な行動となっていく。

一九二八年、改訂された「統帥綱領」が発行された。その中では物質よりも精神が優勢であることを強調され、「降参」や「後退」、「防御」といった用語は省かれた。さらにこの時点で皇軍という言葉が初めて正式に登場する。各歩兵隊の鉄砲に、天皇の菊の花が銃身に印され、天皇からの聖なる贈り物とさえいわれていた。そうなれば、いかなることがあろうとも、銃は敵の手にわたってはならなかった。

一九二八年になると、軍人精神のみを育成するための幾冊かの本やパンフレットが登場する。軍の教育総監は、精神教育の参考を書き、一九三〇年には二巻から成る「武人の徳操」が発行される。こうした書によって一九三〇年代を通し、正式なものや正式ではないにしても、それに準ずる莫大な資料が出版されつづけた。禅宗の関係者が自分たちの言い分をつけ加えたがったのはいうまでもないことである。

これまで見てきたように、先に紹介した武士道に関する仏教評論家、古川碓悟は、自らを陸軍士官のために精神教育をほどこしたと書く。この精神教育は、主として将校候補生に向けられていた。幼年学校ではじまり、士官学校卒業まで続けられた。この精神教育は、どれほどに効果があったものか？　米国のマークペティという軍事歴史家は、この効果を高く評価する。「第一次大戦前のフランス陸軍を除いては、いかなる国の軍隊よりも日本軍は攻撃において、絶対的犠牲の服従があった[注56]」と書いている。

こうした訓練によって育成された兵士は、どのようなタイプであったかを見るには、その典型に杉本五郎中佐（一九〇〇―一九三七）が書き残した書物に見ることができる。彼の書からは禅、剣の統一、そして武士道の影響を当時の皇軍並びに民間人に見ることができる。杉本中佐は、彼の死後、人々に広く知られるようになり、名誉な一人の軍神としてあがめられるようになっていった。

杉本五郎中佐――禅と皇軍の理想隊

一九〇〇年五月二十五日、広島県で生をうけた杉本五郎は、天満小学校に入学し、卒業後、修道中学へと進んだ。一九一八年、陸軍に入隊し、翌年、陸軍士官学校に入学。一九二一年に卒業したあと少尉となり、歩兵第十一連隊に配属された。その後、さらに軍事教育をうけたのち、一九二四年には中尉となった。

一九二八年に山東出兵の際に従軍、当時の金額にして百円を授与。一九三一年に大尉となり、第十一連隊中隊長に任命される。この年十二月、満州事変の際、北支の天津に赴任した。翌年六月に帰国、一九三四年三月、満州国建国における功労賞を授与さる。一ヵ月後には当時の金額で金四百円を授与。

一九三七年八月、杉本は少佐に昇格、この年再び北支へと向いている。ここで九月十四日戦死。死後、中佐となる。叙従五位を賜わる。杉本は各方面においてすぐれた兵士であり、将校ではあったが、ずばぬけた軍人であったかといえば、かならずしもそうではない面もあった。なぜなら彼が授与された金品や勲章、死後の昇格を見たとき、著しい勢いで拡大しつつあった将校たちの間では、これらは当然のことであった。

彼が他の同僚と比べたとき、彼の並外れてすぐれた点は、天皇に対する絶対的な忠誠心と崇拝に見られ、同時に長年にわたる禅の修行、なにより死後に発行された書物『大義』にも十分うかがい知ることができる。死してのち発行されたことは、読者にとっても多少の疑問が出るであろうが、彼は存命中、つねに部下青年将校指導の指南書を残すべく、折に触れてメモしていた。また彼の身内や後世の若者たちへの遺言書としても綴っていたものである。

杉本にとって、天皇とはどのような存在であったのかを知るに、次に書く二つの文章はその代表的なものである。第一番目は「大義」の第一章「天皇」に見ることができる。

「天皇は天照大御神と同一身にましまし、宇宙最高の唯一神、宇宙統治の最高神。国憲・国法・宗教・道徳・学問・芸術乃至凡百の諸道悉皆天皇に帰一せしむるための方便門なり。即ち天皇は絶対にましまし、自己は無なりの自覚に到らしむるもの、諸道諸学の最大使命なり。無なるが故に、宇宙悉《ことごと》く天皇の顕現にして、大にしては上三十三天、下奈落の極底を貫き、横に尽十方に亘る姿となり、……釈迦を信じ、『キリスト』を仰ぎ、孔子を尊ぶの迂愚を止めよ。宇宙一神、最高の真理具現者天皇を仰信せよ。万古天皇を仰げ。……自己は皇威に於て救はる。……天皇の御前には自己は無なり。君民一如の自己尊きにあらず。自己に体現せられたる天皇の尊きなり。天皇への修養即ち忠は、……天皇は人生のためのものにあらず、人生、天皇のためのものなり。……天皇は国家のためのものにあらず、国家は天皇のためにあり。……唯々身心を捨て果てて、更に何物をも望むことなく、只管《ひたすら》に天皇に帰一せよ[注57]」

第二番目の引用は第五章の「皇道」にある。

「皇道とは天皇の歩ませ給ふ大道なり。故に億兆共に歩むべき大道なり。至正至純は天皇の実相にして、宇宙最高の大道なり。……世界指導の根本原理は実に此の天皇道なり。民亦繋縛なく至正至純ならば天皇と不二一体、君民一如なり。此の天皇道こそ悉く以て依るべき大道に非ずや。人類救済の秘鍵に非ずや。唯一無二の避難所に非ずや。万古天皇を仰ぎ、兆民相率ゐて驀直に天皇道を前進せよ。怒濤《どとう》襲ひかゝるとも、鉄火に焼かるゝとも、万邦競ひ来るとも、莫妄想一途に天皇道を直進せよ。是れ神国顕現の最良最短の直道なり。世界の聖者説く所悉く是れ天皇道なり。至正至純と純一無雑と混同する勿れ。……天皇に殉ずるもののお至正至純なり。即ち忠なり。即ち孝なり[注58]」

表面上、この二つの引用文は、神道によって育成された、極端な鼓吹《こすい》主義者の書であるかのように見え、特に仏教や禅とは関連のないようにも見える。杉本は釈迦に対する信仰までもやめろと主張する。彼の書は、皇道ないし、天皇道に専念する、ここでは皇道仏教、皇国禅には一切ふれていない。

皇道の概念とは、決して既成仏教教団が作り上げたものではなく、すでに明治より国家、特に今でいう文部省のような機関で推進されたのだった。シカゴ大学の日系教授、故ジョゼフ北川は次のように述べている。

「皇道の基礎を成すものは、国家とは父系家族体系であり、天皇はその家長である。いうまでもなく国家は個人のために存在するのではなく、逆に個人が国家のために存在するもの。同様に、ある者は支配するために生をうけ、またある者は支配されんがために生をうける。なぜなら、人は自然に不平等なものとして生まれるもの[注59]」

だからこそ杉本の皇道に対するとらえ方は、最も一般的なものである一方、多少、極端な面も見受けられはする。実際、皇道仏教たるものも同様の価値感をもたらしていた。では、神道に関わりつづけた杉本に、皇道仏教との関わりはどこにあったのか。まず杉本は釈迦について、次のように語っている。

「菩提樹の下、釈尊真性徹見の修業の其れの如く、無数の魔軍と闘ひ、皇国解脱の一途に奮進するもの、実に殉皇先覚の大さなり[注60]」

杉本は仏教について述べることは、比較的少なかったが、彼自身の論点を書くために仏教用語をしばしば用いようとした。たとえば「涅槃《ねはん》経」を引用し、「正法を護る者は応《まさ》に刀剣器仗を執持すべし。刀仗を持つと雖《いえど》も、我是等を説きて名けて持戒といはん」。そして「世界唯一最高の正法は天皇にお在します」と書き、さらに同じ涅槃経において、その持戒すなわち仏教の戒律を守ることを取り上げ、一切の概念を纏《まと》めた上で、次のような結論に達していく。

「挙世刀剣器仗を執持して、天皇を守護し奉るべし。是れ世界最高の持戒なり。最高の道徳宗教なり」[注61]

彼の書で「戦争」という題の章において、「皇国の戦争は聖戦なり、神戦なり、大慈悲心行なり。即ち、皇軍は、神将神兵ならざるべからず」[注62]

前にも述べたように既成仏教教団の中で、戦争とは仏教の慈悲心の表現の一つであるという信念は長く引き継がれていったのだった。

杉本の、仏教に関する項目は限られたものではあったが、禅に関するものは少なくなかった。彼の序文において、「大義に透徹せんと要せば、須《すべから》く先づ深く禅境に入って我執を去れ」[注63]と書いた。なぜ我執を捨てねばならないか。この点については次に書いた通り。

「戦争は一身乃至世界の修業なり、利己心滅却にあり、自己保存崩壊にあり。我執無きものにして始めて尊皇絶対、外に向って、御稜威《みいつ》を布伝し得るのみ」[注64]という。

杉本は、禅の偉大な大家たちの教えから、自らの信念を支えるものを見出した。たとえば曹洞宗を十三世紀の日本にもたらした道元禅師の教えにおいても、杉本は自分の思想の支えとしていた。

「道元禅師曰く、『仏法とは自己を習ふなり、自己を習ふとは自己を忘るるなり』と。自己を忘るるとは身心を放下し、放下も亦放下着、放下し尽して、無も亦無き大虚の廓然洞豁なるが如く、真に不疑の大道に達せるの謂ひなり、斯くして宇宙の大法則、至正至純の大精神は髣髴として箇身に顕然たり。是れ君臣一如の当体、天皇信仰の根基なり[注65]」

杉本は、同じく中国禅宗の偉大な大家も自らの主義主張の中に取り入れようとした。南泉和尚（七四八—八三四）いわく、「平常心是道」と、……「春に百花有り、秋に月有り、夏に涼風有り、冬に雪有るが如く、捨身滅賊を以て平常心となし、更に閑事の心頭に挂《か》くるなくんば、誠に大義実践の至極、天皇信仰の極致と謂はずんばあるべからず[注66]」

加えて彼は、「平常心是れ殉皇」といい、このような心がまえをもつものは、「真の皇民である」ともいう[注67]。

このように、じかに禅の教えを示す文章を用いるだけでなく、禅から引用した専門用語を用いた。たとえば、第二十章の「死生観」の中に、禅では有名な言葉とされる「生死一如」を用いた。いかにこのような自覚にめざめるかといえば、「身心の放棄是れなり。自己滅却是れなり[注68]」。

このようなことばかり述べていると、まったく伝統ある禅の教えと思いはするが、彼はひきつづき次のようにも述べている。

「皇国のため噴起せしむるに足るものあれば、此の人は神なり、菩薩なり、仏なり。大楠公に過ぎたる仏なく、和気公に勝りたるの菩提なし。酔生百年夢死千年の後なるも、此の人長生の人とは言ふを得ず、生ける屍に過ぎず。形骸は短命なるも、永く人心を支配し、後世を感憤善導するあり。小楠公・景岳・松陰の諸公等殉皇の傑士は、皆長生不死の神なり。死は一切の束縛より脱却せる境地なるも、凡傑両者隔絶すること天地遙かなり。殉皇の士は、不死永生、真に無生死の神仏と謂《い》ふべし。……絶忠に死生なし、死生あるは絶忠に非ず。死生観を云々する間は、此の人未だ純一無雑に非ず、心身放擲に非ず。純忠に死生なし、唯々純忠に生きよ[注69]」と。

そして最後に今まで述べた考えを密接にむすび、死後有名になった彼を思いおこす言葉に、「汝、吾を見んと要せば、尊皇に生きよ、尊皇精神ある處《ところ》、常に我在り」[注70]がある。

ある者には、杉本の仏教および禅に対する理解は、一人の極端な国家主義者の頑《かたく》なさからくる好意が歪曲《わいきょく》されたものと弁護するであろう。だが、重要な点は、当時の指導的立場にあった禅者たちは、杉本と同様、禅と戦争、そして天皇との一体化した思想を賛美したことにある。その中の一人に山崎益州がいる。彼は臨済宗仏通寺派の管長であり、終戦の際は合同臨済宗の管長となっていた。

杉本の師、山崎益州

もはや驚くまでもないが、益州は杉本を支えた人である。なぜなら杉本は、在家の弟子であった。益州の杉本への応援は、具体的には、杉本の本に加筆した百四ページからなる賛辞である。それは、次のようにはじまる。

「私がある時の講演で『日本人の信仰は天皇陛下中心の信仰である』と云ふたところが、杉本さんは大変共鳴した。そして、

『わしも其れと同じ心で居りましたが、よい言葉が見付からなかった。現代の宗教家は信仰信仰とやかましく云ふが、その信仰が間違ってゐる。仏教家は仏様とか、大日如来とか、阿弥陀様とかを信ぜよと云ふのであるが、さう云ふ信仰は宗教に捉はれた信仰である、日本の仏教は天皇陛下中心のものでなくてはならぬ。それでなくては日本のものでない、活仏教とは云へない。仏教と雖《いえど》も日本の国体に叶ふたものでなくてはならぬ』

つづいて、

『お寺に祀る仏像は、ほんとうから云ふならば中央に天皇陛下を御祀り申上げ阿弥陀如来や大日如来は両脇にあって然るべきだ。日本の禅宗だけは各派とも陛下を中心に祀って居る。そして一日と

十五日にはどんな小寺や庵寺でも一山総出頭で皇風永く仰ぎ、帝道遐《はるか》に昌んならんことを』と誦して居る。日本の仏教は悉《ことごと》く本尊様を天皇陛下にしなくてはならぬ[注71]」

益州自身、天皇に対する尊敬の念はどうであったかといえば、

「日本人には犠牲と云ふことはない。犠牲とは君国のために身を亡ぼして尽したと云ふことであるが、日本人はもと〳〵陛下と一体である。絶対の処に犠牲はない。日本では陛下と国民の間柄は相対でなく絶対である[注72]」

益州の天皇に対する尊敬の念は、杉本のそれより、さらに極端であった。このような彼の極端さに、杉本は魅力を感じる。すでに禅の修行を積んでいたものの、益州のもとでその後さらに九年間修行を積んでいる。益州は自分の弟子の自覚に満足しつつ、杉本が書いた次の文章を紹介している。

「日本の国体と仏教とはよく一致してゐる。仏教でも殊に禅宗では心身一如と云ふことをやかましく云ふ。心身一如になるためには捨身懸命の修行を要する。而して心身一如の極致は無我である。日本は君臣一体の国である。大御心と一つに溶け合ふた時に臣民としての本来の面目が輝くのである。君臣一体の極致は無我であり滅私である。此の無我と滅私とは決して別々の境地ではない。全く一致してゐることに気がつくのである[注73]」

杉本は「無我」という禅の言葉を用いたが、鈴木大拙は、英文の「禅と日本文化」において「無我」についてしばしば論じた。大拙いわく「無我」とは、「無想」または「無念」「無心」とも同じものであるとして、次のように述べている。

「無心や無念、これは、禅においてもっとも重要な概念の一つである。この状況は、あのアダムとイブの無邪気なエデンの園が『無心』や『無念』に匹敵する。

あるいはまたは、神が天地創造での段階で、『光があるように』と語ったときの、その心にも匹

敵するものがある。禅の六祖慧能は、『無念』『無心』は、禅の修業ではもっとも重要だという。これを得てはじめて、人は禅者となり、あるいは……完全なる剣者となる[注74]」

では杉本は、はたして大拙のいう禅の達人であったのか？　少なくとも彼の師、益州はそう信じていた。次の文でも、明らかであるように。

「道業の実力に於ては何処の管長にしても差支へないだけの内容を具《そな》へるに至った。と私は信じてゐる。あの位行を尊び、道を重んじ、自己をよく徹見してゐたら他人の参禅を聴かしても間違ひはないと思って居った。それだけに仕上げて居った。私をして言はしむれば、修行が出来上ってゐたと云ふことが出来る[注75]」

益州いわく、杉本を中国において禅宗を創設した五世紀伝説の僧、達磨大師と比較するようにまでなっていく。

「……二十年近く禅の修行をした。達磨は面壁九年と云うが、杉本さんの貫き通した坐禅は偉とするに足る。そして杉本さん独自の皇国禅に徹したのである[注76]」

ここに皇国禅という言葉を、益州は登場させた。おそらく彼自身が杉本の天皇中心の信仰を描くために用いたのであろう。なぜなら、杉本が書いた中では「皇国禅」は登場しないが、益州によれば、杉本は、以前に次のようなことを述べていると書いている。

「自分が禅をやると云ふことは、所謂《いわゆる》禅宗の禅ではない。軍人禅である。何故に軍人に禅が必要かと云ふと、日本人、特に軍人は君臣一体の精神に生き抜かねばならぬ。私を去らねばならぬ。自己を無くする。その禅の無の悟りこそ君臣一体の根源の精神である。私は禅を修行することによって私を無くするのだ。其処までゆくと禅そのままが皇軍の真の精神である[注77]」

つづいて杉本は、精神教育が、なぜ皇軍において、将校たちに集中したかを説明する。

「軍人の中でも将校と云ふものは、此の精神を以って部下の兵士を教育せねばならぬ。部下の教育と云ふことは、口先きだけでは出来はせぬ。自分で範を示し、身を以って実行することが出来ねば偽った教育になる。禅の修行に依ると生と死を明らめ、生死を無くすることが出来る。工夫練磨して純一無雑に至り、真乎の軍人になりたいものである。故に私の禅は軍人禅である。自分が達観し得ないものを部下に教へる訳にはゆかぬ。上官として先づ自分が純一でないと滅私捨我の奉公が出来ぬ」注78というわけである。

杉本が言おうとする軍人禅、益州がいう皇国禅、そして私が前述した皇道仏教、ここには本質的な違いはない。ただの別名にすぎない。この三つの禅を貫くのは、天皇への絶対服従、いや忠誠といった方がよかろう。

ここに一つの興味ある質問がある。禅の修行をつんだ杉本が、実際にはどのような兵隊になっていったのか？ 彼はあの鈴木大拙がいった「完全なる剣士」となったのか？ 益州は、彼の戦場での武力について、次のように言っている。

「剣道は何段であったかよく知らないが、相当の腕を持ってゐたらしい。此の頃の段は形式でつまらない。段は貰《もら》はなくても剣の心を正しく学べばそれでよい。段は此の上貰はないと云うて居った。戦地へ行ってからは随分鮮かに剣を使ったらしい。いづれ他日誰かが彼地に渡ってからの杉本さんの行動については詳しく伝へられる人があるであらうと思はれるが、剣禅一味の動きをしてくれた事と信ずる」注79

益州は、杉本が一九三一年、中国での戦いに送られる直前に、二人は次のような会話を交わした。

「『老師、どう云ふ心得で彼地へ行ったらよいか』と尋ねるので、私は、

『君は強い、君の隊も強いであらう。故に大敵は恐れないと思ふが、小敵と雖も侮ってはならない

ぞ。そして、般若心経を一日に一巻必ず読め、それは皇軍の武運長久のためである』と云ったことを覚えてゐる」[注80]

こうした会話は、七百年も前、北条時宗と彼の師匠、中国人の祖元が交わした話によく似ている。だが、今回は七百年昔のかれらとは違い、杉本自身、自ら悟りの境地に入るべく示す、「喝《かつ》！」と叫ぶ余裕はなかった。益州がいうに、杉本が無事、中国より戻った際、次のように述べたと書く。「わしは天津で一度死んだのだから」――この言葉に関する益州の答えは、「杉本は死にきってきたのである。その覚悟で何事もやって居たと思う」[注81]

つづいて益州は、杉本の死に関して得た情報を集め、彼の死に際を描いている。杉本は自分の部隊と戦地に赴いてみちびいた際、敵の手榴弾が彼の背後で破裂。

「左の肩にその破片が命中し、一度倒れた様であったが再び起き上って、立って居るのであるが号令が聞えない、今まであのしがれ声で叫んで居られた号令がしなくなった。そこで第一に馳けつけて行ったのが伊藤さんであったが、その時の杉本さんは、剣を片手について、両足を少しくかがめて東の方角に向って立って居た。敬礼をされたらしいが、その手が口の所まで下って、口から流れ出た血潮のために腕時計がぬれてゐた」[注82]

益州の思いは、少なくともこれは彼の弟子（在家）に見るもっとも劇的な瞬間だった。それはなぜか。長年にわたって禅から得た力をもっとも明確に発揮した死。杉本は直立不動のまま最期をとげた。その師いわく、

「由来禅僧と云ふものは、坐禅して往生するのが、ほんたうの面目であるとされてゐる。いよいよ大悟徹底したものは『坐脱立亡』と云って、立ったままに大往生するものであるとされてゐる。明治天皇から無相大師の勅号を戴かれた妙心寺の開山關山慧玄禅師は、直立したまま往生された、と

伝えられて居る。古書に次の様な文字が見えて居る。

円覚経に云く、無碍清浄の智慧は皆禅定に依って生ず。法華経に云く、閑處に在って其心を修攝せよ、安住不動なることが須弥山の如くなるべし、是に知ぬ凡を超え聖に入るは必ず静縁を仮る、坐脱立亡は須らく定力に憑《よ》るべし[注83]」

定力《じょうりき》とは、坐禅を通して、集中心を養うことをいうのであり、心を一点に定めることである。鈴木大拙、清泉や古川などは、日本の今日に至るまで、武士たちにはこの力が得られると書いていた。益州は杉本の生涯で、特に彼の死はこの戦いでの「定力」の効力を証明したという。

そしてついに益州は、杉本への賛辞を完成していく。

「わしの遺言は『天皇陛下万歳』あるのみだ、死に臨んで是より他に言ふべき言葉はないと云って居ったが、最後の瞬間まで言行一致のところを見せてくれた。東に向うて挙手し、必ずや『天皇陛下万歳』を絶叫したことであらう。斯の如きは実に帝国軍人としての天晴な最後であるが、又以て後世禅に生きるものの範とすべき立派な面目でもある。

天皇陛下万歳を辞世の言葉として敵前に直立しながら大往生を遂げたと云ふ事実は、如何にも杉本さんらしい最後であって、此の態度こそ、洵《まこと》に杉本五郎本地の風光をそのままに現はしたものと云ふべきである。

三十八年の一生は短いと云へば短い一生ではあったが、真に定力を得たるものにとっては時間の長短は既に無い。尽忠報国の権化として、無そのものに帰した我が杉本五郎の此の大面目は、七たび生れて朝敵を滅ぼし奉るものであることを私は確信する。（皇紀二千五百九十八年二月十一日之を記す）[注84]」

このことは杉本の著書『大義』においての最後の言葉として書いてある、彼の書はここで完成する。だが、杉本や益州の与えた影響力がこれで消えたわけではなかった。

特に青年たちには絶大な影響を及ぼしつづけた。益州が望んだように杉本は、禅の心（精神）に満ちた模範的軍人になった。『大義』の出版により、その波紋は瞬く間に広がり、さまざまな記事が登場し、「軍神」を讃えた。

杉本五郎に見る信念を讃えたのは、臨済宗の面々だけではなかった。一例として曹洞宗最大の修行道場永平寺での機関誌「傘松」（一九四三年四月号発行）の中で、「衣食禅」という記述がある。著者は滝澤寛雄で、人々に質素な生活を奨励した。本土決戦が間近だったからであろう。そしてこの禅的な質素生活を杉本に見い出したのだ。そして彼いわく、

「軍神杉本五郎中佐など平素から食事については一言もいわず、どんな粗末なものでも平気でうまそうに食べ、着ることも無頓着で、ぼろぼろの着物を着、破れた帽子をかぶって居ったが、垢はつけていなかったと、中佐の参禅の師家山崎益州老師は、中佐の遺著『大義』の中で語っておられます」

今までの現実的な文章と違い、前述した曹洞宗の大家沢木興道が次のように書いている。

「一九四四年発行の『大法輪』の中で、『生死のあきらめ方』という章において、生死解脱とは命を捨てることではなく欲を捨てることで、また我吾らを捨てることであると主張した。ゆえに、上長の命令に服従し、これに従っていくとき、直に陛下の股肱《ここう》として、完全なる兵隊になる。この中では、杉本中佐は我を捨てることを念彼天皇力といっている。かの天皇の力を念ずれば、生死を離れ、幸不幸を超越して戦をする。……これが無我の体得である[注85]」

杉本をうやまった者たちは、禅者に限らず、皇軍の中に、とりわけ将校たちに数多くいた。建川

美次、小磯国昭両大将は、遺稿『大義』において毛筆の題字を寄せている。杉本が禅の修行中、兄弟弟子ともいわれた大山澄太は、杉本の死後、杉本の生涯を描いた際、『杉本五郎中佐の尊皇と禅』を出版したとき、陸軍中将上月良夫が序文を寄せている。彼の序文は、次の言葉で閉じられている。「此の書を縁として更に第二、第三の杉本が生れ、寺原生ずるならば、皇国のため快心之に如くものなし」[注86]と。

政府の指導者たちは、杉本の思想を強く支持した。大山の著書において、当時の逓信次官大和田悌二が第二の序文を寄せている。

「今や我が国は国民皆起って聖戦目的完遂の為いや進むの時、本書を得て中佐の大精神を一億国民の心中に再生せしむることは、何ものにも勝る国家の慶事であり、東亜の限りなき喜びである」[注87]

杉本の『大義』が、禅者や軍の大将、政府高官に強い影響を与えたように見えるが、実際には日本の青年たちに最も大きな影響を及ぼしていた。文芸評論家の奥野健男がいうに、『大義』とは奥野自身、学友に与えた影響がいかに大きかったかを、次のように述べている。

「太平洋戦争の戦局が次第に悪化して来た、昭和十八年、十九年頃、中学生を中心とした若者の間で、杉本五郎著の『大義』が、熱狂的に読まれはじめた。……どこからともなく、口コミ……『大義』を読んで見ろ。『大義』はすごいぞ。『大義』こそ、真の尊王の書だ、という熱ぽいささやきが中学生の間に、たちまち拡がって行った。……ぼくの通っていた麻布中学校にも、昭和十八年、『大義』を輪読し、『大義』の精神を実践するための、『竹心会』という学生サークルがうまれ、やがて学校当局を動かし、校友会の正式のサークルになった。麻布中学は、私立でキリスト教的であり、校風は伝統的に自由で、戦争になってもゲートルを巻いたり、胸に名札をつけたり、軍人流に挙手の礼をするなどの強制は、いちばん遅い学校であった。また予科練などへの教師の強制的勧誘も行われなかった。そういう中学にも、学生の間から自発的に『大義』研究会が生まれ、……外から講師を招いて勉強会などはじめた。都下の各中学にも、同じような『大義』研究会が生まれ、おたがいに連絡をとったりもした。都下だけでなく、たとえば後にふれるが城山三郎の小説『大義の末』にあるように、愛知県の中学でも、そして後に判明したことだが、日本中の殆どの中学校で、『大義』が熱烈に読まれ、『大義』研究会が生まれたようだ。[注88]……」

『大義』に影響を受けた青年たちは、まだ在学中の若者たちであったが、一九四三年、大学及び高等専門学校に在学する者に対する徴集延期が廃止されたことにより、学徒出陣への道を歩み出した結果、小学生にまで満蒙開拓青少年義勇軍志願の割り当てが行なわれるようになっていった。

この状況の変化を、家永三郎は著書『太平洋戦争』で、次のように生々しく描いている。

「その割当人員をみたす責任を負わされた教員が『日本男子と生れてこの聖戦に参加しない人は、一生の恥だ』と直接児童に呼びかけたり、あるいは家庭を訪問して、父兄を泣く泣く承知させたりした結果、多くの卒業生が少年飛行兵・少年戦車兵等の少年兵あるいは開拓青少年義勇軍に『志願』した。いまだ年端もゆかぬ紅顔の少年たちが、あるいは特攻隊に編入されて自爆の旅に出でたち、またはソ連軍の進攻開始のために北満の開拓地の土と化したのは、まことに悲惨というほかないであろう[注89]」

山崎益州や大拙といった禅の指導者たちが主張し続けた「剣禅一如」は、幼い子までを戦場に送り出し、特攻隊に入隊させ、あの有名な「神風」となり、片道飛行の末に突撃し、まさに若者の命は「鴻毛より軽しと」文字どおり若い命を散らせてしまったのである。

第十章——戦時に協力した禅の指導者たち

山崎益州のいう皇国禅とは、全くの独断であり、彼にのみ通用するものと考えるなら少しばかりのなぐさめにはなる。だが、事実はそうではなかったこと。真実をいえば、彼の行動は単に他の禅僧たちの行動の代表にすぎなかったことである。禅の老師たちは、将校たちに何度となく五日間の坐禅会を開いた。[注1] この会は各部隊の武道館で行なわれ、将校たちは自分の陸軍用毛布をたたみ坐布《ざふ》の代わりとした。

もし益州が他の僧たちと違う点があったとすれば、それは彼の弟子（在家）杉本五郎が、単に禅者たちが言いつづけたことを、具体的に体現したことにある。だが、これらの禅者たちが単に論じたに過ぎないということであっても、軽視することは許されない。以前にも述べたが、政府側が軍人のみならず国民にまでその気合いを高めんがため、禅者の言葉を重視していたこと。この点について杉本自身が禅者のみならず、すべての仏教の僧侶たちが果たすべき役割について、次のように述べている。
「各寺院はそのまま国民精神訓練の道場であり、僧侶はその指導者でなくてはならぬ。それでこそほんとうの宗教家と云ふことが出来る」[注2]
益州は、杉本がこのことを「大した権幕」[注3]で語ったという。だが、益州だけが禅宗をはじめ仏教の僧侶たちはこの役割をになうべきだと考えていたわけではない。

〈秦慧照〉


以前にもふれたが、永平寺（曹洞宗）の貫首であり、益州とまったく同じ考えを持った人物。一九四二年十二月、永平寺の機関誌「傘松」の中で、次のように述べている。

「大東亜戦争勃発以来ここに満一ヶ年、戦争は愈《いよい》よ長期戦の態勢に入ったといはれてゐる。長期戦となればなるほど物資も益々必要となって来ること論をまたない。われわれ禅僧は、一粒の米をも、一枚の紙をも直接生産することは出来ない。然し国民の精神力錬成に向っては、及ばずながら御奉公の道が開かれてゐる。よろしくわれわれは、此の一路に向って粉骨砕身いたすべきである」[注4]

もしもこの曹洞宗の指導的立場にある人物が、日本の戦争政策ないし、仏教との関わりについていかにとらえたか疑問があれば、次の文（「傘松」より）が明らかにしている。

「此の日、釈迦牟尼世尊は、一見明星、菩提樹下に大悟成道なされたのであるが、わが東亜はまさしく、昨年十二月八日、米英撃滅の大詔渙発により、新東亜、大東亜としての新発足、いはば、成道をいたしたのである。

　われわれ日本帝国臣民として、此の栄えある時代に生をうけたる者、いや、大東亜の今日を、明日を、双肩に荷担ふべく生まれあはせたるわれわれお互は、此の大東亜成道の暁をして真に有終の美をなさしむべく、絶大の覚悟を固め、絶大の努力を払はなければならぬ。われわれは今、大東亜戦争勃発一周年の記念日を迎へんとするに当り、前途の容易ならざるを思ふと共に、勝たずばやまぬ必勝の覚悟を固くせざるをえないのである」[注5]

このように「傘松」からの呼びかけ以前に曹洞宗の指導者たちは、国民のいわゆる精神力の強化につとめていたこと、その代表的な試みに当時の曹洞宗管長大森禅戒（一八七一―一九四七）は一九四一年元日、次のような記事を発表。彼は杉本がすでに述べた道元禅師からの引用を利用、「法とは自己を習うなり、自己を習ふとは自己を忘るなり」といった。さらにつづいて、「高祖大師の親訓に『仏道をならふといふは自己をならふなり、自己をならふといふは自己をわするるなり』とある。自己を忘るる仏道の大本に立脚することが臣道実践の真髄である。いつでも、どこでも、何事にでも此の真髄を体現してこそ初めて仏教報国の行願となるのである」[注6]

〈山田霊林〉

それから一年を経て、一九四二年、曹洞宗の老師山田霊林（一八八九―一九七九）は『禅学夜話』という本を出版。戦後、この人はロサンゼルスの禅宗寺の住職となり、その後は駒沢大学を経て永平寺の貫首となった。曹洞宗において第一人者のコースを歩んだ。『禅学夜話』の中で、彼はまず欽明天皇（在位五三九―五七一）が日本に仏教の伝来を許可した理由が「仏教がお上《かみ》の御用にたつと思召した」[注7]ところにあると書いた。とはいえ、霊林が問題とした点は、その時代、仏教は果たして国家に貢献できるものかという疑問を提議したことにある。

「日本が歴史あって以来、未だ嘗てない、実に重大なる時局に激突《げきとつ》してゐる今日に於て、仏教が果して、お上の御用にたってゐるかどうか、質に於ても量に於ても、最も優秀に、お上の御用にたつ

ことを要するのである。何れの宗派たるを問はず、等しく大政翼賛《よくさん》の大義に挺身することを要するのである」[注8]

霊林は白分自身、この責任の一端をになっているものと確認したであろう。だからこそ彼は、戦時中における最難点を突き、一章にわたり論じている。すなわち、いかに戦場で倒れた兵士たちの遺族を慰めるべきかという内容である。日本での霊魂の移ろいといった仏教の影響を受けた民俗信仰を利用し、次の説を打ち出すのである。

「英霊の正体は忠勇義烈なる善業力そのものである、火の玉のやうに熱しきった善業力そのものである。これが無くなることはあり得ない。英霊は英霊自身のその力によって、食物や気息をその中に巻き込み得る因縁の純熟を俟《ま》って、肉体を具《そな》へて現はれること必定である。……この業力の生み出す身や心が、今のものと変ることはあり得ない、といふ意味を述べていられる。……忠勇義烈な将兵が、天皇陛下の万歳を唱へて絶命する、この将兵の英霊が、日本の此の国土に生れることは、当然過ぎるほど当然だといはねばならぬ」[注9]

最後に彼は禅の修行者の多くがそうであったように、「北条時宗が禅の修行を通して得られた成果」の素晴らしさを讃え、「剛健なる心志を養い、偉大なる人格を玉成し」[注10]た人であるといった。そればかりか時宗は、「金剛の心を堅持せしめ、また聖き熱血に湧き上らしむ」[注11]大義の人であったと書く。霊林は禅の力で養われた時宗こそ、現在の皇軍兵士の模範的存在であったといいたかったのである。また霊林は軍人にとっても市民にとっても大切なことは、禅の修行を通し「無我の境地」に至ることを教えた。この「無我の境地」の必要性を、次のように説明する。

「無我になると、絶対不可思議の御力が御光が、身に心に満ち溢れ」[注12]てくるものと力説。いうまでもなくこの御力とは戦時中には最も重要であり、この御力があってこそ「皇軍のすばらしい戦果」

があり、「毎朝毎朝、私たちは皇軍への限りなき感謝の中に、銘々の職分にと起ち上る」[注13]と書いた。

〈榑林皓堂〉

曹洞宗での当時の学者たちは、戦争支援において老師たちよりは優るとも劣らないものがあった。榑林皓堂（一八九三―一九八八）は道元禅師研究の権威として名高い人でもあった。彼は戦後、先の霊林についで駒沢大学学長となっている。一九三七年、中国との全面戦争に突入するや「事変と仏教」と題する記事を書いている。

皓堂の記事は一九三七年十月発行の「傘松」に収められ、これまで登場した禅僧同様、正義戦の理論を用いて日本を弁護したもの。「今次の北支事変が正義の為の戦争であることはいうまでもない」といい、さらに「日本の戦争は日清、日露を始めとしていつもそうであった」。

このように皓堂は、過去をふり返って評じたのみならず、将来に起こるべきはずの戦争について、「今後も同様の場合があるとすれば、そうあるに違いない」[注14]といっている。

このような見解によって彼は日本政府に対し、いつでもどこでも誰とでもの戦争を支援しているようなもの。このような支援をいかに仏教との倫理づけをしたかと、次のように説明する。

「恐らくそれは仏教精神の影響であらう。仏教に依って育成せられた日本精神は常に人類の協調、東洋永遠の平和を目指して止まない。仏教の感化なくしたか丶る超国境的、一視同仁の徹底化は無いであらう」[注15]

彼は中国での日本の軍事行動は、「慈悲の行」[注16]であるという。

「故に皇軍の進む所には仁愛のみあって、支那兵の如き残虐無道の行為は有り得ない。これこそ実に仏教が永い間か丶って育成し来った偉大なる成果と云ってよいであらう。言ひ換へれば仏教精神

に鍛へられた皇軍将士には残虐性そのものが存しないのである」[注17]

さらに論文の最後に、「日本国民こそ仏教の真精神を体現せるものであり、日本国が大乗相応の地なることの実証を為したるものと云ひ得られる」といい、「仏教の信仰なくして其の国家の興隆、人類の幸福はあり得ないと云ふのが我々の信条である」[注18]と書いた。

皓堂は家永三郎が深い見識を十分な根拠でもって発言したことを知っていれば、どのように対応したであろうか。「日本軍が中国で行なった残虐行為」の記録は枚挙にいとまがない。「……たとえば略奪や強姦、民間人の殺害……」[注19]があったことである。

〈日種譲山〉

これまで述べてきたのは、曹洞宗の学僧であった。だが、臨済宗からも戦争を支援する同様の動きが出ていた。その一人に花園大学の前身臨済学院の学僧日種譲山（一八七三―一九八四）がいた。彼もまた、北支事変に関する記事を書いている。「今次の事変と菩薩の願行」という題で、すべての臨済宗派が合同で発行する月刊誌「禅宗」に寄せた。彼は冒頭で、今までの日本の近代戦争がすべて自衛のためによるものとし、「日清日露の役は勿論《もちろん》満州事変と雖《いえど》も同様であって、他の意義は発見し得ないのである」[注20]と書いたが、今の戦いには違いがあること、「理想より云へば、自己を犠牲にして、支那を赤化または経済的奴隷化より救ひ出し、彼等をして東洋人として生かさんが為の義戦であり道義戦である。一に之を菩薩の大行的聖戦であると云っても恐らく不当ではあるまい」[注21]。

〈福場保洲〉

他の宗派と違い、禅宗にとっては一つの難点があった。それはやはり禅宗は仏教とはいえども、その形をととのえて誕生したのは中国であったことである。中国での禅の祖師たちに恩恵を得ていたにもかかわらず、今は戦争という形をとって恩をあだで返しているということになる。

臨済学院で日種譲山の同僚でもあった福場保洲（一八九五―一九四三）は、先にあげたジレンマを、雑誌「禅学研究」（一九三九年十一月五日号）に「支那的と日本的」という題名で論文を発表し、問題解決を計ろうとした。保洲によれば、問題は実に簡単なこと、すなわち中国での禅の老師たちには禅の本質がわかっていないこと。なぜなら中国禅の祖師たちは中国社会の中に潜む見誤った文化的価値から克服することができなかったのである。これとは違って、「この日本的な眼より観て欠陥ある支那の禅者の忠に対する態度・護国思想が、日本の社会と歴史との規定によって、興禅即護国（日本の衛護）思想に発展するに至ったことは、禅本来の面目が発揮されたのである[注22]」。

保洲は、一方、中国社会においては伝統的に皇帝に対する忠、親兄弟に対する孝を認めた。ところが、この三つの価値感が衝突した時、中国人は「惜みなく忠をすて孝を択《えら》ぶのが支那の忠孝道である[注23]」。さらにいけないことが、政治、経済が不安定になると、中国人は皇帝を国家の不幸の責任者とみなし、同時に「易世革命が当然と信じられる[注24]」。

保洲は、このような考え方が今日に至るまで中国の社会において、摩擦と衝突をもたらしているという。

一方、これと大きく異なる日本は、国家も家族も統一され、共同体的性質を確保。誕生した理由として、「日本の国家は、家族が完全に国家の中に融合した[注25]」ことにある。これを可能にしたのが皇室の存在であり、その存在から生まれてくる道徳観であったといえよう。また、さらに可能にしたのが、日本に禅を紹介した栄西禅師や虎關師錬（一二七八―一三四六）という人たちであった。

それゆえ日本において、「若《も》し、現実の問題として、忠と孝が矛盾する為に二者択一に迫られる場合があれば、敢然として忠を択ぶのが日本の忠孝の道である。……日本に於けるかゝる忠道徳の優越性・絶対性は、唯単に孝に対してのみならず、あらゆる行為に対しても妥当するものである」[注26]。

このように日本の禅は、忠孝の理解と概念に貢献、あるいはその恩恵を受けていること。保洲の記事、最後のくだりで、彼はこうした忠孝における理解が禅を広めることになり、興禅とは即、護国であることの思想を可能にしたものという。ゆえに日本において、「支那の祖師方の恩に報いたことになると信ずる」[注27]と締めくくっている。

〈原田大雲祖岳〉

この時期、形の上では曹洞宗であっても、特異な流れが禅宗の中にあったことにここで触れておきたい。国内ではごく少数派ではあったが、戦後この流れはアメリカでの禅世界では主流へと発展。創設者は原田祖岳（一八七〇―一九六一）。彼の弟子安谷白雲（一八八五―一九七三）、アメリカ僧フィリップ・カプロがこの法系に入っている。カプロ師がアメリカで知られるようになったのは、一九六五年、「ザ・スリー・ピラズ・オブ・ゼン」（禅の三柱）を発行。その中で原田祖岳を、次のように描写している。

「大雲は一応、曹洞宗に属したものの、彼は曹洞と臨済の最も良い点をとり合わせて仏教の再興をはかろうとした。それは今日において禅の世界の中で一大法系へと至っている。彼は誰よりも深い洞察力を発揮、道元禅師の教えを蘇らせたのである。ここに至るまでには曹洞宗の僧侶や学者たちによって、道元の教えが貧弱な形でしか解説されていなかったこと……高い精神力を持つ諸老師たちと同様、彼は人格を評価できる人であった。そしてみせかけの精神や虚実をすぐに見ぬき、さらけ出す能力も持っていた。優秀な弟子たちを無慈悲でびしびし鍛え、彼らに最上の姿を引き出そうとした。何よりも自分の教えに対し、真心のある絶対服従を要求し、少しの異端も許さなかった。表面上の彼のみを知る人々には、大雲を頑固で狭量な考えの持ち主と見られることがあったが、彼の教えに忠実であった弟子たちは、どれほど知性と慈悲心の深い人格であるかを知っていた」[注28]

こうした法系でのもう一人の指導者に、前角大山博雄（一九三〇―一九九五）がいた。彼はロサンゼルス禅センターの設立者であるが、先の大雲については、次のように述べている。「原田大雲老師というのは、二十世紀の日本において、稀なる視野の広さに加え成就した人であった。発心寺の住職として一九六一年の死まで、四十年間にわたり、厳しい気候と共に、その規律の厳しさ、禅に対する鋭いまなざしでもって厳しい禅寺として、その修行地を有名にした」[注29]

しかし、ここでつけ加えるべきはこの大雲もまた、日本軍の軍事行動を最も強く支持した人であったこと。もしカプロがいうように、大雲が「禅をよみがえらせた」というのなら、早くも一九一五年、日本が第一次大戦に突入した際、「戦争禅」を開始したことによるものであった。この年、『参禅の階梯』という本を出版。その十一章を「戦争禅」と題した。「その一」を「宇宙はことごとく戦争」と題している。なぜなら、大雲は戦争に突入した日本に何ひとつ驚いてはいない。「およそ宇宙の全現象を見るに、ことごとく戦争にあらざるものなしと思う」[注30]。たとえば自然界において梅の種は梅のために征服しようとする、そして米粒は米の粒のために征服する。人間界にも同様、政治の世界も同様、商人も互いに争い合って自分のものにしようとする。

大雲によれば、仏教はこのような争いからかけ離れた状況にあったわけでもなく、釈尊自身が悟りを開く過程においては、幾人かの悪魔を征服しなければならなかったこと。ゆえに、「戦争場裡に突入することをせざるは、実に仏法を知らざるもまた甚《はなは》だしいというべし」となる。

大雲は加えてさらに、「かくのごとく人間の眼より見たる宇宙は、植物界も人間界も並びにその精神界もことごとく悪戦苦闘の戦争場にあらずして何ぞや」といい、「……ことごとく戦争禅の適意を示すものなり……。寸時も戦争を忘るることを許さざるなり」[注31]ということである。

大雲を公平に論ずれば、彼は確かに第一次大戦での日本軍の戦果を、本の冒頭で讃えてはいるものの、彼の言わんとする「戦争禅」たるものは、戦場での禅ではなく、修行者たるもの、悟りを得ようとする過程の中でいかに心がまえを準備すべきかという問題提起であった。ゆえに大雲にとって克服すべき相手は、その修行者に内在する無明煩悩にあった。このような禅の心がまえとして最終的には最上のものと考えたわけではなく、「仏祖の大道は戦争にあらず、泰平にあらず」[注32]とした。

こうして見れば、大雲による「戦争禅」という表現が転義的とはいえ、一九三四年になると変化が生じている。この年の三月に、彼は雑誌「中央仏教」の中で、「日本精神と大乗禅」と題し論文を発表。その内容を要約すると、次のようになる。

「日本精神とは神道の神々による大道である。すなわち、宇宙の大本質である宇宙そのものである。世界中で日本人のみがこのことを把握しているゆえ、『世界を指導開発』せねばならん。日本精神とは本来がきわめて清いもの。だが、政鬼財畜、教育の醜漢、宗教の酒気などによって汚れてしまった。ゆえに内外浄化運動として刀（武器）を取らざるをえまい。これは大乗禅での殺人剣、すなわち活人剣をいう。ゆえに一部の者のいう戦争罪悪論などはタワケた《ママ》寝言である。この浄化運動の一環として、国内での立憲政治は人格的に分かった人物の多数のときにのみ尊いのであらねばならん。願わくは十ヶ年ほどファッショ政治にして、国民をよく錬練《たんれん》してから立憲政治に還更するがよい」と書き、政治においてはファシズムを信奉する一方、教育改革も主張。その理由が日本の各学校はみな「薄っぺらなる世界人を作ることを知って、まったく日本人を作ることを忘れている」という。このような改革にあたり、その指導原理を「大乗禅」にあり、「国民皆禅」[注33]にありとした。

一九三九年になると、大雲は反戦思想を唱える必要性をまったく認めず、この年の十一月号に雑誌「大乗禅」の中で、「戦禅一道」という論評を、

「進め、トツトツトツ、撃て、パチパチパチ。是は之れ、無上菩提の露堂々。戦禅一体と云うも、聖戦を去ること百千万里、喝、稽首礼無上尊」[注34]とこのように発表した。

一九四三年初め、戦争は明らかに不利なものとなっていた。この状況のもと、政府側は二十万以上に及ぶ僧侶たちに、戦争支援を市民たちにいっそう強く呼びかけてくれることを要望。こうした中で大雲は、雑誌「禅の生活」の一九四三年二月号で、次のように発表。題は「戦闘の王三昧」。

「従容録三十四則に、風穴垂語……とあるが、一億国民総に国家と同生同死するの覚悟を要する、今日より急なるはない……お互に参禅弁道に精進し、戦闘の三昧《さんまい》王三昧に邁進努力したい」[注35]

一九四四年の暮れには勝つ見込みはまったくなく、日本国土に連合国上陸の可能性が濃厚になってきた。これは今まで考えられてもみないことであった。この状況で子供から老人に至るまで本土決戦に備えていた。婦人の武器とはわずか竹槍。そんな中で大雲は雑誌「大乗禅」で「一億玉砕の覚悟」と題し、「一億総玉砕の覚悟を要する……見敵必殺、破邪顕正は禅門の要諦である。人を斬らば須《すべか》らく血を見るべしともある。倒まに鉄馬に騎って鉄城に入るともある。平素坐禅したのは、斯かる一大事の時に役立てるためではないか」[注36]と発表。

日本の降服まで一年を残していた。だが、一九四五年の初めには、多くの仏教関係の出版が軍事増産の一貫として物資不足（軍を優先するため）で、次々に停止されていった。これによって禅を含めた仏教の指導者たちは活字の声を失ったものの新聞は、なお発行がつづいていたため時折、仏教からの視点、観点はひきつづき登場していった。

〈増永霊鳳〉

禅関係者の中で発行を止められた戦時下の緊迫した中で、最後の発言者の一人として曹洞宗学僧増永霊鳳（一九〇二―一九八一）がいた。戦後、彼はいくつかの禅関係の書を英語で出版したこと[注37]から、外国ではその名をよく知られている。一九四五年五月二十五日から六月一日にかけて、「中外日報」という仏教新聞に、「特攻精神の根源」という題で連載。その中から――

「我々は、宗教の超世俗的永遠性と、超有限的絶対性とを主張せんがために、国家の歴史的現実を無視することは出来ない。何となれば、国家の歴史的現実は、我々の依って立つべき基盤であり、生命の根源であるからである。現代の宗教の基本的課題は、宗教を宗教として飽くまで深くその本質的生命を生かしつつ、しかもそれを現実から遊離した、普遍的信仰として抽象化することなく、国家的現実と密接に結合する、国民的宗教として具体化するところにある。倫理的実体としての国家と宗教とは、その深き根柢に於て、当然結合しなければならない。……日本の文化性格は理事一如、否、事々無礙に存するといい得るであろう。即ち我を空しうして、物となって見、自ら事の中に没して、それと一になったのである……無の心境に達した我々は、万境に応じて聊《いささ》かも渋滞するところなく、真に日本的行を現成するのみである。否定即肯定を説く大乗仏教の根本精神もまたこの外に存するのではない。盤珪《ばんけい》（臨済宗の僧。一六二一九―一六九〇）の不生禅が説く心境も自ら味得されるではないか。予はこの心境を禅的に表現して如々不動禅と名づける。〝聖人己なし、己ならざるなし〟といえる僧肇の言、亦味うべきである。特攻精神の根源は、個我の否定によって、ともに歴史を担う魂の復活に存する。この心の転換を、禅は古来大悟徹底と呼んだのである[注38]」

このように霊鳳は、カミカゼでの自殺行為を仏教でいう完全なる悟りと名づけたところから、仏教を軍国主義の局地へと追いつめていったのである。まさしく「いくところまでいってしまった」という以外はない。

禅宗の戦時活動

禅の基本とは知識は行動と一体であらねばならぬこと（行学一如）。ならば禅は自分たちの指導者たちの戦争肯定の発言を、いかように具体的な行動へと移していったというのか。禅の二大宗派は主として、他の仏教国と似かよった行動をとっていること。前述したが、国内での遺族に対して社会的援助や外国占領地での布教活動である。だが、これ以外にも諸々の活動を展開してきた。

一つの例が戦争を勝利に導くための特別法要を行なったこと。日本に大乗仏教が伝えられる以前に、諸仏教国ではこのような法要が特別な効力をもたらすものといわれていた。仏教において功徳《くどく》があると信じられていた。「功徳」とは精神的な利益《りやく》のようなもので、色々と良い行ないをすることによって、それだけの「功徳」が得られるものと人々は思っていた。たとえば、寺にお金や土地を寄付、お経を唱えてみたり、写経、といった具合にである。しかも「功徳」とは、自分に与えられるはずのものが他人にその効力が向くともいわれたもの。大乗仏教の伝統では、この「功徳」の回向が六波羅密の一つとして菩薩行の重要な部分と見られていた。[注39]

日本では先に述べた「特別法要」なるものは、すべての宗派で行なわれていた。本来、禅宗では、このような法要を自己中心的な現世利益《りやく》として退けていた。ところが、北条時頼（一二二七―一二六三）や北条時宗（一二五一―一二八四）が登場する鎌倉時代、二人を代表する武士階級や貴族たちが禅宗に帰依するようになった時点で、彼らは禅寺に対しさまざまな方面で「現世利益的な法要を要求するようになっていったこと。先頃亡くなった仏教学者中村元《はじめ》が指摘しているが、この時代にさかのぼれば、禅寺は一種の祈りに明け暮れる修道院と化してしまったのである」[注40]。

禅寺での多かった法要の中でのお経は、「般若経」。一九三八年発行の雑誌「禅宗」の中で、臨済禅学者今井福山は、このお経は特に効力を発揮、その理由として、「此の経の流通するところは、魔障諸災消滅して吉祥になることが説ひてある故である」[注41]と指摘。この般若経とは日本版では六百巻に及び、法要では一部を唱えるか、僧侶たちがこの六百巻を分担し題名を唱えながら、風になびかんばかりに広げ、祈った。

総持寺

次の文章では、曹洞宗大本山の一つ総持寺において行なわれていた法要を紹介しておきたい。その模様は一九四四年十一月、十二月両月発行、曹洞宗報の一面記事に登場。法要の目的が全宗をあげて何百万の写経が完成したことを記念したもの。前述したが、大規模な写経で大功徳がもたらせると信じた所以《ゆえん》である。記事の全文がここにある。

「般若心經一千萬巻浄寫必勝祈願大法要

再び大本山總持寺に於て嚴修せらる

高階管長及び渡邊貫首兩禪師の御親修

最近に於ける臺比兩島沖の赫々たる大戰果は、まことに世界を驚倒せしむるに至ったとはいへ、絶大なる物量を恃む敵米英の猛反撃は日に日に、その苛烈悽愴を増し、外には比島レイテの大激闘となり、内は不逞にも帝都空襲を敢へてし遂に醜奴をして皇土を窮はしむるに至った、國歩の艱難戰局の危急、今日より甚しきはなく、皇民一億、總憤起の要今日ほど愷切なる秋はないのである。曩に本宗發願にかゝる般若心經一千萬巻浄寫心血結集の必勝大祈願は、燃ゆるが如き闔宗《こうしゅう》道俗の赤誠をあつめ凝って豫定一千萬巻をはるかに超ゆること一百三十八萬巻となり、或は血書に血判に乃至は、失明傷痍軍人の手になる點字心經の淨寫等あり、殊には、畏くも各宮家よりも御寫經を賜はる等無上の光榮に感激し、去る九月一日より七日間、大本山永平寺に於いて之が祈願大法要を嚴修し、謹みて、玉體康寧、皇土安穏、並びに敵國降伏を祈禱せるを既報の通りであるが[注42]……」

いうまでもなくこの「宗教行事」そのものに戦時模様が細かく刻まれており、戦いで目が不自由になった兵士までもが、その一役を与えられていた。曹洞、臨済、両宗の指導者たちはあえて自分たちの回《え》向《こう》文の内容までも、戦争勝利を導くようにと変更していた。一九四二年四月十五日の「曹洞宗報」によれば、新しくなった回向文が掲載される。その中で、「出征將兵武運長久」「聖戰連勝國威宣揚」とあり、いうまでもなく、「天皇陛下聖壽萬歳玉體康寧[注43]」と締めくくられてあった。

臨済禅

臨済宗も曹洞宗同様に、英米の「撃滅」を達成すべく法要を行なっていた。先に登場した今井福山が「吾宗で戦時に武威宣揚を祈る為めに法会を営弁せし事は、六百数十年前よりあることで有るから、西来版の嵩山清規にも、禅興版の五山清規にも軍事関係の祈禱会の回向文が載せて有った[注44]」と指摘。福山によれば、明治期になって初めて軍事関係の祈禱会の回向文が使用不可能となっていた。その理由として、新樹立した政府の役人の幾人かは古い回向文が忠誠心、つまり愛国心に欠けるものだと解釈したことにある。当然、中世の回向文とは各大名が率いる家臣や家来のためにあり、大名は同時に禅寺の保護者でもあった。新政府から見れば、中世時代の回向文とは、天皇並びに新設の国事のために作成されたものでなかったゆえに不適当とみなしたものである。

福山は、もはや過去の軍隊向きにあつらえた回向文を復活させない理由はないという。それればかりか、中国との全面戦争に突入した以上、大いに復活してしかるべきという彼は、雑誌「禅宗」の中で、模範となるであろう明治以前に出された回向文のいくつかを紹介し、内容は先に述べた曹洞宗のそれとほとんど違いはなかったこと。だが、あえていえば一つ、それは仏教における慈悲の権《ごん》化《げ》である観音菩薩が何と軍人に変身していたこと。この臨済の回向文の中で、観音の新しい名称として「将軍観音」と名づけたのである。その理由づけに、福山は次のように述べる。

「この将軍観音は観音三十三応身の一であるから、観音応化身に将軍相のあることは楞厳経疏にも法華経注にも詳説して有る」[注45]

観音には様々な神通力《じんつうりき》があると人は信じ、日本軍の指導者の中には、この菩薩の入隊を歓迎する士官も多かったであろう。その一人に松井石根陸軍大将（一八七八―一九四八）がいた。彼は一九三九年の秋に熱海の伊豆山に、自ら興亜観音を建立することを命じた。この仏像と戦時政策の関係は名称からして明らかである。開眼式は一九四〇年二月二十四日。松井は、そこで次のように述べている。

「支那事変は友隣相撃ちて莫大の生命を喪滅す　実に千歳の悲惨事なり　然りといえども是所謂《いわゆる》東亜民族救済の聖戦なり　惟《おも》うに此の犠牲たるや身を殺して大慈を布く無畏の勇慈悲の行真に興亜の礎たらんとする意に出でたるものなり

予大命を排して江南の野に転戦して亡う所の生霊算なし　まことに痛惜の至りに堪えず　ここに此等の霊を弔う為に彼我の戦血に染みたる江南地方各戦場の土を採り施無畏者慈眼視衆生の観音菩薩の像を建立し此の功徳を以て永く怨親平等に回向し諸人と倶に彼の観音力を念じ東亜の大光明を仰かんことを祈る[注46]

紀元二千六百年二月　　願主　陸軍大将　松　井　石　根」

観音堂には、小さな観音像がまつられていた。外にはより大きなやはり観音像、六メートルはあろうか、松井が中国の戦場で流血に染まった土を持ち帰り、興亜観音像の一部とした。彼はこの観音像は日本兵のみならず、中国兵の慰霊のために建てたという。だが、このような広い心を持ちながらも、同時に南京攻略の際の指揮官でもあったこと。戦後、極東裁判でA級戦犯となり、南京虐殺の責任をとらされて処刑となっている。

資金作り

こうした法要と共に禅宗は曹洞宗、臨済宗を問わず、様々な形で戦争支持をつづけていた。その一つに宗派をあげ、軍機を購入するために募金活動を行なった。曹洞宗では中国と全面戦争の四年目、一九四一年七月七日にその活動を開始、わずか二週間で海軍へは最新式戦闘機を一機、陸軍には患者輸送機二機を献納するまでに資金が調達されたのである。また、これらは曹洞一号、二号などと名づけられていた。この募金活動に関する記事が一九四一年九月一日付の「曹洞宗報」に出ている。

「高度国防国家建設の国策に順応する挙宗一体の赤誠は、やがて曹洞号の勇姿となって東亜共栄圏の空高く飛翔すると共に、新宗制によって発足せる宗風も高く挙揚されなければならぬ。一面に於て宗徒翼賛の気魄を示す機会ともなるが、一面に於ては国民精神の振起興隆に資するところも亦大なるものあるを信ずる」[注47]

臨済宗では妙心寺派が同じような形で支援。この派は臨済宗の最も大きい宗派とはいえ、統一された曹洞宗にくらべ、その規模は三分の一にも満たないにもかかわらず、海軍に対し少なくとも二機の戦闘機を献納。最後の献納は一九四五年四月であった。その機体の名を花園妙心寺号と名づけたのである。

いうまでもなくこのような献納が軍事的な影響、つまりその意味は大きなものではなかったものの、はじめから献納の目的は、前述したように国民精神の振起興隆にあったのである。軍の内外を問わず、禅宗ないし仏教全体の目的とはあくまでも戦意を高めるところにあったことは紛れもない。

訓練

一九四二年六月から曹洞宗は「戦時下皇民錬成指導班員養成所」を設立。一九四三年十一月一日付「曹洞宗報」の一面記事に、その原則が掲載された。その基本はあくまでも「戦力増強」にあり、十六項にわたって縦に分類。初めの八項目が戦争に関与。図解は次のようになる。

〈図解〉

戦力増強―三綱領
- 必勝信念の昂揚
- 戦時生活の確立
- 挺身奉公の実践

五要項
- 国体明徴
- 皇運扶翼
- 敬神崇祖
- 皇民錬成
- 皇恩奉謝

五信条
- 帰依三宝
- 本証妙修
- 師資相承
- 身心学道
- 行持報恩

三修行
- 参師問法
- 只管打坐
- 法式厳修

興聖護国

ここで注目すべきは「挺身奉公の実践」にはじまって、五要項の終わりまでが第一章で紹介した明治期の大教院の原則とほぼ一致し、禅僧たちは他の仏教僧同様に、教導職をひきつぐことになった。もし新しい局面があったとすれば、「必勝信念の昂揚」が必至とならねばならなかったことである。

禅の僧侶たちは、国民を訓練する独特の方法をもっていた。「坐禅」である。この坐禅とは、単に将校をはじめとする軍人を鍛えるためだけでなく、軍需工場で働く労働者たちにも適用。当時この労働者たちを「産業戦士」と名づけ、「身心錬成」のために坐禅会が工場の寮や近くの禅寺で実施された。

「近時、時局の線に沿ふべく、身心の錬成といふ事が非常に喧《やかま》しく言はれて来た。産業戦士達が、その職域を通じて御奉公申上げる力の源泉を見出さんと、徹底自己究明する」ところに、その目的があるという。なによりも坐禅から生まれる力を重要視し、過去にも「歴史に残る偉人傑士は殆《ほと》んど皆坐禅に依ってその力を養成し」たと同様、今日の産業戦士たちも坐禅からくる「無限大の力を感得せしむる」[注48]ことを忘れてはならないと書いた。

　日本の戦時状況が不利になっていくにつれ、禅僧たちは単に思想戦だけではものたりなくなり、一九四四年一月には、従軍布教につとめる者や大陸での布教活動に従事する僧や入隊した僧を除く残留僧も、自分たちのいわゆる法城を放棄し、軍事産業に従事、軍事物資の増産に協力するようにまでなっていった。[注49]これは、一九四四年二月一日の曹洞宗報にのせられ、超宗教的な大日本仏教会が呼びかけたものであった。十六歳から四十五歳までの宗派をいとわず、すべての僧侶を対象とした。その発表が次の通りである。

「『戦力の増強は精神力から』と言ふ意味から各宗派の擁する優秀なる僧侶約一万人が自ら志願して重要産業工場に乗込んで直接生産に従事すると共に産業戦士の精神的な錬成指導に当る点である」[注50]

　こうして戦争の終わりまで禅の精神によって支えられていた武士道の精神は、日本社会の各方面に重要な役割を果たしてきた。武士道の精神的な指導者として、禅僧は他宗派の僧侶と共に産業戦士と化したのみならず、究極に至るまで精神教育を完遂すべく貢献したのであった。

第十一章──戦後における皇道仏教、皇国禅、あるいは軍人禅への反応

一九四五年八月十五日、日本の降伏は皇道仏教、皇国禅、あるいは軍人禅の終わりをも意味した。日本の敗北と連合軍による占領により、既成仏教各宗派はただちに自分たちの回向文を書き替え、新しい時代を反映させようとした。だが、それでも仏教の各指導者たちは戦時中にとった彼らの行動をいかに釈明すべきか苦慮していた。彼らの行動や声は、果たして仏法の正しい表現であったのか、あるいは背信行為そのものではなかったかという問題に次第に直面していくようになる。

鈴木大拙の反応

戦後、おそらく初めて彼が仏教側の戦争支援に対する道徳的問題点に触れたのではなかろうか。一九四五年十月に早くも一九四四年発行の『日本的霊性』の再版により、新しい序文をのせている。ここには日本軍国主義および帝国主義や全体主義の思想的背景として神道を批判。その上で仏教の

役割について、次のように述べている。

「仏教者は不思議に仏教の根本義に徹して、自らの使命に世界性を帯びさすことをしなかったのである。『鎮護国家』と云う狭いところに保躬の術を講ずることにのみ汲々とした。それで仏教は『国家』と結び、時々の政治的有力体の保護を受けて、日本と云う島国の中に生息して行くことを、最後の目的のやうに考へた。近頃の軍国主義の流行につれては、又それと歩調を合せて、全体主義がどうの、神話中の存在がどうの、『皇道』仏道がどうのと、しきりに時の有力者の機嫌を損ぜざらんことを勉めた。それで仏教者は自分等に課せられた役割に民衆性・世界性を持たせることを忘れた。又兼ねて本来仏教に包含せられて居る哲学的・宗教的なもの、霊性的自覚と云ふものを、日本的宗教意識の中から呼び覚ますことを懈《おこ》たった。それで仏教は『日本的』になったかも知れぬが、日本的霊性的なるものは後退するやうになった。その中に含まれて居る世界性なものは、外延的にも内包的にも十分に発展するの機会を失った[注1]」

大拙はさらに禅の軍国化の大きな責任は禅僧に、そして禅宗の両宗派にあるという。一九四六年発行の「禅学研究」という雑誌の中で「禅界刷新」と題し一文をのせ、日本での禅はよみがえる必要性があると、「今時の禅僧は一般に知識がない、学問がない。従って自主的に物事を考へて、自主的に意見を立てることを為し得ない……これが禅僧の大欠点である[注2]」と説く。この「大欠点」によって禅は戦争と協力、戦時中は政府のスローガンをまね、戦後は突然、世界平和や民主主義などと没頭し、宣伝した。そして大拙はさらに、

「そのやうな人は所謂《いわゆ》る戦争犯罪人のうちに入れて然るべきであらう[注3]」と書く。おもしろいことに、大拙は禅僧を批判しながら、禅僧が悟りを開いていないゆえにいうのではなく、悟りはあったかもしれないが、公の時代では悟りだけではすまされないという。

「お悟りにはお悟りの世界がある。それだけで戦争の是非などを判断し得られるものでない。世間の紛糾にはその紛糾に処すべき知性的な分別が入用である。固よりお悟りの人でも此分別は十分にある、或はそのお悟りの故に分別も却《かえっ》て透徹性をもち得ると云うこともあるが、それは分別のどの方面にでもあてはまると云ふわけには行かない。お悟りとそれからの知的分別は、哲学や論理などの方面に異常な役割をつとめるかも知れぬが、それを社会的一般文化面に向けてどれほどの効率があるかは問題になる。例へばお悟りは経済と連関せぬ。昔風の経済なら兎に角であるが、今代のやうな複雑な国内経済機構、それから進んで国際間の関係になると、一角《ひとかど》の専門知識をもたぬと容易に意見は立てられぬ。共産的経済機構がよいとか悪いとか云ふことは、単なるお悟りだけでは判断出来るものでない[注4]」ともいう。

では、なぜ禅がこのようにみじめな状況に陥ったかといえば、一つの理由に封建時代の圧迫のもとで成長してきた点がある。この圧迫を利用し、国を保存するために踏んばったこと。大拙がいうに、だからこそ、「飼主の手を嘗《な》めるのも人情であろう[注5]」。さらに日本の禅僧は自分の国以外に世界が存在することを自覚しなかったことに原因があるといえよう。大拙は続けて、次のように結論づける。

「兎に角、今日の禅僧には知性が不足である。何だか少し分ったやうなことを云って居ても、それは受売と貰売とである。馬を鹿と云ひ、鹿を馬と云ふこと、お悟りからは是亦妙であらうが、世間分別の面で尚そのやうな事を口にして、それでお悟りを知らぬ世間人を『指導』して行く覚悟か自信があるとすれば、如何にも情ないではないか。さうしてそのやうな『指導者』を黙認して居るほどの禅界は、亦目出度き限りではないか。

自分は、何はさておき、禅僧のもっと〳〵自主的に物事を考へる力を養ふことにしたい。これのないお悟りは太平洋の真只中に底深く沈めてしまへ。それが出来ぬと云ふなら、公堂壇上から戦時中一切の言動に対して自分等の不明と無批判とを白状し懺悔すべきであろう」[注6]（『禅学研究』第二巻第一号）

こうした文の中で大拙は、自分自身の悔いや告白の必要性を除外してはいないか。だが、「日本的霊性」の序文において、間接的ながら自身の責任について言及してはいる。

「日本崩潰の重大原因は、吾等の何れもが実に日本的霊性自覚に欠如して居ると云ふところにあるものと、自分は信ずる」[注7]と書く。もし大拙が日本の崩壊に対し、自分自身にある責任を認めるとあらば、日本人一人一人が責任をわかち合って考えるべきではなかったか。

大拙は「禅と剣」や「禅と武士道」の統一を積極的に推し進めたことに対し、日本の軍国主義化とは何ら関連性を持たぬものと考えたようである。ゆえに自分の書物が戦時中、この時代に与えた影響力について何ら触れようとはしていない。だが、「日本的霊性」という書で抽象的にせよ、一つの欠陥があったことを認めている。

「此書は日本が連合軍に対して無条件降伏する前に書かれたもので、上記の意味は未だはっきりと表現せられて居ない」[注8]

では、大拙がいわんとするのは日本の当時の軍事政権の中で検閲を避けるべく自分のいわんとすることを自制したということになるのか？　必ずしもそうであったとはいえまい。なぜなら同じ序文の中で、明確に日本的霊性の性格を把握出来なかったことに対し、それはあまりにも「学問的」であり、また、「はなはだ組織的でない」ことによる理由であるとした。

大拙は自身の戦争における道義的責任を一九四七年発行の『日本の霊性化』の中で書いている。この本は一九四六年六月、真宗系の大谷大学での五回にわたる講演をまとめたもの。この講演の中心は神道であり、大拙は神道たるものが日本の軍国主義の責任を負うべきでありとした。神道とは原始的な宗教であると同時に、霊性さにおいては「極めて低調・浅薄・偏狭・固陋、取るに足るものはないのである」。

このような理由づけがあるゆえに、神道家たちは日本は「『帝国主義的』国家観を作り上げ、八紘一宇のイデオロギーを打ち建てんとしたのである」[注9]。大拙にいわせれば、こうした状況の結論はきわめて簡単で、要するに、「この神道が始末せられない限り日本の霊性化は実現しないと云ふのが著者の考へである」[注10]。

だが、大拙はやはり自分の戦争責任にまったく言及しなかったわけではなく、次のような文章が残っている。

「吾等には何等罪がなかったかと云ふとさうではない。吾等にもまた大いに罪があり、責任があると思ひます。かの満州事変の始るまで、又は満州事変が始ってからも、吾等は皆それを日本帝国の発展だとして謳歌したものであります。吾等のうちでそれに反対したものもなかっただろうと思ひます。あってもきわめて少数であったと思ひます。何でも日本には食糧が足らないんだ、人間が殖えるんだ、工業的に経済的に益々世界へ進出しなくちゃならないんだから、斯う云ふ狭い所に居ってはとてもいけない、侵略的に帝国主義を大いに発揮しなければならぬと云ふことであった。満州事変と云ふものも、色んな細工で作り上げたと云ふやうなことも聞いて居ました。それについて多少考へを持って居った人もありましたらうけれども、別に何とも云はないで、まあやるもよからうと云ふ位な考へを持って居ったと思ひます。私などもさう云ふことに対しては実際を申しますと、余り関心を持って居なかった」[注11]

日本の敗北の真っ只中にいながらも大拙は、何とかして日本の戦争を讃えることのできる要素を見出そうとしていた。その戦争肯定を、次のように述べている。
「日本と云ふ国家と国民との大犠牲に於て、東洋諸国の諸民族の政治的・経済的自覚を喚び起す機会になりはせぬかと云ふことです。これが端緒になって、今から何十年の後に、東洋諸民族があらゆる意味において独立国を形成して、欧米の諸国民と共に世界文化の向上に協力すると云ふことになれば、誠に結構なことと信じます[注12]」

この文には大拙が戦時中に出した文章の延長線上にある響きを感じる。日本人の「多大な犠牲」にあって「東洋諸国の諸民族の自覚」を呼びさます機会となったゆえに、彼はこの戦争の肯定的な点も見出している。だが、大拙は英語圏の人々には、別の解釈を提供する。それは「自叙伝」と題し、「禅の生活、D・T・鈴木の思い出」という英文にのせている。
「日本人が太平洋戦争をひき起こしたことは全くばかげたこと。おそらくやまず正当化できるものではないこと。それでも歴史の進展においては必然的なことであったといえなくもない。英国の東洋への関心が長くつづいたことは否定できないものの、米国人が戦後、日本にやってきて日本人に会い、さまざまの日本にふれあったことで、東洋に関する彼らの関心が高まっていったのである[注13]」

彼はまず、東洋の諸民族は戦争によって目覚《めざ》め、次に「必然的」な戦争のもう一つの肯定的な面があったとすれば、アメリカ側の日本に対する駐留と日本への関心を高めさせたことにあるという。これでは日本の「多大な犠牲」によって、敵も味方も同じくある種の利を得たといわんばかりである。

ここでさらに注目すべきことは、大拙は戦争そのものをばかげたことと言ったのではなく、それはあくまで太平洋戦争に限定し、「おそらくやまず正当化できない」ものとした。彼の書の中のどこにも日本の台湾、朝鮮、中国への植民地政策に対する悔いや謝罪は見当たらない。なぜなら彼は、アジアでの軍事活動に限っては支援者の一人であったからである。これを見るには、一九四三年、日本の若い仏教者たちに向けて、次の文章を発表している。

「『大東亜』戦争と云ふが、その実は思想的に東亜文化の抗争であると見てよい。仏教者は此抗争に加はって自らが持つ本来の使命を果さなくてはならぬのである[注14]」

　こうした文章をよむ時、大拙にとって日本がアメリカを攻撃してはじめて事がまちがった方向に進んでしまったといわんばかりではないか。彼にとってなぜ太平洋戦争だけが「ばかげていた」といえたのか。

　著者にいわせれば、大拙は十年以上ものアメリカ生活の経験からアメリカと戦うことは敗北になることが十二分にわかっていたのである。一九四一年九月、真珠湾攻撃の二ヵ月前のこと、京都大学において「禅と日本文化」の講演会を開いている。講演が終わり、壇を下りたところ、再度、壇上に戻り、次のように述べている。

「講演が一応すんだあと、講壇から、禅の行者であり超俗の哲人であるこの先生の口から次のようなことを聞きました。当時日本軍が仏領インドシナに進駐しはじめて、アメリカとの衝突が目前に迫っていました。『日本はアメリカの工業生産力の恐るべき実体を、もっと冷静に正確に評価していなければならない。今日の戦争は、昔のように戦略や戦術や豪胆や勇敢だけで決着するものではなく、機械力とその生産力に負うところが多いのだから[注15]』」

　大拙の門下生、日高第四郎も同様に、大拙のこのような発言を「反戦」的なものと解釈。だが一方で、単なる道徳的あるいは政治的観点のない常識的な発言に過ぎないという見方もできる。要は生徒たちにもわかるように、自分たちより大きな者に喧嘩をしかけても勝ち目はないことと同様だ。

最近明るみに出たもう一つの証しに、朝日新聞（一九九九年四月二十七日付夕刊）に登場するが、

「長く大拙のそばで仕事を手伝った古田さんは『先生は、憤まんやるかたないといった調子で、〝この戦争は無謀だ〟といっていました。米国生活が長く、国力でも日本が米国の比較にならないことをわかっておられた』という」。

このことからも、先の筆者の見解は妥当といえよう。この記事において注意すべきは「戦争は無謀」と思いながらも、一度たりとも戦時中に多数書いた書の中で公にしていなかったこと。それでは戦後において「禅界刷新」の中で、禅者たちの主体性の設立を強く主張した彼自身の主体性とはいかなるものであったのか。

彼の「反戦的」発言は、常識的なものに過ぎなかったこと。負け戦さははじめからするべからずというにとどまったに過ぎない。大拙は長寿であり、日清戦争の際は二十四歳、日露戦争では三十四歳、満州事変では六十一歳、中国との全面戦争で六十七歳。筆者の知る限り一度たりとも、日本のアジアでの軍事的行動を正面から批判した文章は見当たらない点から見れば、前述した彼の文章の中で、「邪魔外道」と戦うことは日本にそれだけの国力があれば、まったく問題がなかったということになる。

既成仏教教団による戦争責任の発表

戦後において四つの既成仏教教団は、自分たちが戦争政策に協力し、支援した責任を追及する声明文を発表している。だが、いずれもが終戦後四十年を経て初めて出されたものであった。それにくらべて日本最大のキリスト教組織、日本キリスト教団は一九六七年、つまり仏教者側より二十年も早く、「第二次大戦時下の責任についての告白」を発表、それでも戦後二十年を経ていた。

だが今もなお、日本の多くの既成仏教教団が、この問題に関して口を閉ざしたままである。たとえば臨済宗はいくつかの宗派に分かれてはいるものの、いずれもこの最も重要な問題点を一度たりとも追及せず、コメントもなく今日に至っている。この点を考えてみれば、仏教側はまったくこの点に関して真剣に取り組んではこなかったといえよう。

戦争責任を認めた四つの教団で最初の声明文を発表したのは、真宗の東本願寺であった。宗務総長、古賀制二が一九八七年四月二日、「全戦没者追弔法会にあたって」と題し、「想い起こせば戦時中、わが宗門は戦争を〈聖戦〉と呼び『靖国神社ニ祀《まつ》ラレタル英霊ハ皇運扶翼《ふよく》ノ大業ニ奉仕セシ方々ナレバ菩薩《ぼさつ》ノ大業ヲ行ジタルモノト仰ガル』といったのであります。そのこと自体が深い無明《むみょう》であり、厚顔無恥《こうがんむち》でありました。今そのことを憶うとき、身のおきどころがないような慚愧《ざんき》の念におそわれます。

親鸞聖人は『〝無慚愧《むざんき》〟は名づけて〝人《にん》〟とせず』と教えられていますが、戦争は人を人でないものにしてしまうのであります。戦争は殺し合いなるがゆえに罪であり、その戦争を〈聖戦〉と呼ぶことは二重の虚偽であります。戦争に参加する者は、被害者であるとともに加害者となるのであります。

私たちは単に、『過《あやま》ち』といって通り過ぎるにはあまりにも大きな罪を犯してしまいました。わが宗門は聖人の仰《おお》せになきことを仰せとして語ったのであります。私たち僧分の者はその罪をおもうとき、ただ皆さまの前に沈黙の頭《こうべ》をたれる他ありません」[注16]

西本願寺の方は四年後の一九九一年二月二十七日付で、本願寺宗会の名のもとで声明文を発表。「わが宗門の平和への強い願いを全国、全世界に徹底しようとする決議」と題した。この声明文の中心がアメリカの湾岸戦争（一九九一年）、核戦争の脅威に触れ、さらに、

「戦前・戦中を通じて、軍部を中心とした国家の圧力があったとはいえ、結果的に戦争に協力した

こと、また教学的にも真俗二諦論を巧に利用することによって、浄土真宗の本質を見失わせた事実も、仏祖に対して深く懺悔《ざんげ》しなければならない。

以上の趣旨に基づき、次のことを要望する。
一、総局は過去の戦争協力への深い反省を表明し、『世の中安穏なれ、仏法広まれ』との宗祖のご遺議に添うべく、全国、全世界に念仏者の平和への願いを行動に示す。
二、前項の行動を具体化するために、全宗門的合意が得られるような法要儀式その他の事業計画を策案して、全教区で実施されるよう宗教上の処置を採る。
なおこれは、昨年十回目の法要を勤めた千鳥ヶ淵全戦没者追悼法要の趣旨を全国各地に波及させる意味を持つものであり、わが宗門の平和への強い願いを全国、全世界に徹底しようとするものである。注17

一九九一（平成三）年二月二十七日」


一九九二年になると、曹洞宗が戦争責任を認める「懺謝文」を発表。すでに述べたが、臨済宗は戦後、今日まで反省の色は見られないようであるが、曹洞宗とて積極的な動きがあったわけではない。ただいくつかの人権問題が曹洞宗門の内々で現われるようになったため、その結果、自分たちの戦争責任を認めざるをえないところまで追いこまれていった。

その大きな出来事の一つに、一九八〇年、宗務庁が出版した『曹洞宗海外開教伝道史』の中で大陸での軍国主義を支援する側にあった活動をほめ讃えていたゆえ、その非を外部より指摘されたことがある。これを受けて一九九三年一月発行の「曹洞宗報」において『曹洞宗海外開教伝道史』の回収を発表。理由として、

「『曹洞宗海外開教伝道史』は、一九八〇（昭和五十五）年十一月十日に発行され、その内容は、

明治時代以降の海外における、宗門の伝道の歩みを、当時の方々のレポートを中心に編まれたものであります。本書の内容に、差別思想にもとづく記述が数多く見いだされました。それは民族差別に基づく差別語、さらに『軍国主義』や『皇民化政策』への無批判な迎合などの箇所であります[注18]」と発表。

この発表の少し前に宗務総長大竹明彦が、先の「懺謝文」を出したのだった。この中には海外伝道師の戦争責任の自覚を、いかにもたらしていったかという過程がよくうかがえるものがある。

「われわれ曹洞宗は、明治以降、太平洋戦争終結までの間、東アジアを中心としたアジア地域において、海外開教の美名のもと、時の政治権力のアジア支配の野望に荷担迎合し、アジア地域の人々の人権を侵害してきた。また脱亜入欧の風潮のもと、アジアの人々とその文化を蔑視し、日本の国体と仏教への優越感から、日本の文化を強要し、民族の誇りと尊厳性を損なう行為を行ってきた。しかも仏教の教義にももとるようなこうした行為を、釈迦牟尼世尊と三国伝灯の歴代祖師の御名のもとに行ってきた。まことに恥ずべき行為というほかない。

われわれは過去の海外伝道の歴史の上で犯してきた重大な過ちを率直に告白し、アジア世界の人人に対し、心からなる謝罪を行い、懺悔したいと思う。

しかし、それはかつて海外伝道に従事した人たちだけの責任ではない。日本の海外侵略に喝采をおくり、それを正当化してきた宗門全体の責任が問われるべきことはいうまでもない。

さらにまた、曹洞宗が一九八〇年に出版した『曹洞宗海外開教伝道史』が、過去の過ちに対して反省を欠いたまま発刊され、しかも同書の本文中において過去の過ちを肯定したのみならず、時には美化し賛嘆して表現し、被害を受けたアジア地域の人々の痛みになんら配慮するところがなかった。かかる出版が歴史を語る形で、しかも過去の亡霊のごとき、そして近代日本の汚辱ともいうべき皇国史観を肯定するような視点で執筆し出版したことを恥と感じる。

　また同時に、このような書籍の出版が太平洋戦争後三十五年を経てなされたということについても、重大な罪の意識を感じざるをえない。何故ならばそれは、宗門が明治以降、ある時は国家に阿《あ》諛《ゆ》迎合し、ある時は積極的に国策に荷担して戦争協力を行い、アジアの民衆に塗炭の苦しみを強いてきたという事実について、なんら反省することもなく、その責任すら感じていなかったということに他ならないからである。

『歴史とは、過去と現在との間の尽きることを知らない対話である』といったのは、歴史家、E・H・カーであるが、遺憾ながらわが宗門はこの対話の努力を怠り、過去の歴史に今を問いかけ、過去の歴史に学びつつ自らの座標軸を糺《ただ》そうとする姿勢を持つことなく今日に至った。われわれは一九四五年の敗戦の直後に当然なされるべき『戦争責任』への自己批判を怠ったのである。

　曹洞宗は、遅きに失した感は免《まぬか》れぬとはいえ、あらためてその怠慢を謝罪し、戦争協力への事実を認め、謝罪を行うものである。

　われわれは『戦争責任』の重大性を認識し、アジアの人々の痛みの上に立って、一九八五年二月以来、『曹洞宗海外開教伝道史』の文言の一々について徹底した読み直しを開始し、同書の随所に『民族差別による差別表現』『国策・皇民化政策荷担の事実への省戒なき表現』が見られ、同書が歴史の書として誤った歴史認識によって執筆されているのみならず、抑圧された人々の人権の視点を欠いており、人権擁護を推進しようとするわが宗門の立場と相矛盾するものであることを確認し、同書を回収し、廃棄処分することとした。また、われわれはこの書籍の誤った歴史認識と差別表現を指摘したが、それは同書の誤りを指弾するのみでなく、歴史への反省を怠り、戦争責任を回避してきたわが宗門、及びわれわれ全宗門人にこそ向けられるべきことはいうまでもない。

思うに、仏教は、すべての人間が仏子として平等であり、如何なる理由によろうとも他によって毀損されてはならぬ尊厳性を生きるものである、と説く。しかるにその釈尊の法脈を嗣受することを信仰の帰趨とするわが宗門が、アジアの他の民族を侵略する戦争を聖戦として肯定し、積極的な協力を行った。

特に朝鮮・韓半島においては、日本が王妃暗殺という暴挙を犯し、李朝朝鮮を属国化し、ついには日韓併合により一つの国家と民族を抹消してしまったのであるが、わが宗門はその先兵となって朝鮮民族のわが国への同化を図り、皇民化政策推進の担い手となった。

人が人として存在する時、人は常に自らの帰属する場所を求めずにはおかない。家族、言語、民族、国家、国土、文化、信仰等、自らが帰属するアイデンティティーを保証される時、人は安息を覚える。アイデンティティーは人間の尊厳性を保証するものなのである。しかるに皇民化政策は、朝鮮民族の国家を奪い、言語を奪い、創氏改名と称して民族文化に根ざした個人の名前まで奪い去った。曹洞宗をはじめとする日本の宗教は、その蛮行を宗教により正当化する役割を担った。

また、中国等においては、宗門が侵略下における民衆の宣撫工作を担当し、中には率先して特務機関に接触しスパイ活動を行った僧侶さえいた。

仏教を国策という世法に隷属せしめ、更に、他の民族の尊厳性とアイデンティティーを奪い去るという二重の過ちを犯していたのである。

われわれは誓う。二度と過ちを犯すことはしない、と。

人は、何人といえども、他によって侵されたり、迫害されたりすることは許されない。人は、かけがえのない存在としてこの地上に存在するものだからである。それは国家においても、民族においても同じである。

また、人も、国家も、民族も、それ自体で独立した存在として、他の侵犯を拒絶するものであるが、一方、それ自体が、個として独立的に存在し得るものではない。人も国家も、相互依存関係の中においてのみ存在し得るものである。

通信や交通の技術が進歩して地球が狭隘化し、政治や経済が国際化した今日、地球は一つの共同体であることを明らかにしてきた。仏教のいうすべての存在『縁起』性があらためて確かなものとなってきたのである。

人も、国家も、民族も、それが『縁起』的存在として、他との相互依存性の中に存在するとすれば、他を侵すということは、自らの存在の一部を否定するということである。自らの存在の根拠を侵すということである。

故に、仏教においては、他との共生は必然である。他との共存こそが自らの生きる根拠なのである。自を見つめ、自を律し、他と共に生き、他と共に学ぶ生き方こそ仏教の平和思想なのである。

われわれは過去において、この視座を見失い、仏教と遠く離れた位置にあった。

ある一つの思想が、ある一つの信仰が、たとえいかような美しい装いを凝らし、たとえどのように完璧な理論で武装して登場してこようとも、それが他の尊厳性を侵犯し、他との共生を拒否するとするならば、われわれはそれに組みしないであろう。むしろ、そのような思想と信仰を拒否する道を選ぶであろう。

人の命の尊厳性は、それらを越えてはるかに厳粛なものだからである。

われわれは重ねて誓う。二度と同じ過ちを犯さない、と。そして、過去の日本の圧政に苦しんだアジアの人々に深く謝罪し、権力に組みして加害者の側に立って開教にのぞんだ曹洞宗の海外伝道の過ちを深く謝罪するものである。

一九九二年十一月二〇日

曹洞宗宗務総長　大竹　明彦」[注19]

今まで日本の既成仏教教団で、これほど長文の「懺悔文」は見られないし、広範囲にわたり充実した内容は稀である。しかしながら、仏教と国家の教理や歴史的な関係はほとんど語られず、ましてや仏教と皇室の関係に触れたものはない。たとえば日本史の流れにおいて「護国仏教」という概念は仏教の本質であったのか、あるいは単なる歴史からくる産物であったのかも言及されてはいないし、「禅と剣」（禅剣一如）の教えが「正」あるいは「誤」であったかも取り上げていない。

禅宗において伝統的に「活人剣」は「殺人剣」に対し肯定されるものの、その「活人剣」を盾に日本のアジア侵略を時の禅者たちが肯定した。それでは「活人剣」は、実際に存在しうるものなのか？　鈴木大拙をはじめとする数多くの禅指導者たちが悪用したといえはしないだろうか？

仏教教団のもっとも新しい戦争懺悔文は、一九九四年六月八日、天台宗の少数派の宗派寺門《じもん》宗が出したもの。彼らの責任告発はわずかひと文章にすぎず、それでも「核廃絶を求める宗門アピール」と題した中で、

「いま、原爆犠牲者の五十回忌を迎え、過去の侵略戦争への協力加担を懺悔し、いまの核拡散防止条約が、核兵器全面禁止、廃絶を目指した条約へと発展的に改正されることを声を大にして求めます」[注20]

この「曹洞宗」の声明文や一九八三年、先に登場する内山愚童の僧籍復活に関する反省文を見る時、少しずつ前向きに取り組むようになっていることは認められる。だが、市川白弦に代表される一部の禅学者が指摘するように、国家の力で遂行された戦いもさることながら、近代史上での日本

軍国主義そのものが大乗仏教に見られる仏教の教理に深く浸透し、実践された面があった事実を認めようとはしないところに大きな問題点があることは明白である。「禅剣一如」たる精神が完全に消え去ったものなのか、あるいはただ小休止しているだけなのか、それは今もってわからないところである。

市川白弦とその関係者たち

他の仏教教団は、前章に書いたように若干ではあるが自分たちの教団と戦争の関わりについて発表はしたものの、禅宗と戦争の関係について書かれたものがはるかに多いことに気づく。だが、多数の禅関係者によって書かれたのではなく、元臨済宗の禅学者市川白弦（一九〇三―一九八六）による徹底した研究の遺産のたまものといえよう。戦後、彼は独力でこの問題を学術的に研究、市民の前に提供した。彼の著書は、他の宗派においても一つの起爆剤となっていった。

白弦の書物を見る前にまず、他の禅関係者たちからの批評を知ることが有益なはずである。それによって白弦の研究がいかに広い視野と深い洞察力で書き上げたかを知ることが出来る。白弦の死後、幾人かの学者がこの問題の研究に入り、その成果が注意すべき結論に達していること、そこに視点をあてることでこの章を終えることにする。

〈柳田聖山〉

柳田聖山（一九二二―）は滋賀の小さな村稲枝にある臨済宗の寺に生まれ、成人してから花園大学教授を経て京都大学人文科学研究所の所長となり、退官後、花園大学に国際禅学研究所が開設された時に、所長となった人である。禅に関しては多くの著書を刊行している。一九八九年、アメリカ、スタンフォード大学及びカリフォルニア大学バークレー校での講演をしているが、その内容に注意してみたい。

一九九〇年、この内容が『未来からの禅』と題し、一冊の本となった。この本の一つの特徴は他の学術書とはちがって、自らの体験と告白が多く書かれていること。聖山は戦中、戦後の自身が若かりし頃のことを次のように述べる。

「私がもの心づく子供の頃から、日本はお隣りの中国と戦っていて、日中戦争より太平洋戦争へと拡大し、さいごには世界を相手に戦います。一九四五年八月十五日、日本の敗北によって、第二次世界大戦が終るまで、私の前半生は二つの世界戦争と、完全に重なりあいます。初めから世界戦争の中にあり、戦争の拡大と共に育った私は、戦争の主権者である国家と、禅仏教との関係について、深く考える余裕がなかったのです。直接に戦闘に参加し、戦場に出る機会がなかったことが、大きい原因にちがいないのですが、人里離れた禅寺に育った私は、世界の動きに全く無知でした。第二次世界大戦の末期、私は先ほど申した永源寺で、禅モンクとしての専門の修行をしていました。俗界を離れることを、私は誇りにしています。むしろ禅の修行にはげむことが、国のためになると信じていました。

とにかく日本の敗北によって、私は初めて自分の愚かさに気付く。深い自己嫌悪におそわれます。一九四五年から一九五〇年頃まで、全く人生の目標がない、身心共に虚脱状態にあります。多くの友人を失って、自分だけとりのこされたのです。禅の祖国である中国と、私たちは戦いつづけていたのです。それが正義の戦いであると信じて、少しも疑うことはなかった。言いようのない悔恨の思いに、自分の身心のおき場がない。ただ毎日、おろおろするのです。仏教徒としての戒律との矛盾については、申すまでもありません。戦争で生命をおとした何億という同胞に、仏教徒としてどうすればよいのか。国のために自分を殺すことが、禅の教えだと思いこんでいたのです。狂信もよいところです。そのことに、初めて気がつくのです。
敗戦の日まで、戦争協力どころか、教義的に臨戦態勢一本であった日本の各派仏教教団は、手のひらをかえすように、平和の鐘を打ちならしはじめます。今まで国の指導者として、正義の大言を吐いて、私たちをけしかけた人ほど、破廉恥なことを平気でやる。日本全体が、一夜にして文化国家になるので、それより外に仕様はないが、私の胸のうちはいよいよ治まりません。国家や他人様のことを、どうこういうのではない。自分自身が許せんのです。私は何度も何度も、自殺しようとします[注21]」

いうまでもなく聖山は死を選んではいない。だが、聖山がかつての戦争支援を悔い、死のうとまで自らを追いつめようとした良心のある僧であったことに感嘆する。一方、皮肉なことに、今まで出会った禅をはじめ他宗派の指導者たちの戦争責任を思えば、聖山のそれは、微々《びび》たるものというほかはない。それでも彼は若き日の理想主義に燃え、自身の肩に先達の責任をかつごうとしたのである。戦時中のそれを無視することをせず、他に転化させようとすることもなかった。

一九五五年、聖山は突然、僧衣を脱ぐ。その理由に、臨済宗による戦争協力、特に戦時中は大言を吐いて支援しつづけた指導者たちが、一夜にして平和主義を唱えはじめた欺瞞に対する怒りにあった。

「大東亜戦争の戦争責任の問題がある。宗門にはその責任をとる能力がない、と私は思っている。戦争協力の、本当の意味での懺悔もできはしないんです。
私自身も宗門の雰囲気の中で、大東亜戦争は聖戦であり、日本の国体を護持するために必要な戦いだと思っていましたよ。それを疑わなかったですね。戦後、それが虚偽であったことを骨身に沁みて思い知らされた。

そして、戦争協力懺悔なんてできもしないことを宗門に要求するよりも、私自身が僧侶を辞めて宗門を出るべきだ、と私はそう思った。その考えは変わってはいません。

私にとっては、あの衣は戦争責任の象徴です。当時、あの法衣が戦争を肯定した。もう一度着る考えはありません。

日の丸、君が代そのものに恨みはないにしても、あれらが戦争を引き起こした。戦争を終結させもしましたがね。……それと同じことです[注22]」

聖山は還俗《げんぞく》したものの、禅への関心が薄れたわけではなく、その後も日本においての仏教学者として最前線に立つ一人である。特に中国禅宗史の研究においては、国際的評価を高く得ている人であることを伝えておきたい。

〈増永霊鳳〉

市川白弦は即席の平和主義を唱えはじめた禅関係者の発言を収集、その中で霊鳳の発言がきわだっていた。彼はカミカゼの飛行士が無我の境地に入り、悟りを開いた者の徳と同様のものと讃えた人。その人が終戦後、一ヵ月で、一九四五年八月十五日のことについて次の文を発表する。

「敗戦の原因は……我が国何れの階級にも真に身を挺して戦争を指導する人材がないことであった……真に打算功利を超越した道義的生命力の活用者が出現しなかったためである。……かかる人物を養成するものは教育と宗教である。……行解相応、学行一体の国士的人物を……養成して、民族再興の原動力を培養するのである……かくして初めて我々は光輝ある国体を護持し得る……宗教者特に仏教家の奮起を俟《ま》つ所以である[注23]」（九月十八日、禅学者増永霊鳳）

これを読む限り、やはり日本の国体保持のため、平時であっても戦時であっても、日本の仏教者たるもの、いつの時も、奮起すべしということになる。霊鳳しかりである。戦後、彼は駒沢大学副学長の席についた。

〈山田無文〉

臨済宗の山田無文は彼の師匠、関精拙が一九四二年に出版した強い戦争支援の書『武士道の高揚』の編集にたずさわっている。先に指摘したが、戦後、無文は花園大学長となり、臨済宗での妙心寺派の管長となった人物。一九六四年、彼の語録集が英語で出版されている。題は「心の華」。彼はこれを学問書とするつもりではなかったであろうが、それでも近代の仏教史、あるいは太平洋戦争に関して次のように注目すべき点がある。

「日本での仏教が政府からの弾圧をうけたのは明治維新の時期のみであった。仏教の教えたるものを誹謗され、仏像は破壊される。全面破壊がかろうじて免れたのは指導者たちの必死の努力があった。ところが、その代償は高く、すなわち国家の危機に際し、僧侶たちまでが武器をとることに同意したのである。このことはまったく遺憾であった。もし明治期に有名な僧が忠孝や愛国心に翻弄されていたとするなら、今日もって我々は再び『聖戦』という名に翻弄されていることになる。結果、愛する国家の歯車が狂い、すべてがひっくり返されたといえるのではないか。ここから学んだことが、弾圧よりは妥協という考えはきめて恐ろしいことである[注24]」

おもしろいことに無文は、日本のこのような有様に対しては、基本的に第三者の立場からその出来事を描こうとし、その時点で彼らの責任について何ら触れることはないものの、著書の後述では次のように書かれている。

「長年、我々の心からの懺悔や償いのしるしとして、我が国が描くことのできないほどの被害を加えたアジア諸国において、寺院を建立したいと切に願うようになってきた。そうすることで我々は、彼らの戦争犠牲者、同時に我が国の戦争犠牲者を共に弔うことができ、互いに恒久なる友情と文化交流のために祈りたい[注25]」（英文より）

ここで無文は、少なくとも共同責任を問われることは認めているものの、今もって自分自身の責任を問うところまでいっていない。しかもあとになって、彼は大東亜戦争を、あるところまでは肯定しようとしたふしがある。

「これまで述べてきた我が国の犠牲は、東南アジア諸国の政治的独立への橋渡し役となった。あさはかに云うならこの戦争は『聖戦』であった。この見方は一方的すぎるであろうか……？　『極東の平和のためならば……』ではじまる戦時中、流行した歌が、今も私の耳に残る[注26]」（原文は英語）

このような矛盾する発言の中からは、無文の本音はなかなかつかみづらい。さらに難しくするのが彼は一九七六年六月二十二日に開催された初回「英霊にこたえる会」での発言がある。これは今まで引用してきた英文とはちがって日本語で行なわれたものだ。この会の設立者の一人であった彼。また、それは戦死した者を「英霊」として祀る靖国神社を、再び国家護持を国に求めることがこの会の主旨であった。

無文の発言は会の当日配布され、文字通り「靖国神社国家護持を思う――発起人山田無文」とし、次のような言葉がある。

「日本は自らを滅ぼして、しかも立派にアジアの国々を独立させました。まさに聖戦の名に恥じない成果であったと思います。これらはすべて忠勇無双なりしわが二百五十万の英霊諸士の功績に外なりません。独立できたアジアの諸民族は、永久にその勲功をたたえて止まんと思います[注27]」

外国語で、つまり外国人に対し戦争を語る時、「あさはか」にもたとえるなら「聖戦」という。いっぽう、日本人に語れば「英霊」といい、「忠勇無双」といい、戦死者の勲功を讃え、日本軍が東南アジアを開放した行動の一環で犠牲になったことを讃える。中国での行為には一切ふれることはしないまま「聖戦」の名に恥じない成果とさらに讃えた。これはまさに無文の本音ではなかろうか。

先に紹介した英文の著書「心の華」を英訳した梅原猛は、紹介文の中で、無文を次のように高く評価。「高貴なる僧侶、つまり彼の存在から霊的清浄さがほとばしるまれなる僧」[注28]と讃える。「霊的清浄さ」はさておき、無文は明らかに戦後は、日本の聖戦を主張しつづけた張本人の一人である。戦後、一貫してそれを言いつづける日本の保守勢力と同等の主張であることはいうまでもない。

〈朝比奈宗源〉

臨済宗円覚寺派管長朝比奈宗源（一八九一―一九七九）。ここまで読んでこられた読者の方々は、この寺が釈宗演の住持した寺であったことを思い出されるであろう。宗源が宗演に弟子入りしたという事実はないものの、思想的にはよく似通っているといわれる。先の無文同様、宗源も戦後、さまざまな保守派運動にかかわり、「日本を守る会」の設立に携わっている。

一九七八年、『覚悟はよいか』を出版。後半は自叙伝的内容が占められ、その中でアジア太平洋の歴史的背景、あるいはそれにおける自身の役割についてコメントした部分がある。多くの僧侶や禅学者がそうであったように、十三世紀の北条時宗や彼の師、中国人学僧、無学祖元を讃えるところから出発。宗源いわく、禅が朝夕のお経をよみあげるようになったのも、禅と国家の関係が密接になっていったのも、この時からと言う。

「そういう日本の禅が、なぜ朝晩おつとめをするようになったかというと、これが元寇の役のせいだという。ほかのお寺が、みんなお祈りをして大騒ぎをしているのに、禅は坐禅をしているだけでは、つり合いがとれない。禅宗坊主は国家のことに冷淡だといわれるから、お経を誦んだ」[注29]と夢窓国師の本にあったと指摘する。

ここから六百年を飛び越え、宗源は次に十九世紀へと入り、日清戦争を語り、その原因をあくまでも中国が朝鮮においいて、「日本を押さえつけようとした」[注30]と主張。つづく日露戦争では、ロシアの行動が一切の原因とした。

「我々がここでじっとしていたら、ロシアはどんどん軍備を拡大して、戦わないで日本をつぶしちゃおうという肚《はら》だから、戦わないで滅びるくらいなら、とにかく一戦やって滅びようということになった」[注31]

このような発言は、つづく太平洋戦争に関し、あたかも準備段階であるかのようで、先の戦争（日露戦争）については次のように語っている。

「今度の戦争なんかは、裏面から見ていると、初めから負けていた。あらためて、結果として負けたんじゃない。敗れるべくして敗れる筋書どおりに運んでいただけだ。儂《わし》は、この戦争が始まって間もなくから、こいつは駄目じゃないかと思っていた。というのも、あれだけ世界に日本人が誇っている文武というものが、全くいやなものになっていた。……

儂ははっきり言うよ。一番いけないのは、海軍の首脳部が駄目だったことだ。儂は鎌倉にいるから、ずいぶん海軍の人たちとつきあってきたが、まだ山本五十六さんの生前に、横須賀の学校でもってこきおろしたことがある。儂が、なぜ腹を立てたかというと、こういうわけだ。

山本五十六さんは、越後の長岡中学の出身だ。あの人と中学の同期の人を二人、儂は知っていた。

一人は海軍少将で、一人は医学博士だった。それらが儂の許へ来て、いろんな話をする。それが、山本さんの弁護なんだね。その頃、もうすでに、内側では海軍がだいぶ敗けていることもわかっていた。儂は、あのミッドウェイの戦いを発表の四日ぐらい前にわかっていた。そういうこともあって、ああ困ったと思ったが、ぐっと押さえていたんだ。そこへ、山本さんの弁護をしている。

彼らは『山本は、この戦いは初めはいいが後がだめだと言っていた』と、こう言いだした。どうしてか。山本は、ハワイの空襲で大戦果をおさめたあと、東条英機さんに会って、もうこれから後は、大艦巨砲時代じゃない。これからは一にも二にも、三にも四にも航空機時代だから、全力をあげて航空機を作れと進言したそうだ。これは正しい。

ところが、東条さんはああいう人で、しかも陸軍大将だ。それ、陸軍が何にも戦果が上がらないところへ海軍があんまり勝ったもんだから、やきもちをやいたんだなあ。それで、意地になって、しまいの果てには、きみは海軍の連合艦隊司令長官だが、儂は一国の総理大臣だ。総理大臣が司令長官の命令を受けるってことはないだろう、なんて、子供の喧嘩みたいなことになった。で、航空機を作らなかったから、こんな結果になった、とこう言って弁護する。

儂が、じゃあなぜ職を賭して戦わなかったか、じゃあ俺は司令長官を辞めるとなぜ言わなかったか、と言った。ところが、友達たちは、それも考えたが、それでは、海軍部内がおさまらなかった、とこう言うのだ。

きみ、これを何と思う。儂はこのとき、『馬鹿っ！』と爆弾を落としたんだ。それだから、きみらは腑抜けだってんだ。きみらの頭にゃ、海軍のための海軍しかないんじゃないか。海軍も陸軍も、国家の防衛のための海軍であり陸軍ではないか。国家の防衛に万全を期することが出来ないで、海軍部内の若い者の機嫌をとるような考えでいるから、日本はこんなことになったんだと。これだよ、きみ。トップがそんなことで、何がほんとうのことが出来るか。いいか。もうこれで敗けている。こんな人間が司令長官であって、勝てるはずがない。……みんな自分のことばかり、考えている」[注32]

宗源は早い段階で日本が敗北するであろうと読んだにもかかわらず、戦争支援をしなかったのではなく、たとえばあちらこちらで国民の意欲を高めるべく講演会もすれば、寺での練成会も実施した。一九三九年七月、NHKラジオに出演し、政府が新しく公布した「国民精神総動員運動」の支援の一環として、次のように呼びかけた。

「禅によって修養され軍神とまで仰がれております杉本五郎中佐は……この精神が稀薄であり、実行が欠けたならば、非常時下の国民として、軽蔑さるべきであります……我々が〃一日不作、一日不食〃の意気を以て、日用百般の上に、報国の至誠を実践いたしたならば、たとい身は銃後にありましても、第一線の将士に恥じない、表裏一貫した、立派な生活を実現し得る……」[注33]

ところが、この放送内容は彼自身の著書に入っているはずもなく、市川白弦が収録したものである。

だが、別の講演については、彼の著書の中で若干ではあるが触れてあり、東京目黒の海軍技術研究所で小泉少将に招かれて話した時の様子について、二百人からの大学卒の技術者を前に、海軍の技術方面においては全国一を誇る場で、三時間二十分にわたって講演したという。

さすがに戦後の雰囲気の中では、著書においてその内容は触れていないが、NHKの放送内容を考えれば同様の類いであろうことは容易に察しがつくもの。だが、この長時間の間、ひとつの咳もなかったという。講演をすませ、小泉少将の部屋に戻り、「自分の云ったことが少しでも国のためになればいい」[注34]と締めくくっている。

軍事保護院主催の結成会で、傷痍軍人四十四名が参加。そのときの模様も宗源の著書で紹介されている。彼らが円覚寺で一週間にわたる修行を終えて寺を去る際、別れの挨拶に次のように述べている。

「諸君は、目を怪我したり手を怪我していても、とにかく歴戦の勇士だ。いま国民は、もっているもの全部をお国に捧げにゃならんときだ。きみらは、捧げるべきもっとも尊いものをもっている。どうかきみらは、その精神を国民にうつして、各自の決意を固めてもらいたい。きみたちを甘やかすために、こんなところに集めたんじゃないぞ。最後のものを捧げる勇気、その決心をしてもらうために儂はあずかったんだ。責任者になったんだ[注35]」

「そういって励ましたんだ。泣いたよ、みんな[注36]」

宗源は戦時中、すべての指導的立場にあった者に対し批判したわけではない。戦中、戦後と一貫し、昭和天皇への尊敬の念は絶ゆることがなかった。

「その『天皇』の恩恵を受ける我々のほうからすると、それは広々として、どこまでもおよんでいることを知らされた[注37]」

宗源は、戦時中の昭和天皇の行動に関しては一切触れてはいないが、敗戦後の行動については讃えつづけてきた。昭和天皇の「崇高な精神」によってマッカーサーの心は動き、日本は残酷に扱われずにすみ、その統一を保つことができたという。彼は最後に次のような結論に達し、「こんにちの繁栄もなにも、すべて、この天皇の無私と無心の慈愛に生かされていたんだぜ。それを思い出してほしい。人間、恩を忘れちゃいかん[注38]」という。

この章で述べた僧たちを見るにつけ、「皇国禅」「軍人禅」という言葉自体は今日では消えたものの、その精神は今もってなお生きつづけていることは紛れもない。この事実からして臨済禅の諸宗派の中から、公に戦争責任をとり上げることもなく、謝罪もないのは十二分にうなずける。なぜなら、この問題をとり上げるなら、その根深さからして、臨済宗の七百余年における日本での歴史をも語らざるをえないことを余儀なくされるであろう。

〈市川白弦〉

臨済宗では皇国禅や軍人禅に対する強い支持者を出してはいるが、一方、強い批判者も登場している。その一人が先の柳田聖山。だが、彼の批判にも限りはあった。ところが、同じ臨済宗からの学僧、市川白弦は、その批判をより広い分野で捉えようとした。

その彼の最たるものが一九七〇年出版、『仏教者の戦争責任』である。一九六七年に彼は『禅と現代思想』という本の中で、この問題点を追求しはじめていた。その彼の視点は、いくつかの書物や論文に掲載され、その代表作には一九七五年出版『日本ファシズム下の宗教』があり、とくに長いものには一九七七年、中野教篤編集の『戦時下の仏教』に収載された「国防国家思想」があげられる。

『日本ファシズム下の宗教』で白弦は、仏教と日本軍国主義の関わりについて再検討の重要性を次のように主張。

「こんにち、日本の仏教者は、人類と世界を破局から救う叡知と哲学をもつという、そうした仏教が、すくなくとも明治・大正・昭和を通じて、日本、朝鮮、台湾、沖縄、中国および東南アジアにおいて、搾取と抑圧と戦争に抵抗するために、どのような教理と伝道を進めてきたのかということ、まずこのことの全体を反省し、これに対する一人ひとりの責任と、こんごの覚悟を明らかにする義務と責任がある[注39]」

これまで本書で明白にしてきたように、今日に至るまで曹洞宗と臨済宗も他の既成仏教教団も、一度たりとも一人一人の責任を追求したことはない。だが、白弦は自らそれを実行しようとした。その際、自身を含む個人的責任の所在を明らかにし、日本軍国主義たるものを、良かれ悪かれ支援する教理の、歴史的背景の検討に踏みこんだ。その中で彼が皇道禅における責任が最も重大と考えた人物が、鈴木大拙その人であった。

白弦はいう。大拙の『新宗教論』は、その後の仏教と国家の癒着における論点の基盤となったことを考察。より具体的にいえば、本書第二章に紹介した文章をとり上げ、大拙のいう「暴国」とは中国を意味することを指摘した上で、次のようにいう。

「日清戦争は、人類進歩のために暴国清《しん》を膺懲《ようちょう》する、宗教的実践だというのである。この論理は、すくなくとも形のうえでは、さきの十五年戦争を『東亜新秩序建設の聖戦』を、支持する論理にほかならない。鈴木は暴国膺懲の戦争が、清国の日本本土侵攻に端を発したのではなく、戦争の場所は中国大陸であることに思い及ばず、自分のくにの自然と人生を『蹂躪』されている、中国民衆のがわにたって戦争を見る眼をもっていない。この無反省から、大陸侵略の戦争を、宗教の名による宗教的実践と考えるのである。臨済録の語法をかりるならば、『人惑《にんわく》を受け、境惑《きょうわく》を被むる』見解であろう。鈴木の『宗教的挙動』をささえるものは、殺人刀即活人剣・一殺多生の論理である。そしてこの論理をアジア全域にひろげたものが、仏教者、仏教々団の天皇制体験と戦争体験の統合としての『聖戦』体験であった[注40]」

いうまでもなく白弦は、大拙にのみ責任があると思っていたわけではなく、たとえば原田祖岳などは狂信的軍国主義者とレッテルをはり、彼の弟子の第一人者であり彼の仏法をついだ安谷白雲（一八八五―一九七三）、この彼も「師に劣らぬ狂信的な軍国・反共主義的であった[注41]」。

白弦によるこうした指摘は、一方的に見えるにせよ事実、次のような資料が発掘され、白弦の指摘は的中した。一九四三年、白雲により『道元禅師と修證義』が出版され、そこには当時の曹洞宗管長が表紙の題字を書いている。本文において白雲は、大東亜戦争を次のようにいう。

「亜細亜は一つである。米英の野望を粉砕して、大東亜の共栄圏を確立することは、東洋十億の人民を救済して各々その途に安んぜしめる唯一の道である。それが延《ひ》いては世界新秩序の建設に貢献し、地上の悪魔を調伏して、人類永遠の平和と幸福とを齎《もたら》すに至るべきは固《もと》より当然であるが、是れ実に我大日本帝国に課せられた所の一大使命であると信じます。

この使命を全うせんがためには、強大なる武力が絶対に必要であり、豊富なる幾多の物資も絶対に必要である。而して更に文化の力、特に精神文化の力がその最後を決定し、この一大使命を完遂すべき最も重要にして根本的なものといはねばならない[注42]」

この中に禅は登場しなくとも、白雲にとって仏教や禅こそが、たとえ弁護的な立場とはいえ、日本の精神的な支えとならねばならないことを説いた。さらにそれを裏づけるものとして次の文章がある。

「仏教を無視して日本文化を語り、仏教を除外して日本精神を昂揚せんとするが如きは、皇国の歴史を無視する所の暴挙であり、国家の現実を歪曲せんとする所の誤れる運動であって、それは国運の正しい進展を妨げるものと言はねばならない。この際大いに正しき仏法を宣布挙揚して、国民思想を確固不動のものたらしめ、進んで幾多の人材を練成打出して以て皇国文化を発揮昂揚し、八紘一宇の大聖業を翼賛し奉るべきであります。……

今後も益々日本仏教を活用し、特に正伝の禅を以て国民の身心を練成し、大東亜共栄圏建設の推進力たらしめ、更に進んで世界新秩序建設の中心力たらしめることが最も肝要であるといわねばならない[注43]」

白雲は他の老師と同じく大乗仏教にある「不殺生戒」を、戦時下においてどのように解釈すべしかに直面した。その結果が敵軍を殺すことも慈悲心及び孝順心の現われといい、次のような問答を残している。

「大乗の菩薩たる仏弟子は第一不殺生戒の立場から、如何なる態度をとるべきものであるかといふのであります。

これは大乗戒の精神が分った人には、直ちに解答が出来る筈であります。それは勿論殺すのであります。大いに殺すのであります。大いに戦って、敵軍をみなごろしにするのであります。何となれば慈悲心、孝順心を全うせんがためには、善を助け悪を罰しなければならない。但し涙を呑んで殺すのであります。そこに殺して殺さぬ道理があることを見のがしてはならない。

若し殺すべき悪人を殺さず、討つべき敵軍を討たなかったならば、却って慈悲孝順に背くから、殺生戒を破ったことになるのであります。これが大乗戒の特色であります[注44]」

原田祖岳の門下生にふさわしく、相当過激ながらも当時の老師の持つ思想と比べても何ら目新しいものは感じられない。ところが、さらに追求していくと、他の禅者との相違点が浮かび上がってきた。その一つにユダヤ人排斥がある。白雲いわく、当時の世界を混乱させたのはユダヤ人の世界的野心以外なにものでもなかったと、驚くべきことをいう。当時は平等主義や自由主義、ひいては社会科学そのものが、日本において個人主義の別名であり、極端に嫌われていた。この点を熟知した上で、白雲は次の文章にその由来はユダヤ人にありと主張。

「仏法は平等主義であるなどと云ふて、差別の道を軽んずるやうな見方をする者もあるが、それは誤りである。平等は吾人の本質論であり、内容論であって、それはただ内在の仏徳についていふのである。現実は必ず差別であって、現象界に平等といふものは絶対にないと説くのが仏の正法であり、それが世界の事実である。

之に反して現象界に於いて平等を説き、以て国家社会の秩序を乱し、統制を破らんとするが如きはユダヤの魔説であることを知らねばならない。而も彼等魔党は人類の本質内容に対し、先天的に優劣の差別ありと妄認し妄執して、彼等のみが神に選ばれた特別優秀な民族であると妄想し、遂に全世界を制圧横領せんとの野望を起こし、以て今日の世界大動乱を惹き起こしたのである。迷信妄執の害毒も茲《ここ》に至って極れるものと謂ふべきである。……

従って今日まで世界を風靡して来た所の自由平等の悪思想の誤謬なることを明示し、ユダヤの宣伝謀略を根本から撃砕《げきさい》することが出来る[注45]」


このようなユダヤ人に対する攻撃は、当時のナチスドイツのユダヤ人大虐殺の根底にある思想を考える時、白弦が白雲に対して「師に劣らぬ狂信的」であったという点は少なからず訂正する必要もあろうかと思う。いわく「師以上に狂信的」であったと表現することが妥当であろう。しかもいみじくも白弦が指摘したように、彼、白雲は戦後も大きな思想的変化もなく、その生涯を終えている。


一九五一年、白雲は自らの政治的、宗教的意見を発表すべく「暁鐘《ぎょうしょう》」という小雑誌を発行、その中で彼の政治的見識を現わす代表的なものが、一九七一年三月号に掲載されている。

「今日右翼団体と称するものが、本当の日本主義であり、本来の日本を護持することを目的としている。ソ連や中共の誘惑や謀略にひっかかって、本来の日本を忘れ、国体を忘れ、伝統を軽蔑し、皇室を無視するような片輪になっている。これらの片輪に対する憤激が、時に山口二矢君の行動となったり、三島由紀夫氏の言動ともなる[注46]」

そして白雲の右翼に対する畏敬の念と同時に、労働組合運動や大学教育のありさまに対する嫌悪感が剥き出しとなった文章も残る。これは一九七二年に出されたもの。

「これらの低能者の中に日教組の幹部が陣取っていることは申すまでもない。……今や日本には野党四派をはじめ、総評だの官公労だの、日教組だの、青法教会だの、べ平連だのと、いろいろな団体があって、……みずから進んで国賊となっている。……こんな大学は片っぱしからつぶしてしまわねばならない。それが現憲法では出来ないというなら、そんな反日本的な亡国憲法、すなわち占領軍の落し子たる偽憲法の失効宣言を、一日も早く実行して、教育制度の根本的大改革を断行すべきである[注47]」

このような白雲の政治的意見の基盤をあえていうならば、右の記事から六ヵ月後、次のように述べたものがある。

「機械の組立てはすべてネジを右に巻くことによって成り立つ。右まきは成立を意味し、左まきは破壊を意味する[注48]」

白雲は一九六二年から一九六九年にかけ七回にわたり禅の指導で渡米。彼の欧米人に対する発言の中で、先のような意見はきかれない。やはり日本人を対象として発せられるものであろう。だが、彼はアメリカの弟子たちにはためらうことなく、世界での様々な摩擦の真の原因を発言。一九六九年に発表した「人間の世界における危機と仏教における解脱」という論文で、次のようにいう。

「西洋の社会科学とは完全に間違った自己の把握の上に成り立っておる。ゆえに彼らは自己意識を発展させようとする。これは二次元論である。結果、人間、一人一人は別個に存在するものだという概念がより強くなり、様々な摩擦や戦さへと発展させてしまったのである。それによって人類の世界を全滅させるほどの危機を生んでしまったのである[注49]」

白雲は社会科学を攻撃するのは偶然ではなく、戦前から日本では社会科学たるものの深い疑惑の念を人々にもたらせ嫌われていた。社会科学の立場は、あくまで社会現象、たとえば、差別、不平等を科学的に調査し、社会機構そのものを訂正させようとするからである。その出発点からして、社会主義とは共通性をもつ。それに対して仏教でいう社会での不公平とは、あくまで一人一人の業のむくい、すなわち「業報《ごっぽう》」の結果ということになる。

白雲が「ユダヤ人の陰謀」とまでいったはずの自由と平等主義は、日本においては社会科学の一端と考えられていた歴史的事実を考える時、結果として白雲は戦後、ユダヤ人攻撃をやめはしたものの、白雲の社会科学批判は彼の戦前の路線、つまりユダヤ人排斥の延長線上にあるものと大いに考えられる。つまり、白雲にとって現代の社会科学とは、かつてのユダヤ人のことである。彼にとってことごとく敵対するものは自由、平等、個人主義である。

いうまでもなくこのような彼が左派を完全に排斥しようとするとらえ方は、人間社会における二元論的な考えであり、歴史的に様々な戦さの原因となったことに本人は少しも目覚めたようなふしはない。

白弦に戻るが、彼は「軍神」杉本五郎とその師、山崎益州に対しても批判の目を向けた。「杉本・山崎は禅を皇道実践のためのたんなる手段としたばかりでなく、禅の宗旨・宗義の全体を、天皇宗的にこじつけることによって、これを抹殺したのである[注50]」

彼はまた、曹洞宗は国家への戦争協力のために自分の基本的教理までも歪曲したと言う。一九四一年には、次のような短文を発表している。

「曹洞宗教義を『本宗ノ開旨ハ……興聖護国ノ大義ヲ宣揚シ、以テ宝祚ノ無窮ヲ祝禱シ、聖化ノ太平ヲ記念スルニアリ[注51]』」

日本の敗戦にともない、曹洞宗は、この文章を政治上、省略せざるをえなかった。白弦は戦後、禅及び仏教学者の中で初めて仏教の教理上、あるいは明治以前の仏教史を検討しつつ仏教の戦争協力を促進させた者がいたかどうかを追求した人でもある。『禅と現代思想』において、その歴史的進展段階を次のように説明する。
「江戸時代には無難《ぶなん》、白隠、東嶺などによって神道の禅的深化がこころみられ、あわせて禅の土着化がすすめられた。この土着化は天皇制権力の確立にともなって、禅はほとんど完全に自主性を失うにいたった。この転化を完成したものは、いわゆる『大逆事件』が禅界に与えた衝撃であった」[注52]
彼はまた同時に、軍国主義に使えそうな仏教教理をも調査。その一例が、仏教における和合の教えであった。この（和合の）教えの中から仏教の「無抵抗」が生まれ、「寛容」も生まれてきたという。いわく、
「近代日本の仏教は、何に対して無抵抗であったのだろう。国家神道に対してである。国家権力に対してである。軍国主義に対してである。侵略戦争に対してである。
近代日本の仏教は、何に対して寛容であったのか。上記和合の相手に対してである。したがって、自己の戦争責任に対してである。近代日本のこのような仏教者のひとりが、ほかならぬ私自身であることを、ここに書き落とすわけにはいかない」[注53]
白弦の自分自身に対する告発は妥当であり、彼自身も戦時中は日本の「聖戦」に対し最も強い支持者の一人であった。たとえば、彼は一九四二年九月号「大法輪」の中で、「戦争と科学と禅」という論文を発表し、冒頭で次のようにいっている。
「一切の戦争を以て非人道的な罪悪だと見るがごとき平和的博愛主義は、生の実相を知らぬ道学者的感傷である。平和が闘争よりも一層不健全であり弊害的である場合の数々を、われわれは知ってゐる。この意味において、平和の倫理の代りに戦ひの倫理を説いたニイチェは、観念的平和論者よ

りも生きた真実をつかんでゐる[注54]」

白弦はここに述べた思想を、どのように関連づけたかといえば次の文章となる。

「自己および他己の身心をして脱落せしむ、といふ言葉がある。真に厳粛なる戦ひは、敵の側における悪しきものを克服する戦ひであるばかりでなく、また味方の悪しきものを克服する戦ひでなくてはならぬ。防衛と懺悔と解放とが一線《せん》につらなるやうな戦ひこそ、聖戦の名に値するであらう。自らを衛《まも》ることによって却って真実に他を救ひ、他を救うことによって愈々《いよいよ》自ら救はれるやうな戦ひ、殺人刀が同時に活人剣でもあるやうな、悲劇を通しての創造こそ聖戦の名にふさわしい[注55]」

そして最後に彼は、いかに当時の日本側の一方的な戦争肯定論理を鵜呑みにしてきたかという文章を残している。

「われわれは今次の大東亜戦争が決して戦争至上主義に立脚したものでないことを銘記しなければならぬ。このことはさきの近衛声明が、また最近の広田声明（泰国に於いての）が、何れも今次の戦争を以て『東洋永遠の平和のため』の戦ひであることを声明してゐる事実によって明らかである。いなそれは畏《かしこ》くも宣戦の、大詔において『東亜ノ安定ヲ確保シ以テ世界ノ平和ニ寄与スル』と仰せられた大御心に沿ひ奉るものにほかならない[注56]」

こうした自らの戦争加担を基盤に白弦は、執拗に仏教及び禅と軍国主義の一体化の裏に潜在要因を、次々に暴き出そうとした。それを鮮やかに暴いたのが『仏教者の戦争責任』という著書であった。そこでは何百年にもおよぶ日本仏教の歴史的性格が、全体主義を受け入れるべく性質や特徴を生み出したことを十二項目にわたって解明した[注57]。

第一の特徴として、仏教はずっと国家に服従してきたこと。白弦が指摘するに、インドでの大乗仏教の経典の中で、仏教は「国を護《まも》る性格」を強調。この経典の中でその「護国的性格」を強調。

これは日本において特別に歓迎され、さらにその特質は強まっていった。江戸時代には完全に幕府の支配を受け、神道と混合した型で国家宗教に近い性格を築いていった。

以来、国家宗教としての仏教は形骸化され、葬式や供養といった形で祖先崇拝が中心となってしまったのである。それによって社会性に乏しい家族主義的性質を生み出す結果となっていった。それゆえ、必然的に見てキリスト教での国家超越的な性格や現代的性格などと対立せざるをえない形となっていった。

さらに明治政府のキリスト教と社会主義への反発は、仏教のこのような二つの運動に対し、反対運動を強化させる役割を果たすようになっていった。明治初期、仏教自体が廃仏毀釈に出会ったことにより、自己防衛政策の一つとして国家により服従心を強め、天皇制及び軍拡張主義に基づいた民族主義に反対するいかなる団体や社会運動にも反対している。

第二の特徴として、仏教の社会観と人間観。仏教とは人間の平等を強調する。すべての人間には仏性があるゆえ、各自が悟りを開く可能性を有するもの。その一方で「業」の信念もあり、それによって「業報」が生まれ、「業報」たるもの、社会での不公平さを道徳的に肯定する役割を含んでいる。ゆえに社会的地位や富、幸福、過去世に由来があり、過去世における善悪の行為からくる酬いとして社会や政治体制とは何ら関わりないことを主張する。

こうした理解のもとでは、社会の不公平さはただ単に正しいだけではなく、真の平等を意味するものだ。それゆえに仏教者たるもの、社会的地位の区別を保護するのは当然のことである。なぜなら、そのような不公平な社会こそが、過去世における業を解消させる仕組みとなっているためである。それに反して社会主義とは、このような社会的差別をなくそうとするところから「悪平等」の本家となり、排除しなければならない。

第三の特徴として、社会道徳すなわち、善を奨励し悪を罰すること。そこで白弦は、日本での最も古い法典、聖徳太子の十七条憲法をとり上げ、次のような報告文をあげる。「詔ヲ承ケテハ必ズ謹シメ。君ハ則チ天ナリ、臣ハ則チ地ナリ……地、天ヲ覆ワント欲セバ、則チヤブルルヲ致サンノミ」がそれである。

彼によれば、仏教は聖徳太子の時代から準国家宗教として国を守るのみならず、縦の社会の構造も守ろうとした。この構図は儒教から来たものであるが、仏教はそれを鵜呑みにしたため、明治政府の保守的政策の一環として、期待された臣民を中心として仏教を守りぬく性質をもっていた。

第四の特徴とは、人権と正義に関するもの。白弦はまず仏教でいう「因果」の道理を紹介、社会現象とは常に変化するゆえに、その本質は「空」なるものとしてさらに自我にあてはめたとき、「無我」の思想に転換し、自我の確立は成立しないものである。

白弦いわく「無我」の教理があるゆえ、西洋での自然法は仏教では生まれてこず、代わりに近代的な人権と正義の原理が基盤なきまま存在させてしまったのである。十七条憲法の中で「背私向公」の忠告があり、これは戦時中の「滅私奉公」と直結するという。いわゆる「公」とは市民を指すのではなく、「天皇」及び「国家」を意味するものであるともいう。その結論が「無我説はMikado Imperialism に奉仕する論理および倫理となった」[注58]ということになる。

第五の特徴とは、仏教における実体概念の「否」である。仏教において超越的人格神がないゆえ、それを崇拝し護持する必要がないため、戦うべき基本的ドグマを成立させることがなかった。それが結果として日本での思想及び理論の軽視につながってしまったのである。その結果、仏教は内面性に重点を置くようになって、心情の論理が中心となり、人の行為の結果が軽視されがちになっていった。

第六の特徴としては、恩の思想である。恩とは大乗仏教での道徳観の中心であり、細かくいえば四恩（父母、国王、衆生、天地あるいは三宝＝仏・法・僧の恩）ということになる。彼によれば、日本において親への恩とは主君、つまり天皇に対する恩と一体であった。なぜなら天皇とは一切国民の父とみなされていた。これにより、一切衆生に対する恩が貧弱なものとなっていったのである。

第七の特徴、それは相依相関の論理。物事は互いに依存し合っているという意であり、その結果、国家有機体説と親近性をもたらせた。この概念の中で国家は全体であり、一人一人はその一部分に過ぎない。また他方で資本家が中心であり、労働者は端役。彼らは妥協し協調しなければならない。

第八の特徴。それは中道主義をいう。原始仏教からくる中道主義の思想は、やがて近代日本仏教の中道主義社会思想として具体化してきた。これは左派や右派の中道というのではなく、要するに対立以前の妥協主義となってしまった。ゆえに社会改善の問題になれば、仏教者側はたえず曖昧な反応しか示すことができないでいた。

第九の特徴。先祖崇拝の伝説にある。その出発点として仏教は鎮護国家の宗教であった。途中から先祖崇拝の慣習道徳を伝えるようになり、その結果、国家全体が一大家族となり、「八紘一宇」の聖戦論理が誕生した。

第十の特徴。「老」の精神、「寂滅」の教義は中世以来の日本において、「幽玄」「わび」「さび」の文化を生み出し、尊ぶようになった。このような思想をもとに社会法則までが古代に始まり、たての社会の本質は今も不変である。近代においてその不公平さを変革させようと、いかなる勢力も古代より引きつがれる社会構造を理解されていない。これではあまりに幼稚であり、大人たる考えがあれば、まず現実容認し、妥協し、融通すべしである。

第十一の特徴。正義よりも安心。仏教には超越した神がないゆえ、神の規定にかなった正義を重視するかわりに個人的な安心感を重視するようになった。これでは国家神道の成立を否定するほどの基盤がないのみならず、社会改革そのものに対する意欲もきわめて貧弱であった。

第十二の特徴。「即」の論理。即とは「そのまま」という意であり、ゆえにダイナミックな面はなく、心境的な融和や風流さをいい、これもまた現実社会を肯定し、社会的人間開放への関心を無視しがちとなっていった。それゆえに、仏教とは社会変革をもたらす基盤が欠落していることを白弦は指摘する。

ここでおおざっぱに述べた白弦による十二の特徴は、いうまでもなく論争を大いに醸《かも》し出す点を十分に含んではいるものの、少なくともいえることは、彼のいう既成仏教教団と日本軍国主義の癒着は、決して明治以後のことではなく、日本に限らず仏教の長い歴史及び教理そのものに原因があることが証明されつつあるといえよう。こうした彼の研究は出発段階とはいえ、後につづく研究家にとっては大いに参考となる点が残されたことは紛れもない。

〈袴谷憲昭と松本史朗〉

以前にも指摘したが、曹洞宗は、自分の宗派と軍国主義の関係について素直に認め、またこれにまつわる諸問題の対処にのり出した。今日においてこうした研究の続行は駒沢大学での袴谷憲昭（一九四三―）や松本史朗（一九五〇―）の手によってなされているもの。市川白弦と同様、この二人の学者は、禅の軍国主義協力をもたらした教理的、あるいは思想的基盤を研究してきた。その結果はいささか驚くべきものがあり、たとえば、松本は仏教と愛国心の問題を次のように述べる。

「日本を愛することは自分を愛することと同じものであると信じる。私にとって『日本』とは自分の心と身体の延長線上にあると考える。自分の心身を愛するように日本を愛する。自己愛とは甘く魅力的……だが愛とは他人に向けねばならぬもの、もしも自分自身に向けたとあらば、『我執』に変化してしまうものである。

仏教にある『無我』の教えの基盤の上に判断するなら、次のような結論となる。㈠自分自身を忌み嫌う。㈡絶対的他人の神や仏のみ愛すべし。無我の教えに生きる仏教徒として私の自我の延長線上にある日本を愛してはならない。

たとえ自身を愛してはならぬと信じつつ、それでも愛してやまない。ゆえに日本を愛すべきではないと考えようが愛せざるをえないもの。だが、釈尊の教えは絶対であり……仏教徒は日本を愛してはならない」[注59]（原本は英語）

袴谷の結論も、これに負けず劣らずドラマチックなものである。一九九〇年に出た『批判仏教』の中で、彼は先に述べた白弦の仏教概念の中にあった「和」と同様の批判文をのせている。

「本当の仏教徒は、王法を否定して仏法を『信』じ、正しいことと正しくないこと、仏教と反仏教とを峻別して、『知性』と『言葉』とによって、後者を告発していかねばなるまい。全く相反するものが一緒くたにされるところでは『知性』や『言葉』の欠片《かけら》もないことを思い知るべきであり、妥協的な『和』が風靡している現在にあっては、『和』を許さないことこそ反戦なのでなければならない」[注60]

袴谷はまた、曹洞宗が日本の戦争に協力した老師たちに批判の目を向け、沢木興道に対しては次のようにいう。

「曹洞宗を代表するかに言われている沢木興道師が、『念彼天皇力・念彼軍旗力』とやっていたのを知らされれば背筋の寒くなるのを覚える。今も版を重ねている沢木師の『禅談』中に『和の話』とか『武禅一味』とかの章を見出して読んでみると、戦時の沢木流お題目も当然のことと思われてくるが、そのことは、逆に、沢木師が全く仏者でないばかりか道元に弓を引いたと決めつけてさえよいくらいの人だということを証しているのである[注61]」

こうした批判は、曹洞宗関係の学者にしては厳しく、今日に至るまで曹洞宗全体としては興道を今世紀の最も偉大な学僧として、あるいは「行者」として評価している。いずれにせよ、彼のいう仏教とは、「仏教と反仏教を峻別」しなければならないという信念に打ち出されたものであり、さらにこの二人は、これまでの神聖に近い伝統的な禅の思想を仏教であるか、あるいは反仏教であるかといった基準で判断しようとしたことは驚きである。特に袴谷の場合、東アジア全域にわたった仏教、まずは禅宗の基礎概念をなす本覚思想を反仏教の概念として批判した。この主張ゆえ「和」を「反仏教[注62]」思想として攻撃した。

袴谷の批判対象である「本覚思想」、すべてのものがすでに悟られているとの意であるが、これは釈尊が悟りを開いた際に発見した「縁起説」を否定したもの。「縁起説」とは十二因縁ともいわれるが、人間の苦しみ、悩みがいかに成立するかという点を考察し、その原因を追求し、無明（無知）からはじまって老死（無常な姿）に達するまでの十二項目に分け、縁起の理法を説いたものである。

袴谷のいう本覚思想とは、現象世界の底辺に何がしかの永久的普遍な実体を肯定、しばしばそれは仏性ともいわれ、現象世界のすべてが生じてくる。ところが、「縁起説」の真の意味とは一切の独立した普遍的な実体を否定し、つまり、(A)縁あって(B)が起こる。もし(A)の存在がなければ(B)も存在しない。原因あるゆえ結果がある。すべての現象は様々な要因により生じ、またこの要因も必然的に変化する際、その現象は変化し消滅していくもの。先に説明した十二因縁で結びつけられ、一つの輪となり、仏教芸術に登場するものである。このような思想では現象世界の底辺、あるいは裏側に潜む本覚と称する普遍的永遠なる実体を享受する余裕はない。

本覚思想と同様に、東アジア仏教の基礎をなす「如来蔵思想」も類似した理由で、袴谷と松本は批判する。本覚思想にはサンスクリット語の語源がなく、中国での発生ともいわれる。だが、「如来蔵思想」は小さな部分ではあるがインドでの大乗仏教の教えに登場する。[注63]「如来」とは、永遠なる仏を称し、その意を「悟りの完成に到達した仏、真理の体現者を指す。「蔵」とは「如来」の胎、成長して仏となるべき胎児とし、その胎に仏を宿すものともいわれる。「如来蔵」とは絶対の世界が未熟児のまま一切衆生、すなわち現象世界の中で存在するゆえ、悟りの時期を待つ。現象世界は最終的に存在しないもの。永久的かつ普遍的実体もない。とはいえ、絶対真理である「如来」の世界は存在する。

日本での、本覚思想は時代とともに拡大し、最終的には一切が、生物も物体も本来が悟られた上に存在するといった思想にまで発展、それが名句、「山川草木悉皆成仏」となって誕生。表面上、これは楽観主義的かつ民主主義的な思想と見られるが、人の富、性、年齢、教育、国籍、ひいては生物や物体までも区別なく必然的に「悟り」の可能性があるとした。

ここで問題となるのが、このような理論的な論争は袴谷や松本の二人が社会に対し批判の目を向けたことと、いかに関わりを持つかということになる。二人の批判するこの二つの論理とは、歴史の中で大変に望ましくない結果をもたらしたのである。

その最たる点が社会差別を肯定する哲学を生み出したこと。もし現象世界のうらに一つの無変化な実体が存在するなら、現象世界において、基本的にはすべてのものが一体になってしまう。そこでは道徳上の善悪がなくなり、正誤のカテゴリーもなくなるもの。ましてや貧富の差や上下関係も同様のことである。ならば社会の不正と戦い、間違いを正す必要性がなくなってしまう。逆にいえば差別や不正とはありのままのあるべき姿に肯定されてしまうことになる。そして人のために行動したり、苦しむ者に対し手を差しのべる必要もないに等しくなってしまう。

袴谷は、さらに本覚思想たるものは全体主義の思想として機能するという。なぜなら本覚思想の基盤となっている真如は不可解であるゆえに、そこには言葉や概念、まして信仰や理想などは存在の余地はないという。だからこそ大拙や他の禅僧たちの最も好む不立文字や直観、特に無念、無想といった概念につながっていくと彼は主張する。この関連性は、大拙の剣に関する次の文を見ればよくわかる。

「剣道において技以外に最も基本となるのが技を統制する精神的な部分である。この部分を『無念』あるいは『無想』という……。その意味は自分の自然能力が一切の思想、反省や、いかなる心情の意識からも離れることにある……これがわかっていれば剣術は完成されるもの。最終的に禅と剣は一体となり、死生の二元的な基盤を越えるところに最終目的がある」[注64]（英文より）

松本は、このような考え方を「死の哲学」と称し、真っ向から反対する。

袴谷は和の思想までも否定、仏教の敵と名づけている。その理由として和の思想からは必然的に、妥協と寛容が生じ、それらは社会の権力者がいかに不公平なものであっても、現体制を維持するために利用されているという。同時に和の思想から、内部の意見対立が抹殺され、人間に政治的宣伝を鵜呑みにしやすくさせているという。これに関連し、彼の次のような強い指摘文がある。

「先の大東亜戦争が、『大東亜共栄圏』とか『八紘一宇』とかいう『和』の思想によって進められ、非国民ならざる日本男児は、忤《さから》うことなく『沈黙』して『肉体』を戦地へ運ぶことが美徳とされていたことを少しでも反省するならば、今述べたごとき『信』によって本当の仏教者たらんとするものは、万一王法と仏法とが衝突するようなことがあるならば、仏法を選び取り、決して単なる『肉体』と化することなく、『知性』を尽して正しいことを峻別し、『言葉』を尽して正しからざることを批判していかねばならぬはずだが、私は、これこそ、『信』による反戦活動だと思っているのである。極めて困難なことであると自分ながら思うが、それゆえにこそ曖昧さを自らにも許さぬよう、多少図式化しすぎる嫌いもあるが、単純明確に今のことを繰返し、『和』に対しては『信』を、『肉体』に対しては『知性』を、『沈黙』に対しては『言葉』を鮮明に対峙させて各項の後者を強調しておきたい」[注65]

いうまでもなく、このような発言は日本の仏教界においてさまざまな反論を呼び起こした。たとえば、以前に述べたような教理を否定するなら、この二人の学者にとって真の仏教とは何であることか。その解答は、一つにこの現象の世界の底辺に無変革の実体を一切認めない釈尊の縁起説にある。二つに仏教徒たるものは他者のために無我になって奉仕しなければならない。三つには因果の道理にかなって言葉や知性を使い、意識的に決断しなければならない、という。

いうまでもないが、彼らの主張を筆者は無批判的に捉えたわけではないことを断わっておきたい。なぜなら、かつて、内山愚童の社会活動を支えたのは、一切衆生の上も下もない仏性説であった。これによって愚童は、この仏性説を基盤に社会の不公平や差別と戦いつづけた。

だが、彼ら二人の学者が、日本仏教ないし禅において半ば絶対化された思想を批判的にとり上げてきたことに、日本仏教及び禅の思想をよみがえらせるべく一つの明るい傾向にあることもいっておきたい。また、半世紀前の日本の仏教指導者たちが、アジアにおいて日本こそが唯一の仏教国であり、純粋なる大乗仏教が存在する国といい放った事実を思い起こすとき、この二人の挑戦は、ようやく歩み出しの萌《きざ》しが見えはじめてきたといえよう。

〈平田精耕〉

前に述べたが、臨済宗のいかなる宗派も一度たりとも戦争責任に触れたことはない[注66]（白弦のそれは、あくまで彼個人のものであり、正式な発表ではなかった）。その理由を考えるとき、やはり臨済宗の責任は、曹洞宗に比べ、さらに重大であった。臨済宗側の正式な発表がない状況の中、この章の最後で京都の天竜寺派管長、元花園大学教授、そして山田無文同様、関精拙の門下にあった平田精耕（一九二四―）の禅に対する個人的見解から、戦争責任に対する発言を、ここで紹介してこの章を終えることにする。

精耕には、一九九五年出版の英文による『無礼なる自覚』（前京都学派と民族主義の問題）の中で、戦争に対する禅仏教徒の態度がある。さっと読み流せば、市川白弦のそれとあまり変わりはないようだが、素直に日本の戦争行為は、「日本の一部の政治家や経済界のリーダーたちは、当時の帝国主義運動に便乗し、アジア大陸における勢力地域を、自分たちのために手にしようとした」。さらに、「太平洋戦争は国際状況に対し無知であった軍部の無謀な行為によるもののみ解釈する[注67]」と書いた。

彼は仏教の戦争加担についても、劣らず素直に認める。

「禅僧たちは戦時中、どこの宗教もそうであったように、多くの者は自分の思想信仰を放棄し、自国の狭い理想を追いかけたかのように見える。少なからず禅僧たちも国家神道や帝国主義的歴史観と手を結び、戦争を推進させていった。いかなる歴史観的口実がその行為を正当化させようとて（たとえば西洋列強の東洋の植民地化に対する怒り……）、仏教者たちが不戦の理想を投げ出し、積極的に戦争を支援したことは紛れもない事実である[注68]」

だが、こうした素直な見解と平行し、彼の論文には、ある種の弁護も流れている。たとえば、次の文に現われてくるが、「日露戦争は日本にとってロシア帝国の南進を防ぐべく防衛戦略でもあった」と書き、あるいは「日本はアジアでの指導的立場にあったゆえ、必然的に『西洋の』植民地主義者に対し立ち上がらねばならなかった」[注69]という。ところが、朝鮮人も中国人も日本に対し、我々を守ってくれとか、植民地にしてほしいなど一度たりとも言わなかったことが、精耕の理解の範囲にはなかった。

彼の発言において最も強い疑念の点は、戦時中における関精拙の行為そのものである。彼がいうに精拙は「軍国主義への流れに対する国内での批判」者の代表の一人であったといった点。その例が、一九三六年に起きた二・二六事件において青年将校たちが立ち上がった際、精拙は当時の陸軍大臣寺内寿一に送った手紙の中で、「将校団での反動的分子をなんとか取り締まるよう進めた……」と書いている。彼は寺内が「なじみの訪問者」であったともいう[注70]。

ここで精耕が指摘したことは、いうまでもなく皇道派と統制派の衝突だ。彼の師、精拙は統制派を支持。たしかに双派の将校たちの中では、国内政策や国外政策の面においてかなり大きな相違点があったにせよ、外国人から見れば、両方が日本の植民地政策を推進し、拡大しようとした点については、まったく一致した見解を持っていたことは否めない事実である。

いうなら、彼らの外交政策における対立は、「北進や南進」という拡張主義における戦略の違いであり、日本の植民地下にある民族にとっては、どちらの派が勝利をあげようが大きな変化はなかった。日本の諺にあるように、植民地下にある人々にとって、結局のところ、「焼いて食われようが煮て食われようが」の違いしかなく、つまるところ犠牲者であることには変わりがなかったのである。彼はさらに次のように告白する。

「残念なことに師の努力は芽ばえなかった。そしてなぜか日本はひきつづき軍事支配への道は下り坂となっていった」

　その理由はいうまでもなく、この争いは将校たちの間での内紛であり、双方が日本の拡張を応援したことにある。それを証明するに、先の寺内は、精拙が依頼した二・二六事件での青年将校たちをとり押さえて処したにもかかわらず、翌年、彼は、北支那方面軍司令官となり、中国全土への侵略を指導する。戦争終結までこの「おなじみの訪問者」は陸軍元帥となり、東南アジア方面の総司令官として活躍した。その後、関精拙は一九四二年、『武士道の高揚』を発行する。だが、一九三七年九月に、彼はNHKラジオ放送で、次のように語っている。

「天皇陛下に忠義を尽くすことが、そのまま大乗仏教を修行することです。大乗仏教は、王法（天皇の命令）と一如なのです。事実、自我を殺し切ったとき、そこに顕現するものがすなわち仏性《ぶっしょう》であり、事実、自我を捨て切ったとき、そこに飛躍するものが、すなわち日本精神であります。赤魔（共産主義のこと）こそが、我が尊貴なる国体（天皇制のこと）を攪乱《こうらん》せんとするのです。誠忠、公（天皇のこと）に奉じ、和協、心を一にして、内魔を撲滅し、外魔を掃蕩《そうとう》すべきであります[注71]」と。

　それでは精耕は、何ゆえに禅の指導者たちが、日本軍国主義を支援したと考えたのか。白弦や袴谷が言ったように、中国及び日本の禅の教理が深くしみこんでいたと考えたのではないか。あるいは、既成仏教の初期の段階、いわゆる聖徳太子以後の護国仏教的な性格に由来があるのでは、それとも「禅剣一如」の教えからくるものか。精耕は、このいずれにも当てはまりはしないという。彼はさらに簡単なものとして、冒頭に書いたが、「太平洋戦争は国際状況に無知であった……」と同様、禅僧もしかりであったというのである[注72]。

　敗戦後五十数年をへてなお、この臨済宗の指導者が出した結論とは、何百万人の死者に加担した禅宗の責任を、なんと単に国際情勢への無知から出たものと片づけようとしたのである。

第十二章――戦後日本における企業禅の登場

企業禅

第二次大戦中、禅は将兵たちの精神教育の一環として利用されたのみならず、「産業戦士」たちにも用いられていた。戦後、日本ではもはや戦場で坐禅によって生み出された「無限な力」、すなわち禅定力《ぜんじょうりき》が必要でなくなったものの、次には一部の企業家たちは、戦争で破壊された産業を再建すべく、先の禅定力をふたたび利用しようとした。

占領中は、広範囲な民主主義と個人の権利を認める教育改革が実施された。さらに戦後の厳しい貧困は、左派勢力及び労働組合の力を拡大させる原動力となっていた。このような状況の中、また日本の企業家たちは禅の力を導入することで、古来の伝統的価値観、つまり戒律、服従、忠誠の心を復活できると考えた。

企業での新入社員教育より

企業側から見た具体的な行動としては、新入社員教育の設立である。ジェトロ発行の一九七七年六月付け英文雑誌「フォーカス・ジャパン」の中で、このプログラムの背景が、次のように説明されている。

「このようなプログラムは、一九五〇年の後半に初めて作られたもの。その理由として企業側は、学校がもはや服従の精神と協調性といった古来の価値観を重視しなくなったことを認識。ゆえに一ヵ月間前後の共同生活並びに訓練をすることで、人工的にせよ先の価値観たるものを少しでも再現しようとしたのである[注1]」

仮にも人工的に古来の価値観を再現するとなれば、禅寺ほどすばらしい場はないであろう。なぜなら、修行僧も新入社員も、朝は三時半に起床し坐禅、朝食はおかゆ、冬の寒さは小さな火鉢で凌ぐことになる。坐禅中の足の組み方は、結跏趺坐《けっかふざ》――左右の足の甲を反対側の腿《もも》の上に交結して坐することをいう――といい、長時間すわれば経験ある人にもつらいもの、初心者にはましてである。

坐禅中、少しでも動けば警策《きょうさく》が飛び、肩を一、二回、叩かれる。修行者は不動の姿を余儀なくされる。叩かれた者は両手を合わせ、合掌し、肩を叩いてくれた者に感謝のお辞儀をする。これは我慢大会である。

このスパルタ的生活様式が逆境に耐える精神を鍛錬する。

ジョージ・エー・デボスが指摘したが、日本企業で社員たちの忍耐力は、経営者側からの大変に高い評価を受けている[注2]。しかし、物理的環境よりも、服従と協調を重視する禅寺での社会環境こそが評価を受ける。たとえば、一人の修行僧が禅寺での修行を希望したとき、彼は何時間も、ひいては何日間も寺の入口で低身の姿勢をとる。その寺を希望したわけを尋ねられれば、その答えは、「何もわかりません。どうかよろしく……」という以外はない。

なぜそのような返答をするかといえば、その修行僧の心は白紙のごとく、いかようにも彼の上長によって塗りかえていただいて結構というわけである。もしその雲水が、先のような返答をせず、ただ理屈を述べるならば、心が白紙になるまで肩が腫れるほど叩かれつづけることになる。

入門が許されたとして、すべての者が彼の目上の者となり、たとえ入門が数時間の違いであっても、食事の際も整列の際も、すべてが入門順位。それがある程度までの支配権利でふるわれていく。一、二年の修行を経た先輩格の雲水は、新入りの雲水にとっては雲の上の人に見えてしまうのである。

彼らは警策をふるのみならず、新入りの作業状況の善し悪しまで判断する。そして上質の色つきの衣を着て、より広い部屋で寝起きが許される。さらに短期間、寺から離れることも正式に許され、非公式には肉を食い、酒を飲み、寺に寄与された若干の金や、贈答品を受け取ることまでが暗に許される。

こうして見れば、禅寺の生活と訓練様式は軍隊でのそれと、あきらかに共通性があることがわかる。先にも述べたが、戦時中、沢木興道は、禅寺と軍隊は「実によく似通ったものがある」といった。なぜそのようにいったのか。それは双方が共同生活を基盤とすることからであり、さらに加えて、

「共同生活は先づ已れを捨てることぢゃ。戦さをする時にもこの平生共同生活を営んで居る者が、戦線に於て非常に勇敢に共同して働ける。大戦の真只中にぐうたらの生活など何人たりとも許されぬことぢゃ。今日では、集団生活といふことが国家の最も要求してをる生活法で、……みなさうい

ふ集団生活が国家の御奉公になるのぢや。禅林生活の精神は禅僧ばかりのものではない。今日の人達はみな学ばなければならん精神なのぢや[注3]」ともいう。

この引用にあるように、集団生活が国家の奉公になると興道はいうが、国家に代わって企業つまり会社に対し、集団生活が「奉公になる」ことが皇軍と同様、会社側にも魅力あるものと映ったのであろう。だからこそ、禅寺での新入社員教育が、時には自衛隊での仮入隊といった形で現われてきたり、あるいはこの両方を体験する形をとる企業も出てきている。

禅寺の経験豊かな（上官である）雲水たちは、軍隊での軍曹と似かよっている。新入りの雲水は新兵と似る。ある新入社員セールスマンは、自分たちの社員教育を次のように評価する。

「私の仕事は軍人の仕事と大いに共通するところがある[注4]」

もし先輩雲水が、軍隊での鬼軍曹のような立場にあるのなら、その寺での老師たる存在は大将であり、企業でいえば社長のようなもの。老師の場合は一人の場合もあれば、数人の時もある。禅寺での実権は彼らの手にあり、そこでの僧や在家の修行者に対し、最終的な責任を果たす役目がある。老師たちが企業の社員教育にたずさわるとき、大衆一如という言葉を、しばしば用いることがある。その意は、禅寺の修行者たちは一致して行動しなければならないこと。ゆえに坐禅の時間が来ればいっせいに坐禅となる。

あるいは、食事も、作務《さむ》といわれる長時間の無言の肉体労働の際も、就寝も、みんなが一体となって行動する。従わない者は身勝手な行動とみなされ、禅生活を否定したものとみなされる。それゆえに、禅寺での完全なる協調性は、決して価値観を捨て去ったというのではない。

戒律、服従、協調性、肉体的及び精神的な忍耐力のみが修行生活での魅力と企業側に映ったわけではない。伝統ある仏教の無我の教えも、企業には誂《あつら》え向きであった。この解決は大徳寺派大仙院

（臨済宗）住職尾関宗園に代表されている。彼は禅の世界では有名な禅僧の一人であり、教育の一環からくる講演の中で「大死一番」（あらゆるものを捨てきった境地に初めて得られることをいい表わしたもの）という言葉を用いている。

その「大死一番」という語を、具体的に企業向けにどのように用いたかといえば、次の文章で察することが出来る。

「車も、その働きから見なければ、単なる円い輪や棒で出来ている物にすぎない。それが車としてみられるのは、〝働き〟があるからだ。茶碗も、その働きから見なければただの土くれ。人間も同じである。その人間が、生き生きとした生命力でもって、『大死一番』と頑張る――最高に働きを活発にする。それが生きることであり、つまりはそのときの場で死にきっている姿なのだ」[注5]

〈酒井得元〉

企業向きの禅にもう一つ例がある。それが曹洞宗の僧、駒沢大学元教授酒井得元（一九一二―一九九六）で、彼は社員教育を熱心にやっていた。得元は沢木興道の弟子。一九七四年五月号の「大法輪」にて、戦後の日本における上司からの命令に対する部下の誠実心の欠如を遺憾とする記事を書いている。

「誠実とか赤心とか『まごころ』ということは、我々が自分の全てを投げ棄てて絶対奉仕する心情であり行動である。したがってそこには全く自己の損得といった計算はないが、絶対奉仕してしまった自分は、最早や本当の自分ではない。……その場合の任務遂行という事実は、世の中の人が架空だとか、妄想だとかいった好き勝ってなことを言うであろうが……事実は任務遂行ということによって宇宙一杯の生命に生きていたのであり、本来の本当の自分というものに生きたことになった

のである」[注6]

得元にいわせてみれば、無我の境地に入った上で与えられた義務を果たすことが「悟りの境地」に入ったことである。これを考えれば、社員教育における第一人者として人気を博したとて不思議ではない。たとえば、欧米の会社で従業員に、この会社に仕えることで悟りの境地に入れるなどと、果たしていえるものであろうか。ここではドイツの社会学者マックス・ウェーバーのいう、永遠の命が約束されたプロテスタントの勤労奉仕の精神に負けるとも劣らないほどの説得力がある。

この点を考えれば、得元はよりよい社会人となるには自己否定、つまり無我の境地を主張、それはかつて大拙や祖岳が「よき兵士」であらんために自己否定を主張したことと共通するものがある。違いがあるとすれば、忠誠に対する「対象」である。徳川時代において絶対忠誠の対象は大名であった。明治以後は天皇を中心とする中央集権的な政府とその政策に忠誠心を求められた。戦後には、その対象は自分たちの会社とその利益にとってかわった。日本では会社の利益と国家のそれが密接な関わりがあることはいうまでもない。

企業にとっては、禅修行に対し別の魅力もあった。それは「坐禅」である。そこには定力《じょうりき》があり、本来、定力とは修行者に自分自身のありさまに自己本来の姿を明らかにすべき手段であった。しかし、その同様の力が一瞬のうちに集中すべく力を内在させるゆえに、いかなる業務にも適用させることが出来たのである。かつて古来の武士は剣をふる時にこの定力を用い、戦時中は戦地にて、戦後は近代テクノロジーの完全なる生産力にも用いようとした。「定力」の導入が、日本の企業側にどれほどの魅力をもたらしたことであろうか。

実際、日本の敗戦が皇道禅や軍人禅の消滅を意味したのではなく、企業禅にとってかわったにすぎないこと。確かに新しい禅の形を生み出しはしたものの、かつての状況よりはるかに人道的に見て被害の少ないこと、つまり「死」にとってかわる忠誠心にまで要求していないゆえである。
ところが、一九七〇年代になれば、新しい現実として「過労死」という現象が生まれてきた。戦後日本の奇跡的な経済復興の一端に、「死に至るまで働く」ことを暗に承知した形があった。もし失敗するようなことがあれば、戦国の大将や戦時中の大将がこれまた、そうであったように、死をもって責任をとらせるのであった。つまり、無我の境地における死の価値観は一貫するものであった。

〈勝平宗徹〉

戦後日本での企業禅が何ら批判もなく存在したわけではない。そのきびしい批判者の一人に臨済宗南禅寺派の勝平宗徹（一九二二―一九八三）がいた。それは彼が『たくあん石の悟り』の中で厳しく追求した。
「質より量をもてはやす風潮が世の中にある。そのひとつが、禅ブームというやつである。各企業が、集団で禅寺へ来る。新入社員の『教育』だという。どんな教育かは、あきらかであろう。企業の思うままになって働く人間に『教育』するのである。そういう効果が、禅にはある、という。ふざけた話ではないか。禅とは、そんないぢましいものではない。一個の人間を、狭い枠のなかに閉じこめるような、そんな度量のないものではない。もちろん責任は、そういう禅ブームを許している禅刹の側にある。あらゆるところに量を求めようとする、そんな空気が、禅ブームを起こしている」[注7]
戦時中、若い禅僧であった宗徹は神風特攻隊に志願。部隊長にたびたび出撃を要望するが、かなわぬまま終戦を迎える。この時の様子を、次のように語っている。

「なんの疑いもなく、私は御国のために、ひとりでも敵を殺し、自分も死のうと思っていた。現在、僧侶の身であることにおいて、これほどの矛盾があろうか。死ぬまで、私はこの矛盾を抱えねばならないであろう[注8]」

その彼は、一九八三年十一月、六十一歳で自ら命を絶つ。

禅と戦後自衛隊

敗戦後、禅は兵力との関わりを一切断ち切ったわけでなく、平和憲法があるにもかかわらず、再建された日本軍、すなわち自衛隊が精神教育の必要性から禅僧たちの指導を仰ぐようになっていく。つけ加えると、一九六六年当時、すでに日本はアメリカに次ぐ軍事予算を有するようになっていた。

〈菅原義道〉

菅原義道（一九一五―一九七八）は臨済宗報国禅寺住職。一九七四年に『死んでもともと』を出版。この中で十年以上にわたり、自衛隊の校外講師を誇り高くつとめあげたと書く[注9]。その誇りとは、彼の寺の報国禅寺、またの名を報国建忠禅寺の名に由来するという。その名からして人は戦中に建立したものかとたずねるが、決してそうではなく、鎌倉時代に足利尊氏の祖父家時を開祖として建てたもの。それにしても「禅剣一如」の世界がいかに深く根づいていることか。この点を市川白弦も指摘した。

義道自身の背景は戦時中、航空兵（軍曹）であり、陸軍軽爆隊の機付長として敵方を爆撃。先の宗徹とはちがって、僧としての立場、あるいは軍人としての立場に自身が矛盾を感じることもなく、戦時中、一帰還兵として書いた本が軍報道部の推薦図書となり、何万部も出版されたという。こうした背景から彼は、日露戦争での東郷平八郎（一八四八―一九三四）や乃木大将に見られる軍事行為を「固い信念を守りぬいた」という形で賛美し、真心をもってすすんだ彼らの心境を、悟りの境地となぞったのである。[注10]また太平洋戦争については次のようにいう。

「大東亜戦争の当事者も、みな私心を捨て、身命を投げうって、国のために正しいと信じて行動したに違いない。『まこと』の道を貫いたものと思う[注11]」「自分が正しいと信じたら、まことの道だと信じたら、それに向かって邁進することだ[注12]」

義道自身も武士道を重んじ、鎌倉時代（一一八五―一三三三）の栄西禅師や道元禅師たちが武士の気質を生み出したという。さらに「身を鴻毛の軽きに置きて大義に殉じて行く姿、身命を賭して主君に忠誠を尽くす姿はこの時代からきたえられてきたこと[注13]」という。加えて、武士道の絶対なる精神美とは、西洋にはみられない日本人特有の「切腹」と「仇討」にある。この二つの行ないがなぜにそれほどまで迫力があるのであろうか。

「この行為の奥には、恥を知る、礼を知る、誠を知る、という実に精神的な美が隠されている」。そしてこの行為において、「『私心』なき心」が禅でいう「無」の境地であるとした。

それにもかかわらず、「切腹」や「仇討」といった行為については、利己主義で、物事を判断する西洋人にはとうてい理解できないという[注14]。坐禅会では義道の目から見て、自衛隊員が直面する問題の中で最も重要視したことの一つに、軍隊（つまり自衛隊）の復活に反対する国民、例えば市役所において隊員の住民登録を拒否する職員たちの差別的扱いがあった。だが、彼は国民に好かれようが、嫌われようが心配するなと、隊員にいってきかせた。

「諸君は黙って機関銃を磨き通せ。タンクを磨き通せ。その機関銃はたとえ二百年、三百年でも、いな五百年でも終生使わざる機関銃でもよい。ひたすら磨き通せ。江戸、明治にかけて剣の師範であった山岡鉄舟は、あれほどの剣士でありながら、一生のうち一度も白刃をもって人と相対したことはないという。使わざる機関銃を磨きとおしていくところに、諸君の真生命がある[注15]」

〈大森曹玄〉

大森曹玄（一九〇四―一九九四）は、天竜寺住職関精拙の弟子として修行に入る。彼が禅の道に入ったきっかけを、次のように説明する。

「私は率直にいって、剣の道から禅の道に入ったことについて、別に高邁な理想をいだいていたわけではないんです。ただ身体が小さいものですから、それをカバーするには精神力で他に優れなければ、とても剣の道で体格の大きな者と立ち合うことはできない、とむしろある意味では闘うことの恐怖から、その恐怖を乗り越えようとして禅の道に入った[注16]」

さらに二十九歳のとき、八年間にわたる「無の公案」を無事通過し、悟りの境地に入っていた。「坐禅を終えるやトイレに立ち、違う用を足し、とびさる高い音を耳にしながら、そのとき私ははたと理解した。その時に深いめざめがあったのだ[注17]」とその心境をこのように告白する。

一九六六年に今までにこの本でしばしば耳にした『剣と禅』というタイトルの本を出版。一方で「禅剣一如[注18]」という言葉がいつ頃から使われ出したのかは知らぬといいながら、ためらうことなく「剣と禅とがその極致、ねらい所において一致することは疑いない[注19]」といい、その一体性を次のように説明する。

「剣は剣刃上における禅であり、禅は心法上における剣だともいわれるわけであろう。そうなると、剣禅は一如どころか『即』になってしまう。シャム兄弟ではなくて、本来同一人だということになる。
生死悠々として武士の本分を果たすためには、どうしても、いのちの根源を明らめ、生死を越えた絶対的な世界に到る必要がある。剣道が剣刃上の禅だといわれる所以はそこにある。ここに、どうしても禅と親戚にならざるを得ない剣の宿命、あるいは必然性があるわけである[注20]」

この説明では、やや抽象的ではあっても「平和や正義」を守るには、剣を正当化するための説明の用意はされていた。

「正義を守り、平和を保つにはどうしたらよいのであろうか。邪悪に対しては敢然としてこれを屈服し、平和をおびやかすものはこれを排除する以外には、平和を維持し正義を守る具体的手段はないのではないか。そのためには一面たしかに邪悪とはいえ、人を害《そこ》なわなければならない。このジレンマをどうするか。古来の剣者が苦心したのはその点であろう[注21]」

曹玄自身、平和を維持し正義を守ることこそが、日本の戦時中の行為を正当化できるものと知っていた。その理由は簡単なこと、彼こそがそうした行為の熱心な支持者であったからである。一九二七年以後は、次々に右翼団体との交わりを深めていった。代表的なものは「勤皇維新同盟」や「純正日本主義運動全国協議会」あるいは「日本主義青年全国会議」などである。

一九四五年八月、天皇の玉音放送がまもなくあることを知り、同志たちとその放送を阻止し、最後まで戦う決意であったという[注22]。いうまでもないが、その玉音放送、そしてその内容を事前に知っていたということは、相当に広範囲の情報源をもっていたことがうかがえる。それは本人もいっているが、二十歳から敗戦に至るまでの間、右翼の神様といわれた頭山満（一八五五—一九四四）の家族と親しい間柄にあった。

いうまでもなく頭山は、極右翼団体、玄洋社や黒龍会の中心人物。歴史学者デービッド・バーガーミニいわく、頭山はこの二つの秘密結社の暗殺首謀者であるとした[注23]。また、E・H・ノーマンという歴史学者は、頭山の運営したこの二つの組織こそが「日本帝国主義の前触れであり……世論を侵略的に導く役目を果たした[注24]」という。

曹玄にとって、頭山は命の恩人であるばかりか、知性の源でもあった。戦後の極貧にあって彼は、頭山の言葉を思い返しつつ生き抜いた。その言葉とは、「昔から正義のために飢え死した者はない。もしその行ないが正しければ、天は食物を与えるもの。たとえ餓死しようとも正しい行ないをせよ[注25]」

だが、ここで曹玄は、大切な点を見落としている。頭山にとっての正しい行ないとは、生涯にわたり、日本の植民地において暗殺や麻薬売買、テロ行為に手を染めていた事実、国内においては政治的脅迫、暴力的恐喝、政治的陰謀を意味したことを。彼はいかほどに頭山家と親しくしたかを証明するには、息子の龍介を曹玄が一九三三年、直心道場を開いた際に顧問の一人に据えたことからもうかがえる。

この道場は、表向きには武道場であったものの、実際は二・二六事件（一九三六年）に登場する皇道派青年将校たちの牙城となっていた。事件が起きたとき、曹玄までが検挙されている。いったん不起訴となったものの、翌年一九三七年八月、ふたたび「不穏文書配布事件」で検挙され、翌年二月に保釈されている。そしてまた、曹玄にとって満の息子龍介を好んだ点は、その何事にも恐怖心を抱かない性格にあった。

「龍介は同文書院で学んだとき、彼の親友が結核にかかり、うつぶせで血を吐くのを見たとき、『頭山先生いわく、結核など、なんでもない！　これを見ろ！』といい、その友人の血を飲んだ[注26]」

曹玄によれば、この龍介とは「一生に一度、会えるか会えないかの大物であった[注27]」という。

戦争の敗北によって、曹玄は「武士のしきたりに従い」、正式に臨済宗の僧となり出家する。[注28]その後一九七〇年には花園大学の教授となり、一九七八年、学長になった。一九七二年、ハワイで超禅寺国際禅道場を開き、同時に武道場も設置、その両壁に刀剣をうち並べ、真ん中をくぼませ、仏像を配置。一九八八年、アメリカでの彼の弟子たちは、曹玄とは戦時中、反戦活動家であったと主張し、彼らは次のように書いた。

「大森老師は第二次大戦勃発以前、次期総理大臣となるべく近衛公に対し、東条英機ではなく宇垣一成《かずしげ》、真崎甚三郎を陸軍司令官に任命することを強く依頼。彼はこれでアメリカとの戦争が回避されることを願ったわけである。これが失敗に終わったことで自責の念にかられた」[注29]というのである。

　鈴木大拙同様、曹玄も戦争そのものに反対したのか、あるいは、アメリカとの負け戦さに反対したのか、いずれであったのかというところである。なぜなら曹玄の支援した宇垣一成（一八六八—一九五六）や真崎甚三郎（一八七六—一九五六）の二人は、長年にわたり日本の植民地拡張主義の支援者であった。たとえば宇垣は、一九三一年、朝鮮総督の任命をすすんで受け、実際に真崎は上海事変の際、南京占領を指令している。同じく曹玄自身の周辺を調べると、台湾や朝鮮、満州の植民地政策に対し反対した記録は見当たらない。彼の近衛公に対する強い依頼がたとえ成功したところで、「禅剣一如」の思想によって支えられていた日本の中国人や朝鮮や他のアジア人への侵略の犠牲者に対し、何の益ももたらさなかったことはいうまでもない。

　たしかに戦後の日本で、企業禅が皇道禅や軍人禅にかわる中核をなしている。[注30]ところが、禅と自衛隊との関係あるいは、剣との関わりは完全に消えたというわけではない。特に今日において憲法改正のムードが高まる中、憲法第九条が廃止された暁には、その関係はよりいっそう深くなることは間違いないと確信する。先の菅原義道がそうであったように、安谷白雲も自衛隊のために、防衛

大学において何度か講演会を開いている。[注31]

白雲の書や西洋での布教活動は、鈴木大拙や大森曹玄と同様、欧米において皇道禅、軍人禅の現代版ともいえ、「禅剣一如」の思想ははびこる一方である。だが、少なくとも西洋においていえることは、多くの西洋人たちはこれまで述べてきた歴史的背景を知らぬままに、その思想を信じてしまったことである。

これからの大きな問題点は、西洋人がこの本に書いた歴史的事実に、いかに対応すべきかというところにある。だが、この問題は西洋人に限ったことではなく、まずはたとえ間接的とはいえ、思想でもって多くの犠牲者を出した禅宗をはじめ、日本の既成仏教教団の指導者たちは、いかにこの事実に対処していくかということである。

エピローグ

曹洞宗の僧として、ある意味では確かにこの本は書きづらくはあった。自分の信仰を保ちつつも、現代仏教史における暗黒の側面をさらけ出さざるを得なかったこと。いうまでもなく歴史上、仏教だけが「聖戦」に参加したものではない。キリスト教における中世の十字軍はあまりにも有名であるし、今日に至るまでイスラム教徒は、自分たちの戦いを「ジハド」（聖戦）といいつづける。

私は一九六一年、アメリカにおける良心的徴兵忌避者としての結果、日米の親善をすすめるべく宣教師として来日した。この頃すでにキリスト教における「聖戦」の歴史に疑問を感じていたところが、鈴木大拙の著作『禅と日本文化』の紹介文において仏教は長い歴史の中で、決して戦争に参加したことはないという思想に心つよく魅かれ、禅の道へと入っていった。だが、はじめにおいてすでに述べたが、ベトナム戦争の頃、反戦運動の参加で曹洞宗本部の逆鱗に触れた。そのことが一つのきっかけとなり、本書を生み出す研究の出発点となった。

本書の出版に際し、一人の年老いた中国人僧からは、どうかこの本を発行しないでくれといわれ、心が動くこともあった。彼いわく、「もしこの本が世に出るなら、仏法をけなすことになりかねない」と訴える。かつて日本の侵略の犠牲者であるはずの老僧であるだけに、彼の思いはいっそう私の心に響いた。もしや私自身、この人のいうように、仏法を誹謗《ひぼう》していることになるのかと自問自答をくり返した。

だが、今になってみると、仏法を誹謗するとは何ぞやと、読者の中でそれぞれに判断していただくより他はない。ただ言えることは、このようなさまざまな観点からみて、困難と思われる研究や発表の数々が真実であるとすれば、「誹謗」であるはずがないと確信する。釈尊は「自己をよりどころとし、法をよりどころとせよ」といった。

こうした心構えで、仏教史の暗黒の部分に光を当ててみた。なぜなら、他の宗教者同様、自分自身の選んだ宗教、つまり仏教者たちは、自分たちの信仰の長所と短所、両側の責任をとる必要があると考えたからである。

本書は歴史のある一定期間に限られたものとして、その解答以上に質問をより多く提起してある。皇道仏教にせよ、軍人禅にせよ、決して明治の仏教指導者たちのビジョンから完成されたというのではない。市川白弦をはじめ各々の論客たちが指摘したように、仏教、特に禅の軍国化は相当の期間を要して完成された思想、教理の解釈、作業内容がその基盤となった。

ではこうした基盤は、いつどこで出来上がったものか。または、例えば禅と剣は、いつ、どのように「一如」となっていったのか。それが日本特有のものなのか。あるいは中国、ひいてはインドにおいてすでに芽生えがあったことか。この基盤となった禅や大乗仏教、あるいは小乗仏教にも見られるものなのか。また、軍国化へと変化した教理は釈尊のそれとはいかにして比較すべきことか。慈悲心に基づいたはずの仏教が、近代日本において無条件に一人も残らずといっていいほどの仏教指導者たちが、日本の軍国主義を強く、支持したことに対し、よりいっそう深く理解しようと思えば思うほど、こうした疑問あるいはそれ以上に答えねばならなかったことである。

幸い、戦後、一部の日本の仏教者や宗派は、戦時中の軍国支援と仏教の基本的信念との矛盾に目覚めていった。だが、その彼らでさえ今もってすでに述べた疑問に十分な答えを見出したとはいえないものがある。現代仏教の諸宗派の僧と話せば、彼らは私が持つ疑問について語ろうとしない理由として、軍国主義的な思想がどれほど歴史的に根深いものであったかを容易に認められないことにある。

一つの例として、本書の原文が英語で出版されるや、アメリカの批評家が京都在住の臨済禅の指導者に、本書の感想を求めたところ、「我々禅僧にとって釈尊よりも、仏法よりも、師弟関係がより重要、まちがっても自分の師の非を指摘するようなことはない」と答えている。だが一方で、曹洞宗の指導者の一人は、私に向かって、「どうかこのようなことを書いてほしい。我々日本人にはそれができない」といった人もいる。

戦後、私を含め、幾人かの欧米の学者は、この問題点をとり上げている。だが、彼らの功績を紹介するには、ページ数の制限がありすぎた。代わって、戦後の日本における仏教ならびに禅の指導者たちは、この問題に対し、いかに対処しようとしたかという点に焦点をあてたつもりである。もし我々人間が過去にどのような人間として生きてきたか、その痕跡を認識しない限り、将来、いかに生きるべきかを理解するにははなはだ困難なことであるといえよう。

本書の目的は、日本の軍国主義を奨励した仏教僧や学者を告発したつもりはなく、あくまで歴史上の隠された鏡を磨き上げることで、その全体図を明確にしようとしたことを重ねて申し上げておくと同時に、このように磨き上げた鏡がゆがむことなく、仏教世界の秘められた過去が映し出されるようになれば、我々の進むべき道をも鮮やかになっていくものと信じてやまないからである。

訳者あとがき

本書の訳が完成に近づくにつれ、中東で再び激しい戦火が拡がろうとしていた。そこにはイスラム教を中心に信仰するパレスチナ人、ユダヤ教を主に信仰するイスラエル人が共に「神の名」の下、「聖戦」と信じ、再び民族紛争の泥沼にはまりつつあった。

少し前では旧ユーゴもそうであった。そして今、アジアの国でさえスリランカがその例である。仏教徒のシンハリー人と非仏教徒のタミール人がはげしい内戦を展開。仏教徒側の指導者たちは「聖戦」とは言わぬものの「仏法を守る」と称して政府軍兵士を激励し、戦地へと送り出している。

こうした戦いを考える時、決まってそこには狭い民族主義や国家主義そのものが限りなく自国の利害を求めるあまりに紛争が生じ、ひいては戦争へと拡大する結果になることがよくわかる。また、忘れてはならないのは、そこに決まって宗教の存在があることである。たとえそれが戦争の直接的要因ではないにせよ、「聖戦」と銘うった限り、それぞれが宗教上の立場を正当化させることによって役割の一担をになっていることは紛れもない事実である。

かつて日本も、「聖戦」と称し殺戮をくり返した時があった。五十五年前の日本は、「国家」そのものが国民に対し、一つの狂気を強要し、支持させていた。

その日本国家の狂気は、敵国に在留する日系人に対してまでも「皇国民族」としての姿勢を強要した。そこには母国日本、あるいは祖国日本の未来のためと強制的に信じこませ、青年たちを戦線へのフロントまで追いつめ、食も医もなくがんじがらめに封じ、数知れない若者の命を奪いとった。それが日本の国家の戦争であった。

「王道楽土」とうそぶき、アジアを侵略したのも日本国家であれば、日米開戦にはじまり太平洋戦争へと拡大させ、国民を総動員して女性や子供たちまでも巻き込んでいったのも日本の国家であった。

だが、ここで忘れてならないことは、普遍的な真理を追求するはずの宗教者たちが、あるいは「仏法」を説くべき僧侶たちのほとんどが外国への侵略を支持し、兵士たちの意気を高めんばかりに精神的な側面を、それぞれの「教え」を説きながら指導した事実は計り知れないほどあったことである。またそれが十五年戦争での一時的（とはいえ長期間であったが）な事態でなく、実際には明治時代より一貫していたことは本書に述べられているように明白である。

明治の「廃仏毀釈《きしゃく》」は、多くの寺院や仏像を破壊した。その結果、僧侶の多くは還俗《げんぞく》を余儀なくされたとはいえ、その後に愛国心と銘をうって戦争賛美へ走った彼らの行動は、あまりにも偽善的で、国民を軽んじた行為である。

いつの時代も戦争となれば、真っ先に犠牲となるのが女性や子供たち。僧侶たちはそれを知りつつ加担した。国民のためにあるはずの国家が、国民に対し命を惜しむなと戦場へ駆り出し、聖職をなりわいとするはずの僧侶たちが、憎悪にみちた侵略戦争へと導いた。彼らはあの時の国民一人一人の辛さや悲しみを、一度でも考えたことがあったであろうか。

お国のためにと、息子や夫の出征をやむなく笑顔で見送り、戦死の知らせに涙も見せず、不条理にもそれが名誉なことと言いきかせねばならなかった数知れぬ母や妻の悲しみを、あるいは、たった一枚の紙切れで愛する家族から引き裂かれ、望郷のうちに息絶えた兵士たちの痛根《つうこん》の思いを、現代に生きる僧侶たちにも今いちど考察する時がやってきたのではないだろうか。

ところが現代の日本では、先の戦争責任とは一切《いっさい》が当時の国家リーダーたちにのみあったとみなされがちなこと。だが、本書からもわかるように当時の日本は、「国家神道」のみならず、大半の仏教者たちが、そして「禅と剣」を誇りとする禅者たちが、「戦争」への、そして「敗戦」への道に加担したことは紛れもない事実である。この点を見誤らないことが重要な点である。

戦後、「国家神道」の体系は解消し、一部の軍指導者たちは絞首刑となった。だが、たとえ命と引き替えに罪をあがなおうとも、三百万人からの国民の命を奪いとった責任は、決して帳消しになったとは考えられるものではない。そしてなによりもここで不可解な点は、一切の仏教関係者たちに対し、何らの責任が追及されなかったことである。くり返すが、彼らは神格化された天皇制や軍国主義を支持支援し、国民の痛みや、死に吸い寄せられていく青年たちの怒りや悲しみさえいとわずに無視し戦場へと送り出した。宗教感覚を麻痺させ、すべてが国家のため、ひいては国民のためと、ありとあらゆる「偽善」をとりつくろって、強引に国民を国家の狂気の中に巻き込んでいったではないか。アジア人を見下すことも許したではないか。

こうした国民の動員に対し、「仏法の道」を謳いあげつつ、国民や若者たちの心を欺き、戦地へと駆り立てた僧侶たちのふるまいは、聖職者にある立場の者にとってのあるまじき行為ではなかったか。

またそこに、自ら求めて苦境に立った仏教指導者が、一人でも登場したことがあったであろうか。

彼らは紛れもなく宗教の本質を見失っていた。だからこそ、敗戦となるや「手のひらを返したように」仏法をふりかざし、平和論をぶつようなことができたのだ。そんな彼らにやましさはなかったのだろうか。彼らのうちに潜む心根の卑《いや》しさには許しがたいものがある。

たしかに僧侶は、軍人ではない。だが、いやしくも仏教の指導的立場にありながら、国を滅ぼす寸前までの行為を、平然と加担したことへの「責任」を問われることも、「追放」されることもなく今日までやり過ごしてきたことは明白な事実である。

戦犯の多くは死をもって、あるいは刑によってその「責任」をあがなおうとした。ならば僧侶たちは、おのが人生に目覚めた頃より、頭をそり、僧衣に身をつつみ、悟りを説かんと「出家」した者は「悟り」や「出家」を隠れ蓑《みの》に、生きて死者たらんと自分たちの「責任」を免《まぬか》れようとしたのではと疑われようが、そこには弁解の余地はないであろう。

西洋人にとって、「禅」とは、まさに「歴史を超え、善悪を超え、キリスト教とは異なった真の平和を求める宗教である」と、戦前の鈴木大拙をはじめとする禅の指導者たちが説いた言葉に圧倒され、心酔した。

彼らが今日でも「禅」と出会う時、そこには必ずといっていいほど、ある種の興奮を呼び起こすきっかけがある。それほど「禅」にははかり知れない底力や忍耐を与えてくれる源があるばかりか、日本古来の伝統に対するめくるめくような憧れや情景をより身近なものに導いてもくれる。「禅」とその文化は、独特の感性を我々欧米人にもたらし貢献した。その力ははかり知れないものがある。

だが、不幸にして誰もがその裏側に潜む暗黒には焦点をあてようとはしていない。いやそれはあえて望まなかったといった方が正しいであろう。ましてや自ら師と仰ぐ禅僧のかつての非が明白となり、世に問われはじめるにつれ、いやがうえにもそのディフェンスに回らざるをえなかった西洋人僧侶たちの苦悩を目のあたりにした訳者にとって、彼らの葛藤の日々を思い出すにつれ、今も深い痛みが襲ってくる。そこにはたとえ西洋社会とはいえ、禅の世界での師弟関係がいかに複雑なものので、これは戦前より今日に至ってなお一貫したものであること、またそのことが「禅」をより弱くさせ、東洋が誇る禅の思想でありながらも、戦争賛美へと導いていった弱点ではなかったかと自問自答をくり返す毎日である。

だが、それでもなお、「天に代わりて不義をうつ」と子供たちにまで信じこませ、むごい死の待ち受ける戦場へと駆り立てたことへの「責任」が「仏の道」にかなったものと確信した上でのことであれば、なおさらに許しがたい怒りがこみ上げてくる。

人の人生を台なしにする一担をにないながらも、罪を罪とも思わぬばかりか、国家の強要があったにせよ、いやしくも聖職の身で自ら進んで俗世界の戦いに挑み、賛美しようとした姿、本書の表紙絵はまさにその象徴である。このような事実は仏教者側がいかに闇の中へと葬り去ろうとしても、それは強がって生きる者の醜さであり弱さでしかない。こうした歴史の事実を、今日の仏教者たちは決して正当化するようなことがあってはならないし、今を生きる日本の人々には決して心の奥にしまうようなことはしてほしくない。歴史の事実は事実として、素直に認めることが大切である。

傷つくことを許さぬ土壌は、今日なお日本の社会に深く根づいている様子ではある。勇気をもって事実を語る人々の言葉が、「虚言」にされてしまう風潮が今もってあるとすれば、彼らは二度と再び事実を口にしなくなる。だが、歴史の真実の裏に潜む膨大な事実——虚実や裏切りや残忍さ——を知らされずして、人はいかに未来を論じることができようか。国家が国民に対し、かつての歴史の中で実際に生じた事態の数々を知らせぬ限り、今日の時代を生きる国民に彼らの輝けるはずの未来を「破壊」する要因となることはいうまでもないことである。

二十一世紀を目前にしながらも、世界はなおいたましい民族紛争がつづく。フィリピンやインドネシアでは、かつての日本人がそうであったように、戦争に呻《うめ》き、苦しむ人々がいる。ましてそこに存在するスローガンが、「聖戦」とあってはなおのこと「戦争」とは国家であり、「死」であることが浮き彫りとなってくる。

「国家」を形成したのが人間であるゆえに、人は生きる限り各国が自国の利害を求めるあまり他国と対立が生じ、やがて紛争へ、それが戦争への道を歩むようになっていくのが人類の普遍的な有様の一例である。だが、「聖戦」と名づける限りにおいて、人は事態の善悪を判断することは不可能に近く、そこに戦争の不幸が重なってゆく。

膨大な戦死者を出した罪が「国家」にある限り、人は「国家」の存在たるものがいつの時代にあっても、本質的には国民に犠牲を強いるものであることを認識しなければならない。そして同時に、「国家」と「宗教」と「戦争」との関連性を、人は深く思索する時期が今こそやって来たことも認識する必要がある。そうすることによって人間の弱さや愚かさを自覚しつつ、他民族と共に語り合う出発点に立ち、少しずつであっても「聖戦」の概念を免れていくようになり、その名を決して美化することなく、その奥にある人間の悪業にめざめることを可能にさせるのではないであろうか。それが新しい世紀を生きる我々人間に課せられた使命であると考えたい。

訳者として、この途方もない作業にとりかかろうとしたきっかけは、本書の意義が「昔の非」を掘りおこすことにあったのではなく、「聖戦」というコンセプトが決して過去のものではなく、いかなる宗教のうちに生きる者にとっても、それが「普遍的」なテーマであることを認識させることにあったからである。将来ある青年たちが、二度と再び「宗教」の狂気――そこには洗脳する側と求める側があったこと――に惑わされることなく、またいかなる国家主義にも翻弄されてはならない時代がやってきたことに目覚めるきっかけとなればとの思いの一念でやりとげたことをご報告しておきたい。

今秋オーストラリアの全国紙、「ジ・オーストラリアン」において、二十世紀を代表する思想家の一人として日本人では唯一、鈴木大拙が登場した。だが、どれほど高潔な人といわれた生涯にも、必ず「光と影」があることを忘れないでいただきたい。

また、ご承知のように本書は西洋人の視点で書かれ、訳したことによって日本の人々には、時としてそれが西洋人特有のものではないかと懸念されることもあろうとは重々、覚悟の上である。だが、訳者として日本の人々が本書の見解を通し、少しでも新たな視点から「国家」と「宗教」について論じて下さるきっかけとなればこれほどうれしいことはない。

※

このたび「新装版」が初版から十四年ぶりに出版されることになった。戦後七〇年という節目の年、「安倍談話」や「戦争法案」の是非を問う議論が激しい中、増補改訂より、時宜を優先した。現在の日本は、七〇年前の日本人全体が受け入れた「狂気」が、「新たな狂気」となって台頭しかねない時代状況と言っても過言ではなかろう。今の若い世代に、日本の過ちの背景に禅仏教の指導者たちが存在し、国家・軍部―財閥・宗教が一体化して「戦争遂行」した事実を伝えたいのである。

思いを新たにしたのは、日本人はもう少し、先の戦争を掘り起こし真摯に向き合うべきではないかということである。また、仏教者の方々にも、この七〇年間「一人の兵士」も戦場に送らなかったことと、戦前・戦中の歴史事実との両方に向き合っていただきたい。凄惨な戦場で命を落とした無名の若者たちの背後に、仏教指導者たちの「釈尊」に対する背信行為があったことに常に思いを馳せていただきたい。そうした思いが戦争への認識をより深くするはずだからである。

戦争中毒に陥り泥沼の戦いを続ける一方の母国アメリカ。侵略の罪過を背負うもう一つの母国日本。「二つの母国」の狭間で揺れる私を励まして下さる多くの友人たちに感謝したい。また、出版を実現してくれたえにし書房社長塚田氏の英断に、母国日本の良心を見たことも記しておく。

本書の原書は一九九七年英語版の出版直後、独、仏、伊、続いてポーランド語版が出版された。現在韓国、中国語版が出版準備中であることを感謝とともにお知らせし、あとがきとする。

二〇一五年初秋の京都にて　　エイミー　ツジモト

〔日本語文献〕

秋山悟庵編『尊皇愛国論』金尾文淵堂―東京　一九一二年
秋月龍珉著『南天棒禅話』平河出版―東京　一九八五年
姉崎正治著『仏教聖典史論』經世書院―東京　一八九九年
朝比奈宗源著『覚悟はよいか』ＰＨＰ研究所―京都　一九七八年
「中央仏教」一九三四年三月「日本精神と仏教」遠藤誠著『今のお寺に仏教は無い』所収
「中外日報」一九一一年一月二九日（No.三三五九）、一九四四年五月二五日、一九四四年六月一日、一九九五年二月一六日
玉置辨吉著『回想山本玄峰』春秋社―東京　一九八〇年
滝沢誠著『権藤成卿その人と思想』ぺリカン社―東京　一九九六年
岡村青著『血盟団事件』三一書房―東京　一九八九年
「大同新報」一八八九年三月一一日（No.一）
「大法輪」一九三七年三月号、一九三八年七月号、一九四二年一月号、一九四二年九月号、一九九四年六月号、一九七四年五月号
「大乗禅」一九三九年一一月、一九四四年七月
大東仁著『お寺の鐘は鳴らなかった』教育資料出版会―東京　一九九四年
遠藤誠著『今のお寺に仏教は無い』長崎出版―東京　一九八六年
笛岡清泉著『禅の手引き』友好社―東京　一九二七年
福場保洲「支那的と日本的」「禅学研究」三二号・特輯号「興禅護国」Ｐ八五―一〇三　一九三九年一一月
古川碓悟著『躍進日本と新大乗仏教』中央仏教社―東京　一九三七年
「暁鐘」一九七一年三月、一九七二年一月、一九七二年七月
袴谷憲昭著『批判仏教』大蔵出版―東京　一九九〇年
花園大学人権教育研究室編『戦争・戦後責任と差別』法政出版―京都　一九九六年
原田祖岳著『参禅の階梯』丙午出版社―東京　一九一五年
秦慧照「国民精神総動員と仏教」「大法輪」一九三八年七月号　Ｐ一六―二三
林屋友次郎・島影盟共著『仏教の戦争観』大東出版社―東京　一九三七年
平民新聞　一九〇四年八月七日（No.三九）
久松眞一・山口益・古田紹欽編『鈴木大拙――人と思想――』岩波書店―東京　一九七一年
菱木政晴著『浄土真宗の戦争責任』（岩波ブックレットNo.三〇三）岩波書店―東京　一九九三年

日種譲山「今次の事変と菩薩の願行」「禅宗」（No.五一〇）一九三七年一〇月号 P一九―二一

「本山録事」一八九四年七月三一日、一九一〇年一〇月一五日、「京都新報」の附録

胡適（Hu-Shin）「中国における禅仏教――その歴史と方法」工藤澄子訳『禅についての対話』筑摩書房―東京 一九六七年所収

市川白弦著『仏教者の戦争責任』春秋社―東京 一九七〇年

市川白弦著『不動智神妙録／太阿記』講談社―東京 一九八二年

市川白弦「国防国家思想」中濃教篤著『戦時下の仏教』国書刊行会―東京 一九七七年 P三五―六八所収

市川白弦著『日本ファシズム下の宗教』エヌエス出版会―東京 一九七五年

市川白弦「戦争・科学・禅」「大法輪」一九四二年九月号 P一三二―一四一

市川白弦著「宗教者の戦争責任を問う」「日本の宗教一・一」一九七三年 P三〇―四六

市川白弦著『禅と現代思想』徳間書店―東京 一九六七年

飯田欓隠著『参禅漫録』中央仏教社―東京 一九三四年

今井福山「吾宗古代の軍事関係の祈禱と回向文」「禅宗」（No.五一三）一九三八年一月号 P一七―二三

稲垣真実著『仏陀を背負いて街頭へ：妹尾義郎と新興仏教青年同盟』（岩波新書）岩波書店―東京 一九七四年

稲垣真実著『変革を求めた仏教者』（大蔵新書）大蔵出版―東京 一九七五年

井上円了著『忠孝活論』哲学書院―東京 一八九三年

井上円了著『円了講話集』鴻盟社―東京 一九〇四年

井上禅定編『鈴木大拙未公開書簡』禅文化研究所―京都 一九八九年

石原俊明司会「仏教日本の指標を語る座談会」「大法輪」一九三七年三月号 P八五―一二三

「浄土教報」一八九五年四月一五日（No.二一三）

「科学文化」Vol.二 No.三 科学文化協会―東京 一九四二年

柏木隆法「殉教者・内山愚童―内山愚童の生涯」西相模庶民史録 No.九より 西相模庶民史録会―東京 一九八四年

柏木隆法著『大逆事件と内山愚童』JCA出版―東京 一九七九年

官報No.一

金岡秀友著『仏教の復権―金岡秀友評論集―』佼成出版社―東京 一九七五年

加藤咄堂「禅学流行の主因及び禅宗の現勢」太陽 一八九五年二月号より

勝平宗徹著『たくあん石の悟り』山手書房新社―東京

一九八八年
木村静雄著・小学館編『妙心寺…六百五十年の歩み』妙心寺大法会事務局—京都　一九八四年
桐田清秀「青年鈴木貞太郎大拙の社会観」「禅学研究」七二号　一九九四年　Ｐ一七—四〇
興亜観音奉賛会著『興亜観音について』Ｐ一—四　熱海flyer　一九九六年
河野太通「随処に主と作る」「駒沢大学禅研究所年報」七号　Ｐ一—一三　一九九六年三月
榑林皓堂「事変と仏教」「傘松」（No.一二一）一九三七年一〇月号　Ｐ三七四—三七九
黒田俊雄編『国家と天皇』春秋社—東京　一九八七年
丸山照雄著『日本人の心をダメにした名僧・悪僧・愚僧』山手書房—東京　一九七七年
松本史朗著『縁起と空—如来蔵思想批判』大蔵出版—東京　一九八九年
宮本正尊著『明治仏教の思潮』佼成出版社—東京　一九七五年
「密厳教報」一八九四年七月二五日（No.一一六）、一八九五年一月二五日（No.一二八）
森長英三郎著『内山愚童—もう一つの大逆事件—』論創社—東京　一九八四年
「明教新誌」一八七七年一〇月八日（No.五三四）
中濃教篤著『戦時下の仏教』（「講座日本近代と仏教」六）国書刊行会—東京　一九七七年
日本宗教者平和協議会編『宗教者の戦争責任　懺悔・告白資料集—再び戦争を起こさせないために』白石書店—東京　一九九四年
「能仁新報」一八九四年八月八日（No.三〇二）、一八九四年八月一六—一八日（No.三〇九—一一）
野崎信洋著『慈恩のひびき』圭文社—東京　一九八三年
大原嘉吉訳『万国宗教大会演説集』金川書店—大阪　一八九四年
大森曹玄著『剣と禅』春秋社—東京　一九六六年
大森曹玄著『参禅入門』（講談社学術文庫）講談社—東京　一九八六年
大山澄太著『杉本五郎中佐の尊皇と禅』平凡社—東京　一九三八年
酒井得元「小野田さんと生死の問題」「大法輪」一九七四年五月号　Ｐ二二—二六
「傘松」一九四二年一二月（No.一八二）、一九四三年四月（No.一八六）、一九四三年九月（No.一九一）
酒井得元著『沢木興道聞き書き：ある禅者の生涯』（講談社学術文庫）講談社—東京　一九八四年
沢木興道「禅戒本義を語る」（九）「大法輪」一九四二年一月号　Ｐ九八—一一二
沢木興道「禅林の生活と規律」「大法輪」一九四四年六月号　Ｐ二二—二五

関精拙著『武士道の高揚』顕道書院—京都　一九四二年
妹尾鉄太郎・稲垣真実共編『妹尾義郎日記—第四巻（昭和六年—昭和一一年）』国書刊行会—東京　一九七四年
妹尾義郎『社会変革途上の新興仏教その三（三巻）』新興仏教青年同盟出版　一九三三年
釈宗演著『快人快馬』日新閣—東京　一九一九年
柴田道賢著『廃仏毀釈』公論社—東京　一九七八年
清水龍山著『立正安国の大義と日本精神』平楽寺書店—京都　一九三四年
「新興仏教」一九三三年六月
「正法輪」一九一一年二月一二日（No.一八二）
「曹洞宗報」一九一一年二月一五日（No.三四〇）、一九四一年一月一日（No.三九）、一九四一年九月一日（No.五五）、一九四二年四月一五日（No.七〇）、一九四三年一一月一日（No.一〇七）、一九四四年一月一日（No.一一三）、一九四四年一一月〜一二月合併号（No.一二二）、一九九三年一月（No.六八八）、一九九三年七月（No.六九四）、一九九三年九月（No.六九六）
曹洞宗海外開教伝道史編纂委員会編『曹洞宗海外開教伝道史』曹洞宗宗務庁—東京　一九八〇年
菅原義道著『死んでもともと』日新報道—東京　一九七四年
菅原豊著『相沢中佐事件の真相』経済往来社—東京　一九七一年
杉本五郎著『大義』平凡社—東京　一九三八年
鈴木大拙「大乗仏教の世界的使命—若き人々に寄す」『鈴木大拙全集　第二八巻』P三三八—三五三　岩波書店—東京　一九七〇年
鈴木大拙著『一真実の世界』近藤書店—東京　一九四一年
鈴木大拙「自叙伝」『鈴木大拙全集　第三〇巻』P五六三—六二一　岩波書店—東京　一九七〇年
鈴木大拙「日本人の死生観」『鈴木大拙全集　第二八巻』P三一七—三二五　岩波書店—東京　一九七〇年
鈴木大拙「日本的霊性」『鈴木大拙全集　第八巻』P三—二二三　一九六八年
鈴木大拙著『日本の霊性化』法蔵館—京都　一九四七年
鈴木大拙「霊性的日本の建設」『鈴木大拙全集　第九巻』P一—二五八　一九六八年
鈴木大拙「新宗教論」『鈴木大拙全集　第二三巻』P一—一四七　一九六九年
鈴木大拙「特攻隊」『鈴木大拙全集　第二八巻』P三九八—四〇三　一九七〇年
鈴木大拙「東洋的一」『鈴木大拙全集　第七巻』P三〇五—四四二　一九六八年
鈴木大拙著『禅百題』大東出版社　一九四三年
鈴木大拙「禅界刷新」『鈴木大拙全集　第二八巻』P四一〇—四一七　一九七〇年

半田信「禅と武士道」『武士道の神髄』武士道学会編　Ｐ六四―七八所収　帝国書籍協会　一九四一年

滝澤寛雄「衣食禅」「傘松」一九四三年九月号（No.一九一）Ｐ七四〇―七四二

「太陽」一八九五年二月

「天台宗教学部布教資料」金声堂―京都　一九四二年

「東亜の光」一九一二年三月（Vol.七　No.三）

東条英機『戦陣訓』日本帝国陸軍―東京　一九四一年

「東京朝日新聞」一九一二年九月一五日

著者不明「産業戦士の身心練成」「大法輪」一九四二年一月号　Ｐ一三六―一三七

矢吹慶輝著『日本精神と日本仏教』仏教聯合会―東京　一九三四年

山田無文「靖国神社国家行事を思う」丸山照雄著『日本人の心をダメにした名僧・愚僧・悪僧』所収

山田霊林著『禅学夜話』第一書房―東京　一九四二年

柳田聖山著『未来からの禅』人文書院―京都　一九九〇年

柳田聖山「中国禅宗史」『講座禅　第三巻　禅の歴史―中国―』西谷啓治編　Ｐ七―一〇八　筑摩書房―東京　一九六七年

八淵蟠龍述・林伝治編『宗教大会報道』興教書院―京都　一八九四年

吉田久一著『日本近代仏教社会史研究』吉川弘文館―東京　一九六四年

吉田久一著『日本の近代社会と仏教』評論社―東京　一九七〇年

「禅学研究」七二号　花園大学禅学研究会―京都　一九九四年一月

『禅の生活』禅の生活社　一九四三年二月

「禅宗」貝葉書院―京都　一九三七年一〇月号（No.五一〇）、一九三八年一月号（No.五一三）

井上日召著『一人一殺』日本週報社―東京　一九五三年

片野達郎著『金剛宝山輪王寺五百五拾年史』金剛宝山輪王寺―仙台　一九九四年

小沼廣晃『血盟団事件公判速記録』（上・中・下巻）血盟団事件公判速記録刊行会―東京　一九六七―一九六八年

小沼廣晃『血盟団事件・上申書・獄中記』血盟団事件公判速記録刊行会―東京　一九七一年

山田恭道著『無外さんの風景』福定寺―塩釜（発行所）宝文堂―仙台（発売所）一九九一年

沢木興道「生死のあきらめ方」「大法輪」一九四四年五月号　Ｐ四―七

安谷量衡著『道元禅師と修證義』富士書房―東京　一九四三年

大倉精神文化研究所編『護国仏教』大倉精神文化研究所―横浜　一九三八年

今村均著『檻の中の獏』（今村均大将回想録一）自由アジア社―東京　一九六一年

家永三郎著『太平洋戦争』（日本歴史叢書）岩波書店―東京　一九六八年

〔英語文献〕

Abe,Maso,ed. *A Zen Life: D.T.Suzuki Remembered*. New York: Weatherhill,1986.

Anesaki,Masaharu.*History of Japanese Religion*.Rutland,Vermont: Tuttle,1963,

Arai,Sekizen."A Buddhist View of World Peace," in *Japan Evangelist* (December 1925):pp.395-400.

Beasley,W.G.*The Modern History of Japan*.2nd ed. New York: Praeger,1974.

Behr,Edward.*Hirohito,Behind the Myth*.New York: Vintage,1989.

Bellah,Robert N.*Tokugawa Religion*.Boston: Beacon Press,1957.

Bergamini,David.*Japan's Imperial Conspiracy*.New York: William Morrow,1971.

Boas,George.*The History of Ideas*.New York: Charles Scribner's Sons,1969.

Bodiford,William.*Sōtō Zen in Medieval Japan*. Honolulu: University of Hawaii Press,1993.

Borton,Hugh.*Japan's Modern Century*.2nd ed.New York: Ronald Press,1970.

Davis,Winston.*Japanese Religion and Society*.Albany: State University of New York Press,1992.

DeVos,George A."Apprenticeship and Paternalism," in *Modern Japanese Organization and Decision-Making*,Ezra F.Vogel,ed. Berkeley: University of California Press,1975.

Dumoulin,Heinrich.*Zen Buddhism: A History; Volume 1: India and China*.New York: Macmillan, 1988.

— *Zen Buddhism: A History; Volume 2:Japan*. New York: Macmillan,1990.

Earl,David Magarey.*Emperor and Nation in Japan*. Seattle: University of Washington Press,1964.

Eliot,Charles.*Japanese Buddhism*.London: Edward Arnold,1935.

Fo Kuang Shan Foundation for Buddhist Culture & Education,ed. 1990 *Anthology of Fo Kuang Shan International Buddhist Conference*.

Kao-hsiung,Taiwan: Fo Kuang Shan Press,1992.

Hakeda,Yoshito S.*The Awakening of Faith*.New York: Columbia University Press,1967.

Hane,Mikiso.*Reflections on the Way to the Gallows*.New York: Pantheon,1988.

Hardacre,Helen.*Shintō and the State,1868 — 1988*. Princeton,New Jersey: Princeton University Press,1989.

Harries,Meirion,and Susie Harries.*Soldiers of the Sun — The Rise and Fall of the Imperial Japanese Army*.New York: Random House,1991.

Heisig,James W.,and John C.Maraldo,eds.*Rude Awakenings*.Honolulu: University of Hawaii Press,1995.

Holtom,D.C.*Modern Japan and Shinto Nationalism*. New York: Paragon Books,1963.

Hosokawa,Dogen,and Mike Sayama."The Chozen-ji Line(Omori Sogen Rotaishi),"in *Journal of the Institute of Zen Studies*3(1988): pp.1-4.

Humphreys,Christmas.*Zen Buddhism*.London: Unwin Paperbacks(Mandala Edition),1976.

Humphreys,Leonard A.*The Way of the Heavenly Sword*.Stanford: Stanford University Press,1995.

Ienaga Saburo.*The Pacific War,1931 — 1945*.New York: Pantheon,1968.

Jaffe,Richard."Buddhist Clerical Marriage in Japan: Origins and Responses to the 1872 *Nikujiki Saitai* Law,"in *1990 Anthology of Fo Kuang Shan International Buddhist Conference:* pp.470 — 81.

James,William.*The Varieties of Religious Experience*.New York: Mentor Books,1958.

Kapleau,Philip.*The Three Pilliars of Zen*.Tokyo: Weatherhill,1965.

Ketelaar,James Edward.*Of Heretics and Martyrs in Meiji Japan*. Princeton,New Jersey: Princeton University Press,1990.

Kirita,Kiyohide."D.T.Suzuki and the State,"in *Rude Awakenings*.James W.Heisig and John C. Maraldo,eds.Honolulu: University of Hawaii Press,1995,pp.52-74.

Kitagawa,Joseph.*Religion in Japanese History*.New York: Columbia University,1966.

Kishimoto,Hideo,comp.and ed.*Japanese Religion in the Meiji Era*,trans.John F.Howes.Tokyo,1956.

Large,Stephen S."For Self and Society: Senō Girō and Buddhist Socialism in the Postwar Japanese Peace Movement,"in *The Japanese Trajectory:*

Modernization and Beyond.Gavan McCormack and Yoshio Sugimoto,eds.Cambridge: Cambridge University Press,1988.pp.87-104.

Livingston,Jon,et al.,eds.*The Japan Reader* I,*Imperial Japan 1800-1945*.New York: Pantheon,1973.

Lopez, Donald S.Jr.,ed. *Curators of the Buddha — The Study of Buddhism under Colonialism*. Chicago: University of Chicago Press,1995.

Matsunami,N.*The Constitution of Japan*. Tokyo: Maruzen,1930.

Maezumi,Hakuyu Taizan,and Bernard Tetsugen Glassman.*The Hazy Moon of Enlightenment*. Los Angeles: Center Publications,1977.

Minami,Hiroshi.*Psychology of the Japanese People*. Honolulu: East-West Center (Occasional Papers of Research Publications and Translations),1970.

Mohr,Michel."Monastic Tradition and Lay Practice from the Perspective of Nantembō,"in *Zen Buddhism Today* 12 (Kyoto,March 1996): pp.63-89.

Moore,Charles A.,ed.*The Japanese Mind*.Honolulu: University Press of Hawaii,1967.

Murakami,Shigeyoshi.*Japanese Religion in the Modern Century*.Trans.H.Byron Earhart.Tokyo: University of Tokyo Press,1980.

Najita,Tetsuo,and Irwin Scheiner,eds.*Japanese Thought in the Tokugawa Period*.Chicago: University of Chicago Press,1978.

Nakamura,Hajime.*Ways of Thinking of Eastern Peoples: India — China — Tibet — Japan*.Honolulu: East-West Center,1964.

Nitobe,Inazō.*Bushido*. Rutland,Vermont: Tuttle, 1969.

Notehelfer,F.G.*Kōtoku Shūsui* (*Portrait of a Japanese Radical*).London:Cambridge University, 1971.

Norman,E.H.*Japan's Emergence as a Modern State*. New York: Institute of Pacific Relations,1946.

Nukariya,Kaiten.*Religion of the Samurai: A Study of Zen Philosophy and Discipline in China and Japan*. Luzac's Oriental Religions Series,Vol.4. London: Luzac,1913.

Peattie,Mark R.*Ishiwara Kanji,and Japan's Confrontation with the West*.Princeton New Jersey: Princeton University Press,1975.

Rabinovitch,Judith N.,ed.and trans.*Shōmonki — The Story of Masakado's Rebellion*.Tokyo: Monumenta Nipponica, 1986.

Sansom,George.*A History of Japan to 1334*.Kent, England: Wm Dawson & Sons,1978.

Saunders,Dale E.*Buddhism in Japan*.Westport,Connecticut: Greenwood Press,1964.

Shaku,Soyen [Sōen].*Sermons of a Buddhist Abbot*. Trans. Daisetz Teitaro Suzuki.La Salle,Illinois: Open Court,1913.

Sharf,Robert H."Whose Zen? Zen Nationalism Revisited,"in James W.Heisig and John C.Maraldo,eds.*Rude Awakenings*.Honolulu: University of Hawaii Press,1995,pp.40-51.

—"The Zen of Japanese Nationalism," in *History of Religions* 33/1(1993): pp.1-43.

—"Zen and the Way of the New Religions,"in *Japanese Journal of Religious Studies* 22/3 - 4 (1995):pp. 417-58.

Shore,Jeff."Japanese Zen and the West: Beginnings,"in *1990 Anthology of Fo Kuang Shan International Buddhist Conference:* pp.438-60.

Suzuki,Daisetz T.*Essays in Zen Buddhism*(*Third Series*).London: Luzac and Co.,1934.

— *Essentials of Zen Buddhism*. Princeton,New Jersey: Princeton University Press,1962.

— *Zen and Japanese Culture*.Princeton,New Jersey: Princeton University Press,1959.

—"The Zen Sect of Buddhism,"in *Journal of the Pali Text Society*(1906),pp.8-43.

Swanson,Paul."Zen is not Buddhism,"in *Numen* 40 (1993): pp.115-49.

Thelle,Notto R.*Buddhism and Christianity in Japan*.Honolulu: University of Hawaii Press,1987.

Tolischus,Otto D.*Tokyo Record*.London: Hamish Hamilton,1943.

Victoria,Daizen (Brian)."Zen Master Dōgen's Social Consciousness"in *Journal of Asian Culture* I/1(Spring 1977),pub.Graduate Students Association,UCLA,pp.1-23.

Walshe,Maurice,trans.*Thus Have I Heard,The Long Discourses of the Buddha*. London: Wisdom Publications,1987

Woodard,William P.*The Allied Occupation of Japan 1945 - 1952 and Japanese Religions*.Leiden: E.J.Brill,1972.

Yamada,Mumon.*A Flower In The Heart*.Trans.Gyō Furuta.Tokyo: Kodansha International,1964.

Yamamoto,Tsunetomo [Jōchō]. *Hagakure*.Trans. William Scott Wilson.Tokyo: Kodansha International,1979.

Yasutani, Hakuun. "The Crisis in Human Affairs and the Liberation Found in Buddhism," in *ZCLA Journal* 3/3-4 (1973): pp.36-47.

Yokoyama, Wayne S., trans. "Two Addresses by Shaku Sōen," in *The Eastern Buddhist* (*New Series*) 26/2 (1993), pp.131-48.

the *Journal of the Institute of Zen Studies 3(1988)*, p.3.
注23 Bergamini, *Japan's Imperial Conspiracy Vol.*1, p.340.
注24 Norman, "The Genyôsha: A Study in the Origins of Japanese Imperialism" in Livingston, *The Japan Reader* I, pp.366－67.
注25 Hosokawa and Sayama, "The Chozen－ji Line(Omori Sogen Rotaishi)" in the *Journal of the Institute of Zen Studies* 3(1988), p.3.
注26 Hosokawa and Sayama, "The Chozen－ji Line(Omori Sogen Rotaishi)" in the *Journal of the Institute of Zen Studies* 3(1988), p.2.
注27 Hosokawa and Sayama, "The Chozen－ji Line(Omori Sogen Rotaishi)" in the *Journal of the Institute of Zen Studies* 3(1988), p.2.
注28 Hosokawa and Sayama, "The Chozen－ji Line(Omori Sogen Rotaishi)" in the *Journal of the Institute of Zen Studies* 3(1988), p.3.
注29 Hosokawa and Sayama, "The Chozen－ji Line(Omori Sogen Rotaishi)" in the *Journal of the Institute of Zen Studies* 3(1988), p.3.
注30 禅寺での新入社員教育への参加者の正確な数は把握が困難であるが筆者が1970年半ば頃一時期修業した寺では月に３－４回の割合で10－50名が修業にやってきていた。これは必ずしも新入社員に限ったわけではなく研修会と称した。最近では1996年10月妙心寺の役僧にたずねると、この年の初めより９ヵ月にわたって合計550名の社員がこうした会に参加、との返答があった。ところがバブル崩壊以前にくらべ人数は著しく減少とのことでもあった。
注31 Sharf, "Zen and the Way of the New Religions" in the *Japanese Journal of Religious Studies,* 22/3－4(1995), p.422.

前花園大学学長河野太通は1995年４月26日妙心寺派議会の席上、つまり戦後50年のこの年、戦争協力を懺悔すべきことを提案、それでも周囲からは「ぬかに釘」（本人の弁）と、拒否されている。これについてくわしく語られたのが「戦後責任と差別」花園大学人権教育研究室　PP.1—16.にある。
注67　Heisig and Maraldo, *Rude Awakenings,* p.10.
注68　Heisig and Maraldo, *Rude Awakenings,* p.11.
注69　Heisig and Maraldo, *Rude Awakenings,* p.10.
注70　Heisig and Maraldo, *Rude Awakenings,* p.10.
注71　遠藤誠「今のお寺に仏教は無い」P.157.
注72　Heisig and Maraldo, *Rude Awakenings*, p.15.

第十二章

注１　“Marching to the Company Tune” in the June 1977 issue of *Focus Japan,* p.36.
注２　“Apprenticeship and Paternalism” in *Modern Japanese Organization and Decision－Making,* pp.221－23.
注３　沢木興道「禅林の生活と規律」「大法輪」1944年６月号　PP.23—25.
注４　“Marching to the Company Tune” in the June 1977 issue of *Focus Japan,* p.36.
注５　丸山照雄「日本人の心をダメにした名僧・悪僧・愚僧」P.194.
注６　酒井得元「小野田さんと生死の問題」「大法輪」1974年５月号　PP.23—26.
注７　勝平宗徹「たくあん石の悟り」P.100.
注８　勝平宗徹「たくあん石の悟り」P.40.
注９　菅原義道「死んでもともと」P.182.
注10　菅原義道「死んでもともと」P.189.
注11　太平洋戦争において日本は大東亜戦争と称したが、敗戦後ＧＨＱは軍国主義的な関係上、使用禁止を命じている。
注12　菅原義道「死んでもともと」P.182.
注13　菅原義道「死んでもともと」P.187.
注14　菅原義道「死んでもともと」P.188.
注15　菅原義道「死んでもともと」P.183.
注16　大森曹玄「参禅入門」P.248.
注17　Hosokawa and Sayama, “The Chozen－ji Line(Omori Sogen Rotaishi)” in the *Journal of the Institute of Zen Studies* 3(1988), p.2.
注18　大森曹玄「剣と禅」P.1.
注19　大森曹玄「剣と禅」P.69.
注20　大森曹玄「剣と禅」PP.9—8.
注21　大森曹玄「剣と禅」PP.206—207.
注22　Hosokawa and Sayama, “The Chozen－ji Line(Omori Sogen Rotaishi)” in

注32　朝比奈宗源「覚悟はよいか」PP.150—64.
注33　市川白弦「日本ファシズム下の宗教」P.194.
注34　朝比奈宗源「覚悟はよいか」P.168.
注35　朝比奈宗源「覚悟はよいか」P.171.
注36　朝比奈宗源「覚悟はよいか」P.171.
注37　朝比奈宗源「覚悟はよいか」P.183.
注38　朝比奈宗源「覚悟はよいか」P.189.
注39　市川白弦「日本ファシズム下の宗教」PP.22—23.
注40　市川白弦「日本ファシズム下の宗教」P.35.
注41　市川白弦「日本ファシズム下の宗教」P.15.
注42　安谷量衡「道元禅師と修證義」P.1.
注43　安谷量衡「道元禅師と修證義」PP.2—6.
注44　安谷量衡「道元禅師と修證義」PP.245—46.
注45　安谷量衡「道元禅師と修證義」P.19.
注46　市川白弦「日本ファシズム下の宗教」P.16.
注47　市川白弦「日本ファシズム下の宗教」P.16.
注48　市川白弦「日本ファシズム下の宗教」P.15.
注49　*ZCLA Journal*（*Yasutani Roshi Memorial Issue*）, Summer/Fall, 1973, p.46.
注50　市川白弦「日本ファシズム下の宗教」P.87.
注51　市川白弦「日本ファシズム下の宗教」PP.305—11.
注52　市川白弦「禅と現代思想」P.177.
注53　市川白弦「禅と現代思想」PP.111−12.
注54　「大法輪」1942年９月号　P.132.
注55　「大法輪」1942年９月号　P.139.
注56　「大法輪」1942年９月号　P.135.
注57　市川白弦「仏教者の戦争責任」PP.150—54.
注58　市川白弦「仏教者の戦争責任」P.152.
注59　Paul Swanson's "Zen is Not Buddhism," in *Numen* 40(1933), p.123.
注60　袴谷憲昭「批判仏教」PP.297—98.
注61　袴谷憲昭「批判仏教」P.297.
注62　袴谷憲昭「批判仏教」PP.297—98及びPP.275—304.
注63　*The Awakening of Faith,* pp.3−19, or Paul L. Swanson's article, "Zen is Not Buddhism," in *Numen* 40(1993). pp.13−14.
注64　D.T. Suzuki, *Zen and Japanese Culture,* p.127.
注65　袴谷憲昭「批判仏教」PP.293—94.
注66　臨済宗の正式な反省にもっとも近いと思われるのは妙心寺派が1984年に発行した「妙心寺650年の歩み」の中に収録。ここでは戦時中の協力に関し、木村静雄が1945年４月寄贈の戦闘機にふれて、これはあの時代の反映であったと語るくだりがある。又、

注49 「曹洞宗報」No.113　1944年2月1日　P.1.
注50 「曹洞宗報」No.113　1944年2月1日　P.1.

第十一章

注1　鈴木大拙「日本的霊性」鈴木大拙全集vol.8　PP.6—7.
注2　鈴木大拙「禅界刷新」鈴木大拙全集vol.28　P.411.
注3　鈴木大拙「禅界刷新」鈴木大拙全集vol.28　P.412.
注4　鈴木大拙「禅界刷新」鈴木大拙全集vol.28　P.413.
注5　鈴木大拙「禅界刷新」鈴木大拙全集vol.28　P.415.
注6　鈴木大拙「禅界刷新」鈴木大拙全集vol.28　P.417.
注7　鈴木大拙「禅界刷新」鈴木大拙全集vol.28　P.7.
注8　鈴木大拙「禅界刷新」鈴木大拙全集vol.28　P.7.
注9　鈴木大拙「日本の霊性化」P.34.
注10　鈴木大拙「日本の霊性化」P.1.
注11　鈴木大拙「日本の霊性化」PP.5—6.
注12　鈴木大拙「日本の霊性化」P.7.
注13　Abe, *A Zen Life: D.T. Suzuki Remembered,* p.24.（引用）
注14　鈴木大拙「大乗仏教の世界的使命—若き人々に寄す」鈴木大拙全集vol.28　P.343.
注15　久松真一「鈴木大拙」岩波書店—東京　1971年　P.286.
注16　久松真一「鈴木大拙」岩波書店—東京　1971年　P.34.
注17　久松真一「鈴木大拙」岩波書店—東京　1971年　P.39.
注18 「曹洞宗報」No.688　1993年1月　P.26.
注19 「曹洞宗報」No.688　1993年1月　PP.28—31.
注20　日本宗教者平和協議会「宗教者の戦争責任　懺悔・告白資料集—再び戦争を起こさせないために—」P.54.
注21　柳田聖山「未来からの禅」PP.56—57.
注22　インタビュー，中外日報　1995年2月26日　P.8.
注23　市川白弦「日本ファシズム下の宗教」P.311.
注24　Yamada Mumon, *A Flower In The Heart,* p.11.
注25　Yamada Mumon, *A Flower In The Heart,* p.28.
注26　Yamada Mumon, *A Flower In The Heart,* p.31.
注27　丸山照雄「日本人の心をダメにした名僧・悪僧・愚僧」P.49.
注28　Yamada Mumon, *A Flower In The Heart*, p.7.
注29　朝比奈宗源「覚悟はよいか」PP.151—52.
注30　朝比奈宗源「覚悟はよいか」P.155.
注31　朝比奈宗源「覚悟はよいか」P.157.

注18　樽林皓堂「事変と仏教」「傘松」No.121　1937年10月号　P.378.
注19　Ienaga, *The Pacific War, 1931—1945,* p.167.
注20　日種譲山「今次の事変と菩薩の願行」「禅宗」No.510　1937年10月号　P.19.
注21　日種譲山「今次の事変と菩薩の願行」「禅宗」No.510　1937年10月号　P.19.
注22　福場保洲「支那的と日本的」「禅学研究」No.32　1939年11月5日　P.102.
注23　福場保洲「支那的と日本的」「禅学研究」No.32　1939年11月5日　P.99.
注24　福場保洲「支那的と日本的」「禅学研究」No.32　1939年11月5日　P.98.
注25　福場保洲「支那的と日本的」「禅学研究」No.32　1939年11月5日　PP.98—99.
注26　福場保洲「支那的と日本的」「禅学研究」No.32　1939年11月5日　PP.99—100.
注27　福場保洲「支那的と日本的」「禅学研究」No.32　1939年11月5日　P.102.
注28　Kapleau, *The Three Pillars of Zen,* pp.273—74.
注29　Maezumi and Glassman, *The Hazy Moon of Enlightenment,* p.194.
注30　Maezumi and Glassman, *The Hazy Moon of Enlightenment,* p.112.
注31　Maezumi and Glassman, *The Hazy Moon of Enlightenment,* pp.116—17.
注32　Maezumi and Glassman, *The Hazy Moon of Enlightenment,* pp.117—18.
注33　市川白弦「日本ファシズム下の宗教」P.163.
注34　市川白弦「日本ファシズム下の宗教」P.197.
注35　市川白弦「日本ファシズム下の宗教」P.252.
注36　市川白弦「日本ファシズム下の宗教」P.283.
注37　英文でよく知られた増永霊鳳の代表作が次の二冊である。1）*The Sôtô Approach to Zen*（Tokyo,1948）and 2）*A Primer of Sôtô Zen: A Translation of Dôgen's Shôbôgenzô Zuimonki*（Honolulu: East－West Center, 1971）.
注38　市川白弦「日本ファシズム下の宗教」P.295.
注39　六波羅密を指す。その徳目とは、⑴布施　⑵持戒　⑶忍辱　⑷精進　⑸禅定　⑹智慧である。
注40　Nakamura, *Ways of Thinking of Eastern Peoples: India—China—Tibet—Japan,* p.583.
注41　今井福山「吾宗古代の軍事関係の祈禱と回向文」「禅宗」No.513　1938年1月号　P.18.
注42　「曹洞宗報」1944年11月—12月号　P.1.
注43　「曹洞宗報」1942年4月15日　P.6.
注44　今井福山「吾宗古代の軍事関係の祈禱と回向文」「禅宗」No.513　1938年1月号　P.17.
注45　今井福山「吾宗古代の軍事関係の祈禱と回向文」「禅宗」No.513　1938年1月号　PP.21—22.
注46　「興亜観音について」興亜観音奉賛会出版　P.2.
注47　「曹洞宗報」No.55　1941年9月1日　P.3.
注48　「産業戦士の身心錬成」「大法輪」1942年1月号　筆者不明　P.137.

注72　杉本五郎「大義」P.164.
注73　杉本五郎「大義」P.167.
注74　D.T. Suzuki, *Zen and Japanese Culture*, p.111.
注75　杉本五郎「大義」P.192.
注76　杉本五郎「大義」P.219.
注77　杉本五郎「大義」P.178.
注78　杉本五郎「大義」PP.178—79.
注79　杉本五郎「大義」P.195.
注80　杉本五郎「大義」P.182.
注81　杉本五郎「大義」PP.182—83.
注82　杉本五郎「大義」P.254.
注83　杉本五郎「大義」PP.255—56.
注84　杉本五郎「大義」PP.256—57.
注85　滝澤寛雄「衣食禅」「傘松」No.191　1943年９月号　P.741.
注86　大山澄太「杉本五郎中佐の尊皇と禅」P.3.
注87　大山澄太「杉本五郎中佐の尊皇と禅」P.7.
注88　市川白弦「日本ファシズム下の宗教」P.77.
注89　家永三郎「太平洋戦争」P.225.

第十章

注１　「仏教日本の指標を語る座談会」「大法輪」1937年３月号　P.116.
注２　杉本五郎「大義」P.198.
注３　杉本五郎「大義」P.198.
注４　「傘松」No.181　1942年12月号　PP.409—10.
注５　「傘松」No.181　1942年12月号　P.407.
注６　「曹洞宗報」No.39　1941年１月１日　P.1.
注７　山田霊林「禅学夜話」P.25.
注８　山田霊林「禅学夜話」P.26.
注９　山田霊林「禅学夜話」PP.53—54.
注10　山田霊林「禅学夜話」P.183.
注11　山田霊林「禅学夜話」P.190.
注12　山田霊林「禅学夜話」P.85.
注13　山田霊林「禅学夜話」P.81.
注14　榑林皓堂「事変と仏教」「傘松」No.121　1937年10月号　P.375.
注15　榑林皓堂「事変と仏教」「傘松」No.121　1937年10月号　P.375.
注16　榑林皓堂「事変と仏教」「傘松」No.121　1937年10月号　PP.376—77.
注17　榑林皓堂「事変と仏教」「傘松」No.121　1937年10月号　P.377.

注34　D.T. Suzuki, *Zen and Japanese Culture,* p.89.
注35　鈴木大拙「新宗教論」鈴木大拙全集vol.23　PP.139—40.
注36　Shaku, *Zen for Americans,* pp.199－203.
注37　Shaku, *Zen for Americans,* p.145.
注38　半田信「武士道の神髄」P.1.
注39　半田信「武士道の神髄」P.2.
注40　東条英機「戦陣訓」PP.12—17.
注41　東条英機「戦陣訓」PP.18—19.
注42　D.T. Suzuki, "Zen to Bushido" in *Bushidô no Shinzui,* p.75
注43　D.T. Suzuki, "Zen to Bushido" in *Bushidô no Shinzui,* p.64.
注44　市川白弦「不動智神妙録／太阿記」講談社—東京　1982　P.168.
注45　今村均「檻の中の獏」P.280.
注46　今村均「檻の中の獏」P.286.
注47　今村均「檻の中の獏」P.295.
注48　関精拙「武士道の高揚」P.21.
注49　関精拙「武士道の高揚」P.22.
注50　関精拙「武士道の高揚」P.22.
注51　関精拙「武士道の高揚」P.30.
注52　関精拙「武士道の高揚」PP.64—65.
注53　矢吹慶輝「日本精神と日本仏教」P.4.
注54　Holtom, *Modern Japan and Shinto Nationalism,* p.149.
注55　Humphreys, *The Way of the Heavenly Sword,* pp.12－16.
注56　Peattie, *Ishiwara Kanji, and Japan's Confrontation with the West,* p.5.
注57　杉本五郎「大義」PP.23—25.
注58　杉本五郎「大義」PP.36—39.
注59　杉本五郎「大義」P.187.
注60　杉本五郎「大義」P.62.
注61　杉本五郎「大義」P.53.
注62　杉本五郎「大義」P.139.
注63　杉本五郎「大義」P.19.
注64　杉本五郎「大義」P.140.
注65　杉本五郎「大義」P.101.
注66　杉本五郎「大義」P.99.
注67　杉本五郎「大義」P.143.
注68　杉本五郎「大義」P.152.
注69　杉本五郎「大義」PP.152—53.
注70　杉本五郎「大義」P.156.
注71　杉本五郎「大義」PP.160—61.

第九章

注１　Sharf, “The Zen of Japanese Nationalism” in *History of Religions* 33/1(1993), p.6.
注２　Nitobe, *Bushido: The Soul of Japan,* pp.12－13.
注３　Nitobe, *Bushido: The Soul of Japan,* p.11.
注４　Nitobe, *Bushido: The Soul of Japan,* pp.11—12.
注５　Nitobe, *Bushido: The Soul of Japan,* p.172.
注６　Nitobe, *Bushido: The Soul of Japan,* pp.176—88.
注７　Nitobe, *Bushido: The Soul of Japan,* p.183.
注８　Nitobe, *Bushido: The Soul of Japan,* pp.192—93.
注９　Nukariya, *Religion of the Samurai,* p.50.
注10　釈宗演「快人快馬」P.47.
注11　釈宗演「快人快馬」P.65.
注12　釈宗演「快人快馬」P.67.
注13　笛岡清泉「禅の手引き」P.150.
注14　笛岡清泉「禅の手引き」P.151.
注15　笛岡清泉「禅の手引き」P.152.
注16　笛岡清泉「禅の手引き」P.149.
注17　飯田欓隠「参禅漫録」PP.262—63.
注18　石原俊明「仏教日本の指標を語る座談会」「大法輪」1937年３月号　P.86.
注19　石原俊明「仏教日本の指標を語る座談会」「大法輪」1937年３月号　PP.117—18.
注20　石原俊明「仏教日本の指標を語る座談会」「大法輪」1937年３月号　P.117.
注21　古川碓悟「躍進日本と新大乗仏教」P.155.
注22　古川碓悟「躍進日本と新大乗仏教」PP.156—61.
注23　D.T. Suzuki, “The Zen Sect of Buddhism,” in the 1906 issue of *The Journal of the Pali Text Society,* p.34.
注24　D.T. Suzuki, *Zen and Japanese Culture,* p.30.
注25　D.T. Suzuki, *Zen and Japanese Culture,* p.61.
注26　D.T. Suzuki, *Zen and Japanese Culture,* p.61.
注27　D.T. Suzuki, *Zen and Japanese Culture,* p.62.
注28　D.T. Suzuki, *Zen and Japanese Culture,* p.63.
注29　D.T. Suzuki, *Zen and Japanese Culture,* p.62.
注30　D.T. Suzuki, *Zen and Japanese Culture,* p.63.
注31　D.T. Suzuki, *Zen and Japanese Culture,* p.70.
注32　D.T. Suzuki, *Zen and Japanese Culture,* pp.71—72.
注33　D.T. Suzuki, *Zen and Japanese Culture,* p.65.

注一覧

注19　中濃教篤「戦時下の仏教」P.195.
注20　中濃教篤「戦時下の仏教」P.196.
注21　中濃教篤「戦時下の仏教」P.238.
注22　大東仁「お寺の鐘は鳴らなかった」P.110.
注23　林屋友次郎・島影盟共著「仏教の戦争観」P.1.
注24　林屋友次郎・島影盟共著「仏教の戦争観」P.2.
注25　林屋友次郎・島影盟共著「仏教の戦争観」P.4.
注26　林屋友次郎・島影盟共著「仏教の戦争観」P.7.
注27　林屋友次郎・島影盟共著「仏教の戦争観」PP.18—19.
注28　林屋友次郎・島影盟共著「仏教の戦争観」P.23.
注29　林屋友次郎・島影盟共著「仏教の戦争観」P.27.
注30　林屋友次郎・島影盟共著「仏教の戦争観」P.28.
注31　林屋友次郎・島影盟共著「仏教の戦争観」P.40.
注32　林屋友次郎・島影盟共著「仏教の戦争観」P.37.
注33　林屋友次郎・島影盟共著「仏教の戦争観」P.45.
注34　林屋友次郎・島影盟共著「仏教の戦争観」P.46.
注35　林屋友次郎・島影盟共著「仏教の戦争観」P.47.
注36　林屋友次郎・島影盟共著「仏教の戦争観」P.48.
注37　林屋友次郎・島影盟共著「仏教の戦争観」P.72.
注38　林屋友次郎・島影盟共著「仏教の戦争観」P.72.
注39　林屋友次郎・島影盟共著「仏教の戦争観」P.72.
注40　林屋友次郎・島影盟共著「仏教の戦争観」P.75.
注41　林屋友次郎・島影盟共著「仏教の戦争観」P.76.
注42　林屋友次郎・島影盟共著「仏教の戦争観」P.75.
注43　林屋友次郎・島影盟共著「仏教の戦争観」P.93.
注44　林屋友次郎・島影盟共著「仏教の戦争観」P.99.
注45　林屋友次郎・島影盟共著「仏教の戦争観」P.99.
注46　林屋友次郎・島影盟共著「仏教の戦争観」P.100.
注47　林屋友次郎・島影盟共著「仏教の戦争観」P.105.
注48　古川碓悟「躍進日本と新大乗仏教」P.2.
注49　古川碓悟「躍進日本と新大乗仏教」P.2.
注50　古川碓悟「躍進日本と新大乗仏教」P.2.
注51　古川碓悟「躍進日本と新大乗仏教」P.51.
注52　古川碓悟「躍進日本と新大乗仏教」P.51.
注53　古川碓悟「躍進日本と新大乗仏教」P.108.
注54　古川碓悟「躍進日本と新大乗仏教」PP.110—11.
注55　秦慧照「国民精神総動員と仏教」「大法輪」1938年７月号　PP.16—18.
注56　「天台宗教学部布教資料」P.1.

注37　小沼廣晃「血盟団事件上申書・獄中記」P.30.
注38　小沼廣晃「血盟団事件公判速記録下」P.188.
注39　小沼廣晃「血盟団事件上申書・獄中記」P.756.
注40　小沼廣晃「血盟団事件速記録下」P.402.
注41　小沼廣晃「血盟団事件速記録下」P.403.
注42　小沼廣晃「血盟団事件速記録上」P.368.
注43　小沼廣晃「血盟団事件速記録上」P.369.
注44　小沼廣晃「血盟団事件速記録上」P.389.
注45　小沼廣晃「血盟団事件速記録上」PP.87—88.
注46　玉置辨吉「回想山本玄峰」P.40.
注47　小沼廣晃「血盟団事件速記録下」P.737.
注48　Maruyama, Masao "Modern Japanese Politics" p.53.
注49　井上日召「一人一殺」P.319.
注50　井上日召「一人一殺」P.285.
注51　井上日召「一人一殺」P.253.
注52　D.T.Suzuki, *Zen and Japanese Culture*, p.84.
注53　D.T.Suzuki, *Zen and Japanese Culture*, p.94.

第八章

注１　国体（天皇統治の国家形態）
注２　大倉精神文化研究所「護国仏教」PP.135—44.
注３　大倉精神文化研究所「護国仏教」P.158.
注４　大倉精神文化研究所「護国仏教」PP.159—60.
注５　大倉精神文化研究所「護国仏教」P.185.
注６　大倉精神文化研究所「護国仏教」P.188.
注７　大倉精神文化研究所「護国仏教」PP.208—209.
注８　大倉精神文化研究所「護国仏教」P.33.
注９　大倉精神文化研究所「護国仏教」P.37.
注10　大倉精神文化研究所「護国仏教」P.37.
注11　大倉精神文化研究所「護国仏教」P.38.
注12　大倉精神文化研究所「護国仏教」P.50.
注13　大倉精神文化研究所「護国仏教」P.50.
注14　大倉精神文化研究所「護国仏教」PP.50—51.
注15　大倉精神文化研究所「護国仏教」PP.129—30.
注16　大倉精神文化研究所「護国仏教」PP.130—31.
注17　大倉精神文化研究所「護国仏教」P.131.
注18　大倉精神文化研究所「護国仏教」P.132.

注一覧

第七章

注１　破邪顕正（仏教用語。邪道を破り正道をあらわす）
注２　2.26事件（1936年２月26日に起こった皇道派将校のクーデター）
注３　Bergamini David "*Japan's Imperial Cospiracy*" p.802.
注４　東久邇稔彦（旧皇族。終戦処理内閣）
注５　山田恭道「無外さんの風景」PP.190—91.
注６　山田恭道「無外さんの風景」P.191.
注７　片野達郎「金剛宝山輪王寺五百五拾年史」P.191.
注８　片野達郎「金剛宝山輪王寺五百五拾年史」P.193.
注９　Byas, Hugh "*Government By Assassination*" p.111.
注10　Byas, Hugh "*Government By Assassination*" pp.111—12.
注11　Byas, Hugh "*Government By Assassination*" p.113.
注12　菅原豊「相沢中佐事件の真相」P.199.
注13　Blyth, R.H, Zen and Zen classics Mumonkan. vol.4. Tokyo: Hokuseido press
注14　片野達郎「金剛宝山輪王寺五百五拾年史」P.189.
注15　片野達郎「金剛宝山輪王寺五百五拾年史」PP.189—90.
注16　片野達郎「金剛宝山輪王寺五百五拾年史」P.190.
注17　片野達郎「金剛宝山輪王寺五百五拾年史」P.190.
注18　片野達郎「金剛宝山輪王寺五百五拾年史」P.193.
注19　D.T. Suzuki, *Zen and Japanese Culture*, p.84.
注20　市川白弦「日本ファシズム下の宗教」P.168.
注21　井上日召「一人一殺」P.98.
注22　井上日召「一人一殺」P.99.
注23　井上日召「一人一殺」P.183.
注24　井上日召「一人一殺」P.197.
注25　井上日召「一人一殺」P.198.
注26　井上日召「一人一殺」P.208.
注27　井上日召「一人一殺」P.220.
注28　小沼廣晃「血盟団事件上申書・獄中記」P.62.
注29　井上日召「一人一殺」P.336.
注30　井上日召「一人一殺」P.236.
注31　井上日召「一人一殺」P.247.
注32　井上日召「一人一殺」PP.248—49.
注33　井上日召「一人一殺」P.254.
注34　井上日召「一人一殺」P.272.
注35　小沼廣晃「血盟団事件公判速記録下」P.184.
注36　小沼廣晃「血盟団事件公判速記録下」P.187.

注14　Anesaki, *History of Japanese Religion,* pp.393—94.
注15　Arai, “A Buddhist View of World Peace” in the December 1925 issue of *Japan Evangelist,* pp.395—400.
注16　清水龍山「立正安国の大義と日本精神」P.46.
注17　吉田久一「日本近代仏教社会史研究」P.231.
注18　菱木政晴「浄土真宗の戦争責任」PP.49—50.
注19　D.T. Suzuki, *Essays in Zen Buddhism*（*Third Series*）, p.331.
注20　菱木政晴「浄土真宗の戦争責任」P.56.

第六章

注１　稲垣真実「変革を求めた仏教者」P.68.
注２　稲垣真実「仏陀を背負いて街頭へ」PP.3—6.
注３　稲垣真実「仏陀を背負いて街頭へ」PP.6—7.
注４　妹尾義郎「妹尾義郎日記—４」P.6.
注５　稲垣真実「仏陀を背負いて街頭へ」P.139.
注６　稲垣真実「仏陀を背負いて街頭へ」P.139.
注７　「新興仏教」1933年６月
注８　著者が日蓮系のいくつかのグループにおける反戦活動を語っていないことに疑問を抱く読者も多いことであろう。しかしながら、各グループと政府の対立を調べ上げた結果、その原因は、反戦活動そのものにあったのではなく、政府側の国家神道のおしつけ政策に反発したことが発端であったこと。それはあくまで法華経中心の信仰を守りぬこうとしたところからの摩擦であった。つまり、一つの全体主義的な思想体系が相互にぶつかり合ったにすぎなかったという結論に達したためである。
注９　Ienaga, *The Pacific War, 1931—45,* pp.214—15.
注10　Ienaga, *The Pacific War, 1931—45,* p.215.
注11　野崎信洋「慈恩のひびき」P.74.
注12　大東仁「お寺の鐘は鳴らなかった」P.139.
注13　大東仁「お寺の鐘は鳴らなかった」P.139.
注14　河野太通「随処に主と作る」駒沢大学禅研究所年報７　1996年３月　PP.10—11.
注15　河野太通「随処に主と作る」駒沢大学禅研究所年報７　1996年３月　P.11.
注16　河野太通「随処に主と作る」駒沢大学禅研究所年報７　1996年３月　PP.5—6.
注17　石原俊明の司会による「仏教日本の指標を語る座談会」「大法輪」1937年３月号 PP.93—98.
注18　大東仁「お寺の鐘は鳴らなかった」P.142.
注19　Ketelaar, *Of Heretics and Martyrs in Meiji Japan,* p.215.

注一覧

第四章

注1　「曹洞宗報」No.340　1911年2月15日
注2　「曹洞宗報」No.340　1911年2月15日
注3　吉田久一「日本近代仏教社会史研究」P.510.
注4　Ketelaar, *Of Heretics and Martyrs in Meiji Japan,* p.134.
注5　「中外日報」No.3259　1911年1月29日
注6　「本山録事」1910年10月15日
注7　秋山悟庵「尊皇愛国論」P.1.
注8　秋山悟庵「尊皇愛国論」P.2.
注9　秋山悟庵「尊皇愛国論」PP.42—52.
注10　秋山悟庵「尊皇愛国論」PP.144—49.
注11　Thele, *Buddhism and Christianity in Japan,* p.252.
注12　Thele, *Buddhism and Christianity in Japan,* p.252.

第五章

注1　Beasley, *The Modern History Of Japan,* pp.172—73.
注2　Borton, *Japan's Modern Century,* pp.272—73.
注3　Nukariya, *Religion of the Samurai: A Study of Zen Philosophy and Discipline in China and Japan,* pp.13—16.
注4　Nukariya, *Religion of the Samurai: A Study of Zen Philosophy and Discipline in China and Japan,* pp.50—51.
注5　「東京朝日新聞」1912年9月15日
注6　Nukariya, *Religion of the Samurai: A Study of Zen Philosophy and Discipline in China and Japan,* pp.50—51.
注7　Yokoyama, "Two Addresses by Shaku Sôen" in *The Eastern Buddhist* (*New Series*) 26/2(1993), p.144.（引用）
注8　Yokoyama, "Two Addresses by Shaku Sôen" in *The Eastern Buddhist* (*New Series*) 26/2(1993), pp.145—46.（引用）
注9　Yokoyama, "Two Addresses by Shaku Sôen" in *The Eastern Buddhist* (*New Series*) 26/2(1993), pp.145—48.（引用）
注10　Sharf, "The Zen of Japanese Nationalism" in *History of Religions* 33/1(1993), p.10.（参照）
注11　皇族大谷家を中心とする西本願寺（真宗）は満鉄の主なる株主であったことに注目すべし。
注12　Murakami, *Japanese Religion in the Modern Century,* p.54.
注13　Holtom, *Modern Japan and Shinto Nationalism,* p.144.（引用）

注62　Sharf, "The Zen of Japanese Nationalism" in *History of Religions* 33/1
注63　秋月龍珉「南天棒禅話」P.244.
注64　This episode is recounted in Michel Mohr's article "Monastic Tradition and Lay Practice from the Perspective of Nantembô" in *Zen Buddhism Today* 12 (March 1996), p.81.
注65　秋月龍珉「南天棒禅話」P.244.
注66　飯田欓隠「参禅漫録」P.264.
注67　秋月龍珉「南天棒禅話」PP.244—45.
注68　Sharf, "The Zen of Japanese Nationalism" in *History of Religions* 33/1(1993), p.12.（引用）
注69　秋月龍珉「南天棒禅話」P.51.

第三章

注 1　Notehelfer, *Kôtoku Shûsui* (*Portrait of a Japanese Radical*), p.186.
注 2　稲垣真実「変革を求めた仏教者」P.110.
注 3　稲垣真実「変革を求めた仏教者」PP.112—13.
注 4　稲垣真実「変革を求めた仏教者」P.115.
注 5　柏木隆法「大逆事件と内山愚童」P.29.
注 6　柏木隆法「大逆事件と内山愚童」P.197.
注 7　Yokoyama, "Two Addresses by Shaku Sôen" in *The Eastern Buddhist* (*New Series*) 26/2(1993), p.136.（引用）
注 8　柏木隆法「大逆事件と内山愚童」PP.198—201.
注 9　柏木隆法「殉教者内山愚童—内山愚童の生涯」西相模庶民史録No. 9　P.11.
注10　森長英三郎「内山愚童」PP.197—98.
注11　Hane, *Reflections on the Way to the Gallows,* p.57.
注12　菅野スガは法廷において事件の陰謀者は自分を含む４名であると証言。だが一方獄中手記においては本人を含む５名と書いた。そのちがいを説く一つの鍵として彼女の愛人幸徳秋水を法廷でかばわんがためのことではなかったかという説がある。
注13　稲垣真実「変革を求めた仏教者」P.128.
注14　「曹洞宗報」No.694　1993年７月　P.16.
注15　「曹洞宗報」No.696　1993年９月　PP.12—16.
注16　Notehelfer, *Kôtoku Shûsui* (*Portrait of a Japanese Radical*), p.185.
注17　Hane, *Reflections on the Way to the Gallows,* p.56.
注18　吉田久一「日本近代仏教社会史研究」P.476.
注19　吉田久一「日本近代仏教社会史研究」P.478.

注26　家永三郎「太平洋戦争」P.21.
注27　井上円了「忠孝活論」PP.61—66.
注28　井上円了「忠孝活論」PP.66—70.
注29　井上円了「忠孝活論」P.71.
注30　Kitagawa, *Religion in Japanese History,* p.231.（参照）
注31　〔本願寺派〕「本山録事」1894年７月31日
注32　「浄土教報」1895年４月15日（No.213）
注33　桐田清秀「青年鈴木貞太郎大拙の社会観」「禅学研究」No.72　1994年４月　P.21.
注34　Ananda, K "*Buddha and Gospel of Buddhism*" p.137.
注35　Thelle, *Buddhism and Christianity in Japan,* p.171.（参照）
注36　Thelle, *Buddhism and Christianity in Japan,* pp.173—74.（参照）
注37　鈴木大拙「新宗教論」鈴木大拙全集vol.23　P.134.
注38　鈴木大拙「新宗教論」鈴木大拙全集vol.23　PP.136—37.
注39　Kirita, "D.T. Suzuki and the State" in *Rude Awakenings,* p.54.
注40　Kirita, "D.T. Suzuki and the State" in *Rude Awakenings,* p.54.
注41　Kirita, "D.T. Suzuki and the State" in *Rude Awakenings,* pp.53—54.
注42　Kirita, "D.T. Suzuki and the State" in *Rude Awakenings,* p.66.
注43　Kirita, "D.T. Suzuki and the State" in *Rude Awakenings,* p.72.
注44　鈴木は1882年明治天皇の名によって発布された「軍人勅諭」の中からこの言葉を引用したであろうと思われる。
注45　鈴木大拙「新宗教論」鈴木大拙全集vol.23　PP.139—40.
注46　Shaku, *Zen for Americans,* p.203.
注47　Shaku, *Zen for Americans,* p.203.
注48　Shaku, *Zen for Americans,* pp.199—203.
注49　Shaku, *Zen for Americans,* pp.211—14.
注50　今北洪川自身、1870年代には教導職に就いている点を注目すべし。
注51　「平民新聞」（No.39）1904年８月７日
注52　井上円了「円了講話集」PP.299—302.
注53　Anesaki, *History Of Japanese Religion,* pp.391—92.
注54　「仏教日本の指標を語る座談会」「大法輪」1937年３月号　PP.131—32.
注55　大東仁「お寺の鐘は鳴らなかった」PP.131—32.
注56　沢木興道「沢木興道聞き書き」P.6.
注57　沢木興道「沢木興道聞き書き」P.6.
注58　沢木興道「生死のあきらめ方」PP.6—7.
注59　沢木興道「禅戒本義を語る」「大法輪」1942年１月号　P.107.
注60　沢木興道「生死のあきらめ方」P.6.
注61　秋月龍珉「南天棒禅話」P.51.

加えていえば、集中的かつより深い追求で刷新したグループも存在し、彼らは主に中産階級の出身で20代—30代の人々が中心となっていて、彼らはどの宗派にも属することなく、いうなれば宗派をこえての組織化をはかり、「仏教清徒同志会」と名づけて1899年2月に設立している。翌年7月になると彼らの視点や意見を伝達すべく手段として雑誌「新仏教」を発行。この中で「既成仏教教団」や宗教への国家介入をきびしく批判。ところが三度までの発行で終わり、そのあまりに過激な内容に政府は発行禁止を命じた。彼らは公けに日露戦争を反対したのでもなければ社会主義を主張したのでもない。それでも政府は少しずつ弾圧の力を強め1919年になると事実上、機能が出来ないところまで追いこんでいったのである。その後は日本の仏教界に何ら影響を残すこともなく自然消滅といった道をたどっている。
くわしくは「日本近代仏教史研究」PP.355—433.

注4　Anesaki, *History Of Japanese Religion,* p.337.

注5　Ketelaar, *Of Heretics and Martyrs in Meiji Japan,* p.126.（参照）

注6　Sharf, "The Zen of Japanese Nationalism" in *History of Religions* 33/1(1993), p.18.

注7　Ketelaar, *Of Heretics and Martyrs in Meiji Japan,* p.163.（参照）

注8　Sharf, "The Zen of Japanese Nationalism" in *History of Religions* 33/1(1993), p.19.

注9　Yokoyama, "Two Addresses by Shaku Sôen" in *The Eastern Buddhist* (*New Series*) 26/2(1993), p.131.（参照）

注10　Thelle, *Buddhism and Christianity in Japan,* p.219.

注11　Thelle, *Buddhism and Christianity in Japan,* p.220.

注12　Yatsubuchi, *Shûkyô Taikai Hôdô,* pp.35—40. pp.44—45. 八淵蟠龍「宗教大会報道」

注13　Anesaki, *Bukkyô Seiten Shiron,* p.17.　姉崎正治「仏教聖典史論」

注14　Ketelaar, *Of Heretics and Martyrs in Meiji Japan,* p.171.（参照）

注15　Oohara, *Bankoku Shûkyô Taikai Enzetsushû,* pp.5—6. 大原嘉吉訳「万国宗教大会演説集」

注16　Ketelaar, *Of Heretics and Martyrs in Meiji Japan,* p.170.（参照）

注17　Ketelaar, *Of Heretics and Martyrs in Meiji Japan,* p.168.（引用）

注18　大東仁「お寺の鐘は鳴らなかった」P.58.

注19　「明教新誌」1877年10月8日号（No.534）

注20　吉田久一「日本近代仏教社会史研究」P.44.

注21　Thelle, *Buddhism and Christianity in Japan,* p.198.　（引用）

注22　Thelle, *Buddhism and Christianity in Japan,* p.198.（引用）

注23　Kitagawa, *Religion in Japanese History,* p.230.（参照）

注24　「大同新報」1889年3月11日（No.1）

注25　吉田久一「日本近代仏教社会史研究」PP.166—201.

〔注一覧〕

プロローグ

注1　James, *The Varieties of Religious Experience,* p.48.

第一章

注1　Kitagawa, *Religion in Japanese History,* p.164.（参照）
注2　Bellah, *Tokugawa Religion,* p.51.
注3　Anesaki,*History of Japanese Religion,* p.260.
注4　徳川時代に臨済宗には二人の代表的名禅僧がいた。一人は盤珪永琢（1622―93）、二人目は白隠慧鶴（1685―1768）。白隠は悟りをえるための手段として「公案」を整理し、順序よく悟りへの道しるべとした。
曹洞宗においては卍山道白（1636―1715）と面山瑞方（1683―1769）が代表的である。卍山の目的は寺をひきつぐための売買制度を廃止することにあった。また彼は学僧としても知られる。
注5　Kitagawa, *Religion in Japanese History,* p.166.
注6　Anesaki, *History of Japanese Religion,* p.331.（引用）
注7　Ketelaar, *Of Heretics and Martyrs in Meiji Japan,* p.9.
注8　Ketelaar, *Of Heretics and Martyrs in Meiji Japan,* p.7.
注9　Ketelaar, *Of Heretics and Martyrs in Meiji Japan,* p.65.
注10　Ketelaar, *Of Heretics and Martyrs in Meiji Japan,* p.13.
注11　Anesaki, *History of Japanese Religion,* p.335.（引用）
注12　Ketelaar, *Of Heretics and Martyrs in Meiji Japan,* p.105.（参照）
注13　Ketelaar, *Of Heretics and Martyrs in Meiji Japan,* p.130.（参照）
注14　*Shibata, Haibutsu Kishaku,* p.195. 柴田道賢「廃仏毀釈」p.195.
注15　Kitagawa, *Religion in Japanese History,* p.213.
注16　Hardacre, *Shintô and the State, 1868―1988,* p.6.
注17　Matsunami, *The Constitution of Japan,* p.136.（引用）

第二章

注1　Kitagawa, *Religion in Japanese History,* p.213.
注2　Thelle, *Buddhism and Christianity in Japan,* pp.195―96.（参照）
注3　ここで言う新仏教とは明治時代に仏教刷新に努力した人々や組織、又は在家を含む僧侶達を指す。これは一つの組織化されたものではなく、運動の一つであった。なぜなら参加者の意見は必ずしも一致していたものではなく時にはげしい対立も生じている。

《著者紹介》

ブライアン・アンドレー・ヴィクトリア
(Brian A. Victoria)

オックスフォード大学付属仏教研究所研究員

1961年、ネブラスカウェズリアン大学外国語専攻卒業。

1971年、駒沢大学（仏教学研究）にて修士（M.A.）取得。

1996年、テンプル大学（宗教学）にて博士号（Ph.D）取得。

オークランド大学及びアデレード大学を経て、アメリカに帰国。アンティオック大学教授を退官。専門分野は、仏教学、禅学、日本学研究。

主な著作：Zen at War（和訳：『禅と戦争』本書）、Zen War Stories、など。

《訳者紹介》

エイミー・ルイーズ・ツジモト
(Aimee L. Tsujimoto)

フリーランス・ジャーナリスト
米国ワシントン州出身生まれの日系四世。
日本人移民に関する調査や国際情勢の記事を執筆するほか、太平洋戦争中にニュージーランドの捕虜収容所で起こった暴動事件を克明に取材した『消えた遺骨――フェザーストン捕虜収容所暴動事件の真実』（2005年　芙蓉書房出版）がある。

〈新装版〉禅と戦争――禅仏教の戦争協力

2015年 12月20日 初版第1刷発行

■著者　ブライアン・アンドレー・ヴィクトリア
■訳者　エイミー・ルイーズ・ツジモト
■発行者　塚田敬幸
■発行所　えにし書房株式会社
〒102-0074 東京都千代田区九段南1-5-6 りそな九段ビル5F
TEL 03-4520-6930　FAX 03-4520-6931
ウェブサイト　http://www.enishishobo.co.jp
E-mail　info@enishishobo.co.jp

■印刷／製本　慶昌堂印刷株式会社

ISBN978-4-908073-19-9 C0021

周縁と機縁のえにし書房

〈改訂増補版〉アウシュヴィッツの手紙

内藤陽介 著／A5判並製／2,500円+税　978-4-908073-71-7 C0022

アウシュヴィッツ強制収容所の実態を、主に収容者の手紙の解析を通して明らかにする郵便学の成果！　手紙以外にも様々なポスタルメディア（郵便資料）から、意外に知られていない収容所の歴史をわかりやすく解説。新資料、新事実を大幅増補！　知られざる都市の歴史と収容所の実態を明らかにする。

朝鮮戦争　ポスタルメディアから読み解く現代コリア史の原点

内藤陽介 著／A5判並製／2,000円+税　978-4-908073-02-1 C0022

「韓国／北朝鮮」の出発点を正しく知る！　ハングルに訳された韓国現代史の著作もある著者が、朝鮮戦争の勃発──休戦までの経緯をポスタルメディア（郵便資料）という独自の切り口から詳細に解説。退屈な通史より面白く、わかりやすい、朝鮮戦争の基本図書ともなりうる充実の内容。

語り継ぐ戦争　中国・シベリア・南方・本土「東三河8人の証言」

広中一成 著／四六判上製／1,800円+税　978-4-908073-01-4 C0021

かつての“軍都”豊橋を中心とした東三河地方の消えゆく「戦争体験の記憶」を記録する。気鋭の歴史学者が、豊橋市で風刺漫画家として活躍した野口志行氏（1920年生まれ）他いまだ語られていない貴重な戦争体験を持つ市民8人にインタビューし、解説を加えた、次世代に継承したい記録。

ぐらもくらぶシリーズ1 愛国とレコード　幻の大名古屋軍歌とアサヒ蓄音器商会

辻田真佐憲 著／A5判並製／1,600円+税　978-4-908073-05-2 C0036

軍歌こそ“愛国ビジネス”の原型である！　大正時代から昭和戦前期にかけて名古屋に存在したローカル・レコード会社アサヒ蓄音器商会が発売した、戦前軍歌のレーベル写真と歌詞を紹介。詳細な解説を加えた異色の軍歌・レコード研究本。

丸亀ドイツ兵捕虜収容所物語

髙橋輝和 編著／四六判上製／2,500円+税　978-4-908073-06-9 C0021

映画「バルトの楽園」の題材となり、脚光を浴びた板東収容所に先行し、模範的な捕虜収容の礎を築いた 丸亀収容所 に光をあて、その全容を明らかにする。公的記録や新聞記事、日記などの豊富な資料を駆使し、当事者達の肉声から収容所の歴史や生活を再現。貴重な写真・図版66点収載

西欧化されない日本　スイス国際法学者が見た明治期日本

オトフリート・ニッポルト 著／中井晶夫 編訳／四六判上製／2,500円+税　978-4-908073-09-0 C0021

親日家で国際法の大家が描く明治期日本。日本躍進の核心は西欧化されない本質にあった！　こよなく愛する日本を旅した「日本逍遥記」、日本の発展を温かい眼差しで鋭く分析した「開国後50年の日本の発展」、国際情勢を的確に分析、驚くべき卓見で日本の本質を見抜き今後を予見した「西欧化されない日本を見る」の3篇。

誘惑する歴史　誤用・濫用・利用の実例

マーガレット・マクミラン 著／真壁広道 訳／四六判並製／2,000円+税　978-4-908073-07-6 C0022

サミュエル・ジョンソン賞受賞の女性歴史学者の白熱講義！　歴史と民族・アイデンティティ、歴史的戦争・紛争、9.11、領土問題、従軍慰安婦問題……。歴史がいかに誤用、濫用に陥りやすいか豊富な実例からわかりやすく解説。歴史は真摯に取り扱いに注意しながら利用するもの。安直な歴史利用を戒めた好著。